案说

道路交通事故与保险理赔

福建律慧律师事务所金融保险团队 / 编著

知识产权出版社
全国百佳图书出版单位
—北京—

图书在版编目（CIP）数据

案说道路交通事故与保险理赔/福建律慧律师事务所金融保险团队编著. --北京：知识产权出版社，2020. 11

ISBN 978-7-5130-7218-2

Ⅰ. ①案… Ⅱ. ①福… Ⅲ. ①公路运输—交通运输事故—保险—理赔—案例—中国 Ⅳ. ①D922. 145

中国版本图书馆 CIP 数据核字（2020）第 188041 号

责任编辑： 薛迎春　　**责任校对：** 谷　洋

责任印制： 卢运霞

案说道路交通事故与保险理赔

福建律慧律师事务所金融保险团队　编著

出版发行：	知识产权出版社有限责任公司	**网　　址：**	http：//www. ipph. cn
社　　址：	北京市海淀区气象路 50 号院	**邮　　编：**	100081
责编电话：	010-82000860 转 8724	**责编邮箱：**	471451342@ qq. com
发行电话：	010-82000860 转 8101/8102	**发行传真：**	010-82000893/82005070/82000270
印　　刷：	三河市国英印务有限公司	**经　　销：**	各大网上书店、新华书店及相关专业书店
开　　本：	710mm × 1000mm　1/16	**印　　张：**	15. 5
版　　次：	2020 年 11 月第 1 版	**印　　次：**	2020 年 11 月第 1 次印刷
字　　数：	248 千字	**定　　价：**	68. 00 元

ISBN 978-7-5130-7218-2

目录

上篇　道路交通事故赔偿

上　篇

道路交通事故赔偿

第一章　总　则

第一节　事故认定

一、道路交通事故

案例1：（2012）梅民初字第2271号

[车上货物掉落致人死亡是否属于道路交通事故，所造成的损失是否属于机动车第三者责任险和机动车损失险赔偿范围]

案情简介：

2012年7月12日，吴某某驾驶闽G×××××号货车，后载塔吊架于三明市三元区长安路3号名城冷链工地内由北往南行驶至事故地点时，未根据其通行环境和条件选择合适的通行路线，导致车辆的右后轮驶上比车辆其他部分车轮行驶的沙石路面高出30厘米的水泥路面东北角，造成车身向其行驶方向左侧倾斜，致使车辆承载物掉落，与同向于工地东侧边缘石砌墙体上行走的行人朱某某相撞，造成朱某某从工地边缘跌落受伤，经医院抢救无效死亡的交通事故，三明市公安局交通警察支队三元大队作出道路交通事故认定书，认定吴某某负事故全部责任，死者朱某某不负事故责任。

事故发生后，原告吴某某向死者朱某某近亲属支付了540000元，同时还支付闽G×××××号货车施救费3000元，被告××保险公司仅在交强险范围内赔偿原告119664.98元，拒绝承担机动车第三者责任险、车辆损失险保险责任，并由此引发诉讼。

法院判决（节选）：

被告××保险公司应于本判决生效之日起三日内赔偿原告吴某某第三者

人身损害损失 420335.02 元和施救费 3000 元。

法院裁判理由及结果：

原、被告之间订立的保险合同合法有效，原告向被告投保车辆损失险、第三者责任险，被告应对投保车辆发生事故后造成的相应损失承担赔偿责任。被告未提供证据证明其已就责任免除条款进行了提示，其以保险条款约定被告就本案事故可以免责为由拒绝向原告进行赔偿，缺乏依据。

案例 2：（2012）尤民初字第 2025 号

［轮胎式装载机在施工改造路段发生事故属于道路交通事故还是安全生产责任事故，施工改造路段是否属于建筑工程一切险条款约定的工地内及其邻近区域］

案情简介：

2012 年 5 月 18 日 16 时 30 分许，被告朱某某驾驶轮胎式装载机在省道尤溪县城关镇浦头村施工改造路段，与原告周某某驾驶自梅仙镇通演往城关方向直行的二轮摩托车发生碰撞，造成原告受伤。尤溪县公安局交通管理大队通过勘察事故现场，并对相关人员进行询问，认为事故发生地点系在允许社会车辆通行的道路上，不属于“工地内及其邻近区域”，尤溪县公安局交通管理大队在查明案件事实的基础上，作出道路交通事故认定书，认定朱某某负本起事故的主要责任，周某某负本起事故的次要责任。另查明 ×× 建设集团有限公司系被告朱某某的雇主，并在被告 ×× 保险公司投保建筑工程一切险。

各方就本起事故属于道路交通事故还是安全生产责任事故及其事故造成的损失是否属于“建筑工程一切险”保险责任范围产生争议并引发诉讼。

案件处理结果：

双方在法院的主持下达成调解，被告 ×× 保险公司在本调解协议生效之日起三十日内支付 140000 元（建筑工程一切险第三者责任限额为 200000 元）给被保险人 ×× 建设集团有限公司。

二、非道路交通事故

案例 3：（2013）大少民初字第 152 号

［在厂区内车辆后溜致人死亡是否属于道路交通事故，其所造成的损失

是否属于交强险和机动车第三者责任险赔偿范围]

案情简介：

2013 年 4 月 12 日 14 时许，被告涂某 1 驾驶闽 G××××× 号货车，由大田县石牌镇运送石灰至济阳乡上丰选矿厂料场，在卸完石灰后欲离开料场，发现厂内料场上坡路段又陡又滑，故涂某 1 让涂某 2 驾驶铲车将货车牵引至坡顶。当车辆后轮仍处于坡路时，涂某 1 未检查车辆制动情况便下车解开牵引绳，致闽 G××××× 号货车发生后溜并翻倒压垮坡底工棚，造成正在搬运石灰的涂某 3 被压倒在工棚内，涂某 3 身受重伤经医院抢救无效死亡。

事故发生后，涂某 1 的雇主 ×× 矿业有限公司与涂某 3 近亲属协商签订工伤赔偿协议一份，一次性赔偿 810000 元给涂某 3 近亲属，涂某 1 额外支付 30000 元给涂某 3 近亲属，涂某 3 近亲属出具刑事谅解书，对涂某 1 表示予以谅解，×× 矿业有限公司和涂某 1 已按约定将赔偿款支付给涂某 3 近亲属。另外，涂某 1 因过失致人死亡罪被判处刑罚，涂某 3 近亲属起诉要求闽 G××××× 号车交强险承保公司在交强险限额内支付 110000 元保险理赔款引发诉讼。

法院判决（节选）：

驳回原告涂某 3 近亲属的诉讼请求。

法院裁判理由及结果：

×× 矿业有限公司与涂某 3 近亲属达成赔偿协议，被告涂某 1 已被本院判处刑罚，原告的民事权益也已得到充分保护。而且出现闽 G××××× 号车辆后溜并侧翻压垮坡底工棚致涂某 3 被压身亡的事故地，处于 ×× 矿业有限公司的选矿厂厂区内，闽 G××××× 号车辆是处在坡顶停止状况下后溜而发生的事故。该行为及后果不属于《中华人民共和国道路交通安全法》《机动车交通事故责任强制保险条例》调整范围。

案例 4：（2019）闽 0403 民初 567 号、（2019）闽 04 民终 1501 号

[车辆静止状态下卸货，货物滑落致人死亡是否属于道路交通事故，其事故造成的损失是否属于交强险和机动车第三者责任险赔偿范围]

案情简介：

2019年3月15日，被告1陆某某安排受害人罗某某驾驶闽G×××××号车辆从××钢构工程有限公司装载钢构产品运往福建三钢工地，次日上午在三钢工地，受害人罗某某被闽G×××××号车辆上掉下的钢构产品压中头部而死亡。受害人罗某某近亲属向法院提起诉讼，要求各被告对事故造成罗某某死亡承担赔偿责任，并要求承保交强险和机动车第三者责任险的保险公司在交强险和机动车第三者责任险限额内承担保险责任。

（2019）闽0403民初567号法院判决（节选）：

驳回原告对被告3××钢构工程有限公司、被告4××物流公司、被告5××财产保险股份有限公司三明中心支公司、被告7中华××财产保险股份有限公司三明中心支公司的诉讼请求。

（2019）闽0403民初567号法院裁判理由及结果：

交强险理赔的范围应是交通事故，或虽不是交通事故但机动车处于通行时。本案事故发生时，涉案车辆不是在行驶中，而是在停止中卸货，造成损害的不是车辆，而是滑落的钢构，且事发地在建筑施工现场，具有一定的封闭性，不是法律规定的“道路范畴”，不属于交通事故或虽不是道路交通事故但机动车处于通行时。

（2019）闽04民终1501号法院判决（节选）：

驳回上诉人要求保险公司承担交强险和机动车第三者责任险的诉讼请求。

（2019）闽04民终1501号法院裁判理由及结果：

一审法院对责任比例分配不妥，本院予以纠正；一审法院关于××物流公司、××财产保险股份有限公司三明中心支公司、中华××财产保险股份有限公司三明中心支公司不承担赔偿责任的认定准确，本院予以确认。

三、道路交通事故认定书在民事诉讼中的证明力

案例5：（2014）元民初字第2282号

［同起事故存在多份道路交通事故认定书时，各份认定书的证明力］

案情简介：

2014年5月9日，原告××房地产开发有限公司就其所有的闽G××××6

号小轿车向被告投保交强险及商业险（含机动车损失保险和不计免赔率）。2014年7月18日14：00左右，原告将闽G××××6号车交给杨某某驾驶，杨某某驾驶车辆行驶至205国道223千米处，被第三人邱某某驾驶的闽G××××8号车碰撞，导致原告车辆受损的交通事故，该起事故经三明市公安局交通警察支队××大队作出事故认定，认定邱某某负本起事故全部责任。诉讼中，被告××保险公司向法院提交与原告提交的责任划分完全不同的两份道路交通事故认定书，导致原、被告和第三人对三份事故认定书的证明力产生争议。

法院判决：

一、被告××保险公司在本判决生效后三十日内支付给原告××房地产开发有限公司保险金401623元。

二、被告××保险公司履行赔付义务后，有权向第三人邱某某追偿。

法院裁判理由及结果：

另本院向事故发生时处理该起事故的三明市公安局交通警察支队××大队事故中队的交警核实查明，在该起事故中，根据事故双方陈述，交警作出确认杨某某承担全部责任的认定。后因杨某某对事故陈述发生变化，经讨论决定，作出事故双方承担同等责任的认定。事后，事故双方对此认定有异议，经过调取道路监控并核实后，××大队作出道路交通事故认定书，认定邱某某负该起事故的全部责任。因当事民警未将前两份事故认定书收回，导致在本案中出现不同的事故认定书。三明市公安局交通警察支队××大队确认该起事故中应以编号为第0023218号道路交通事故认定书为准。

原告就事故车辆向被告投保交强险及商业险（含机动车损失保险和不计免赔率），并进行相关约定。原告依照保险合同的约定足额缴纳了保险费，已经履行了被保险人的义务。保险人应按照合同约定，在保险事故发生后对被保险人承担赔付义务。保险事故发生后，被保险人按合同约定向保险人报险，并根据保险人的要求将受损车辆送至一汽大众三明奥迪4S店进行维修，产生401623元维修费，故原告要求被告赔付401623元保险金的请求，本院予以支持。

案例6：（2017）闽0402民初1564号

［公安派出所能否撤销其作出并已生效的道路交通事故认定书］

案情简介：

2017 年 1 月 22 日，原告以其所有的闽 G××××× 号车辆向被告投保机动车损失保险（保险金额 289328 元）等险种，并投保主险不计免赔率险，原告依约缴纳保险费，保单于 2017 年 1 月 29 日生效，保险期限为一年。2017 年 4 月 4 日 11 时 30 分，原告驾驶保险车辆在宁化县安乐乡岭背路段发生侧翻，造成车辆损坏的事故，宁化县公安局交通警察管理大队当日作出道路交通事故认定书（道路交通事故认定书由宁化县公安局 ×× 派出所代为出具编者注），认定原告负事故全部责任。事故发生后，原告向被告报险，被告以各种理由拒绝承担保险责任，并迟迟未对受损车辆定损，导致原告车辆放在福建吉诺中星汽车销售服务有限公司多日。原告于 2017 年 4 月 13 日向被告发出催告函，要求被告在 2017 年 4 月 18 日前完成对车辆的查勘定损，被告于 2017 年 4 月 14 日收到催告函，但未予理会。2017 年 4 月 19 日，原告通知福建吉诺中星汽车销售服务有限公司将车拆解修理，共花费修理费 27385.10 元，因被告拒绝承担保险责任引发诉讼。

诉讼中，被告 ×× 保险公司向法院提交一份由宁化县公安局 ×× 派出所于 2017 年 4 月 17 日出具的《关于撤销刘某某驾驶的闽 G××××× 号保险索赔的声明》，内容摘要如下：×× 派出所声明，撤销已开具的事故认定书，该案件移交交警大队调查。

案件处理结果：

1. ×× 保险公司向法院撤回其提交的《关于刘某某驾驶的闽 G××××× 号保险索赔的声明》；

2. 宁化县公安局交警大队终止事故重新调查程序；

3. 双方在法院的主持下达成调解，被告 ×× 保险公司应于 2017 年 8 月 31 日前一次性支付原告刘某某保险理赔款 13693 元。

四、不服道路交通事故认定的救济

案例 7：第 3504240201800014 号《道路交通事故证明》

[道路交通事故证明能否提请复核]

案情简介：

2018 年 3 月 29 日，张某 1 无证驾驶无牌照报废机动车在宁化县纵八线方田乡路段发生交通事故，导致张某2受伤（张某2伤残等级可达七级）。事故发生后，张某1离开事故现场，宁化县公安局交通警察大队以没有痕迹为由，向张某1、张某2出具一份道路交通事故证明。张某2在收到《道路交通事故证明》三日内向上级交警部门申请复核。

案件处理结果：

双方自行达成和解，张某1分期赔偿张某2因本起事故造成的损失17万元，张某2撤回事故认定复核申请。

五、道路交通事故认定及其保险理赔范围裁判观点集锦

（一）“使用”

1. 机动车在各种场合作业（如装卸货、起重、临时停车修理等）时或行驶时都属于使用[1]。

2. 混凝土泵车属于特种车辆，主要用于工程作业，其在道路以外工程作业区行驶，应属正常使用[2]。

3. 车辆发生滑坡事故将受害人撞伤，是因为直接侵权人没有完全将汽车置于固定的安全状态，汽车由于惯性发生向下的行驶力造成滑坡事故，故可以判断该车辆尚未完全处在“停车状态中”，而是处于“行驶状态”的延续之中，虽然这种行驶状态与日常的正常行驶状态有所区别，但其实质上是汽车正常行驶状态的一种变相形式[3]。

（二）“通行”

1. 《机动车交通事故责任强制保险条例》第四十三条比照机动车交通事故处理，不仅仅是事故发生的地点在道路以外的地方，还应当符合发生事故的机动车处于“通行”状态的条件。当机动车停放在道路以外的地方，或者机动车处于停车状态施工作业等情况下发生的事故，则不属于参照适用的情

---

〔1〕 王吉美、古昔伟：《施工车辆非“通行时”发生事故是否属于交强险赔偿范围》，载国家法官学院案例开发研究中心编：《中国法院2017年度案例（道路交通纠纷）》，中国法制出版社2017年版，第227页。

〔2〕 吴昊：《作业车辆在封闭厂区内的事故能否获得交强险赔偿》，载国家法官学院案例开发研究中心编：《中国法院2019年度案例（保险纠纷）》，中国法制出版社2019年版，第5页。

〔3〕 原琳、程志猛：《机动车发生滑坡事故造成受害人损失，投保人是否可以请求保险公司在交通事故强制责任保险范围内予以赔偿》，载国家法官学院案例开发研究中心编：《中国法院2015年度案例（保险纠纷）》，中国法制出版社2015年版，第31页。

况。事故发生时，车辆在无人驾驶的情况下自行向前滑行，形式上虽未表现出通常意义的通行状态，但车辆一直处于未熄火的状态，实质上可认定为处于具有通行性质的运动状态，可以比照机动车交通事故处理[1]。

2. 对《机动车交通事故责任强制保险条例》第四十三条不能无限扩大解释。该条文将机动车在道路以外的地方通行时发生事故比照交通事故处理作出规定。但有一个前提，就是因“通行”造成事故。吊车除了具有生产功能外，还有在道路上通行的功能；既属于交通车辆，又属于生产车辆。按照第四十三条的扩大理解，如果吊车在工地上通行造成事故，可以比照交通事故（处理）。再进一步扩大解释，在作业中，进行移动，调整位置，造成事故，也勉强可以参照该规定（处理）。但吊车底车不移动位置，纯粹是起吊过程中因操作不慎造成事故，不能归结为交通事故[2]。

（三）“未接触”

1. 在本案中，因肇事车辆未采取挡板加固措施且未对车上的货物加盖遮盖物，车厢挡板松开致使车载的豆腐渣散落路面，造成重大安全隐患；受害人车辆虽未与肇事车辆发生接触碰撞，但事故确实为肇事车辆过失行为在先所致[3]。

2. 认定一起交通事故，法律从未规定是否以接触作为构成要件。交通事故作为一种特殊侵权，对它的认定亦应按侵权责任的构成要件来分析，即行为、损害后果、因果关系及过错。只要行为人的行为具有过错，且与损害后果具有因果关系，无论双方接触与否，均可认定为交通事故[4]。

（四）“车载货物掉落致人受伤”

1. 不构成道路交通事故。抛洒物所引起的事故并非车辆本身造成的伤

---

〔1〕文晓威：《道路外事故比照机动车交通事故处理的辨析》，载国家法官学院案例开发研究中心编：《中国法院 2015 年度案例（保险纠纷）》，中国法制出版社 2015 年版，第 56、57 页。

〔2〕马宇航：《特种车辆作业事故交强险和商业第三者责任险的赔付范围》，载国家法官学院案例开发研究中心编：《中国法院 2016 年度案例（保险纠纷）》，中国法制出版社 2016 年版，第 13 页。

〔3〕常兴泉：《如何界定是交通事故还是意外事件？保险公司是否应在强制保险责任范围内承担责任?》，载国家法官学院案例开发研究中心编：《中国法院 2012 年度案例（道路交通纠纷）》，中国法制出版社 2012 年版，第 73 页。

〔4〕王敬锋：《未接触也能导致交通事故》，载国家法官学院案例开发研究中心编：《中国法院 2018 年度案例（道路交通纠纷）》，中国法制出版社 2018 年版，第 127、128 页。

害，对照交通事故的定义，抛洒物所引起的事故有两个法律事实，一是前车抛洒货物的事实，一是后面人员摔倒的事实，货车抛洒货物与人员摔倒、受害人受伤不在同一时空场景中，系两起事件[1]。

2. 构成道路交通事故。车辆虽然离开现场，但因其在行驶过程中所遗留的物质亦可引发交通事故，肇事者是否承担责任，需关注的并非车辆本身，而是驾驶人在驾驶、使用车辆过程中的行为是否有过错，以及该行为与事故的发生有无因果关系[2]。

六、术语

（一）道路以外的地方[3]

1. “道路以外的地方”可以比照机动车交通事故的处理，需满足以下条件：

（1）事故发生时在道路以外的地方；

（2）事故发生时车辆处于通行状态。

2. “道路以外的地方”主要包括：

（1）自建自管未列入规划的城市巷弄或村间路，或者自行修建并自行负责管理的路面；

（2）用于田间耕作的农村铺设的水泥路、沥青路、砂石路等机耕路；

（3）村民宅前宅后建造的路段或自然通车形成的路面；

（4）封闭式住宅小区内楼群之间的路面；

（5）机关、团体、单位的内部路面，厂矿、企事业单位、火车站、机场、港口、货场内的专用路面；

（6）撤村建居后尚未移交公安交通部门管理的路段；

（7）晾晒作物的场院内；

---

〔1〕李晓东：《货物因意外抛洒路面后致人侧滑受伤不构成交通事故》，载国家法官学院案例开发研究中心编：《中国法院2013年度案例（道路交通纠纷）》，中国法制出版社2013年版，第143页。

〔2〕钱丽丽：《车载所运载货物掉落致他人损害构成交通事故还是物件损害事故》，载国家法官学院案例开发研究中心编：《中国法院2016年度案例（道路交通纠纷）》，中国法制出版社2016年版，第208页。

〔3〕最高人民法院民事审判第一庭编：《最高人民法院关于道路交通损害赔偿司法解释理解与适用》，人民法院出版社2012年版，第370页。

（8）断路施工而未竣工或已竣工未移交公安交通部门管理的路段等。

（二）机动车

《机动车运行安全技术条件》GB 7258—2017

3.1

机动车

由动力装置驱动或牵引，上道路上行驶的供人员乘用或用于运送物品以及进行工程专项作业的轮式车辆，包括汽车及汽车列车、摩托车、拖拉机运输机组、轮式专用机械车、挂车。

3.2

汽车

由动力驱动，具有四个或四个以上车轮的非轨道承载的车辆，包括与电力线相联的车辆（如无轨电车）；主要用于：

——载运人员和/或货物（物品）；

——牵引载运货物（物品）的车辆或特殊用途的车辆；

——专项作业。

本术语还包括以下由动力驱动、非轨道承载的三轮车辆：

a）整车整备质量超过400kg、不带驾驶室、用于载运货物的三轮车辆；

b）整车整备质量超过600kg、不带驾驶室、不具有载运货物结构或功能且设计和制造上最多乘坐2人（包括驾驶人）的三轮车辆；

c）整车整备质量超过600kg的带驾驶室的三轮车辆。

……

3.6

摩托车

由动力装置驱动的，具有两个或三个车轮的道路车辆，但不包括：

a）整车整备质量超过400kg、不带驾驶室、用于载运货物的三轮车辆；

b）整车整备质量超过600kg、不带驾驶室、不具有载运货物结构或功能且设计和制造上最多乘坐2人（包括驾驶人）的三轮车辆；

c）整车整备质量超过600kg的带驾驶室的三轮车辆；

d）最大设计车速、整车整备质量、外廓尺寸等指标符合相关国家标准和规定的，专供残疾人驾驶的机动轮椅车；

e）符合电动自行车国家标准规定的车辆。

3.6.1

普通摩托车

无论采用何种驱动方式，其最大设计车速大于50km/h，或如使用内燃机，其排量大于50mL，或如使用电驱动，其电机额定功率总和大于4kW的摩托车，包括两轮普通摩托车、边三轮摩托车、正三轮摩托车。

3.6.1.1

两轮普通摩托车

车辆纵向中心平面上装有两个车轮的普通摩托车。

3.6.1.2

边三轮摩托车

在两轮普通摩托车的右侧装有边车的摩托车

3.6.1.3

正三轮摩托车

装有三个车轮，其中一个车轮在纵向中心平面上，另外两个车轮与纵向中心平面对称布置的普通摩托车，包括：

a）装有与前轮对称分布的两个后轮的摩托车，且如设计和制造上允许载运货物或超过2名乘员（含驾驶人），其最大设计车速小于70km/h；

b）装有与后轮对称分布的两个前轮、设计和制造上不具有载运货物结构且最多乘坐2人（包括驾驶人）的摩托车。

3.6.2

轻便摩托车

无论采用何种驱动方式，其最大设计车速不大于50km/h的摩托车，且：

——如使用内燃机，其排量不大于50mL；

——如使用电驱动，其电机额定功率总和不大于4kW。

3.6.2.1

两轮轻便摩托车

车辆纵向中心平面上装有两个车轮的轻便摩托车。

3.6.2.2

正三轮轻便摩托车

装有与前轮对称分布的两个后轮的轻便摩托车

3.7

拖拉机运输机组

由拖拉机牵引一辆挂车组成的用于载运货物的机动车，包括轮式拖拉机运输机组和手扶拖拉机运输机组。

注1：本标准所指的拖拉机是指最高设计车速不大于20km/h、牵引挂车方可从事道路货物运输作业的手扶拖拉机，和最高设计车速不大于40km/h、牵引挂车方可从事道路货物运输作业的轮式拖拉机。

注2：手扶拖拉机运输机组还包含手扶变型运输机，即发动机12h标定功率不大于14.7kW，采用手扶拖拉机底盘，将扶手把改成方向盘，与挂车连在一起组成的折腰转向式运输机组。

3.8

轮式专用机械车

轮式自行机械车

有特殊结构和专门功能，装有橡胶车轮可以自行行驶，最大设计车速大于20km/h的轮式机械，如装载机、平地机、挖掘机、推土机等，但不包括叉车。

3.9

特型机动车

质量参数和/或尺寸参数超出GB 1589规定的汽车、挂车，汽车列车。

……

七、机动车商业险险种

机动车商业险险种分为主险和附加险。

主险包括：(1) 机动车损失保险；(2) 机动车第三者责任保险；(3) 机动车车上人员责任保险；(4) 机动车全车盗抢保险。

附加险包括：(1) 玻璃单独破碎险；(2) 自燃损失险；(3) 新增设备损失险；(4) 车身划痕损失险；(5) 发动机涉水损失险；(6) 维修期间费用补偿险；(7) 车上货物责任险；(8) 精神损害抚慰金责任险；(9) 不计免赔率险；(10) 机动车损失保险无法找到第三方特约险；(11) 指定修理厂险。

附加险不能单独投保。附加险条款与主险条款相抵触之处，以附加险条款为准，附加险条款未尽之处，以主险条款为准。

八、常见险种理赔条件

（一）交强险〔1〕

在中华人民共和国境内（不含港、澳、台地区），被保险人在使用被保险机动车过程中发生交通事故，致使受害人遭受人身伤亡或者财产损失，依法应当由被保险人承担的损害赔偿责任，保险人按照交强险合同的约定对每次事故在下列赔偿限额内负责赔偿：

……

（二）机动车损失保险〔2〕

保险期间内，被保险人或其允许的驾驶人在使用被保险机动车过程中，因下列原因造成被保险机动车的直接损失，且不属于免除保险人责任的范围，保险人依照本保险合同的约定负责赔偿：

（1）碰撞、倾覆、坠落；

（2）火灾、爆炸；

（3）外界物体坠落、倒塌；

（4）雷击、暴风、暴雨、洪水、龙卷风、冰雹、台风、热带风暴；

（5）地陷、崖崩、滑坡、泥石流、雪崩、冰陷、暴雪、冰凌、沙尘暴；

（6）受到被保险机动车所载货物、车上人员意外撞击；

（7）载运被保险机动车的渡船遭受自然灾害（只限于驾驶人随船的情形）。

（三）机动车第三者责任保险〔3〕

保险期间内，被保险人或其允许的驾驶人在使用被保险机动车过程中发生意外事故，致使第三者遭受人身伤亡或财产直接损毁，依法应当对第三者承担的损害赔偿责任，且不属于免除保险人责任的范围，保险人依照本保险合同的约定，对于超过机动车交通事故责任强制保险各分项限额的部分负责赔偿。

---

〔1〕 参见《机动车交通事故责任强制保险条款》。

〔2〕 参见《机动车综合商业保险示范条款（2014 版）》。

〔3〕 参见《机动车综合商业保险示范条款（2014 版）》。

律师睿见：

道路交通事故通常具有一方系机动车、在道路上（道路以外的地方）、使用中、造成损害四个要件。

道路交通事故责任认定书由公安交警部门出具，按事故责任分全部责任、主要责任、同等责任、次要责任、无责任，如各方均无导致道路交通事故的过错，则属于交通意外事故，各方均无责任。对于道路交通事故与工伤事故、安全生产事故可从行为人身份、行为人主观过错、事故发生地点、事故发生原因、损害客体等方面进行区分。

交警部门对于基本事实无法查清、成因无法判定的，应当出具道路交通事故证明，载明道路交通事故发生的时间、地点、当事人情况及调查得到的事实。人民法院在审理此类案件时应当遵循“优者危险负担”原则，审查现场勘验笔录等道路交通事故案件的全部相关证据，按照《中华人民共和国道路交通安全法》和《中华人民共和国道路交通安全法实施条例》的相关规定，综合运用逻辑推理和日常生活经验，对道路交通事故发生的事实以及各方当事人有无过错进行判断并作出认定，以确定各方当事人的民事责任〔1〕。

根据全国人民代表大会常务委员会法制工作委员会2005年1月5日发布的法工办复字〔2005〕号答复及其2018年5月1日实施的《道路交通事故处理程序规定》有关规定，当事人对交警部门出具的道路交通事故认定书和道路交通事故证明不服的，不能提起行政复议和行政诉讼，可以在收到道路交通事故认定书或道路交通事故证明三个工作日内提请复核。复核审查期间，一方当事人就该事故向人民法院提起诉讼并经法院受理的，公安机关交通管理部门应当将受理当事人复核申请的有关情况告知相关法院，这并不必然导致复核程序的终止，由此也能充分保障当事人复核的权利。

道路交通事故认定书属于书证（最高人民法院民事审判第一庭认为属于书证，最高人民法院民事审判第二庭认为兼具书证和鉴定意见的性质），在民事诉讼中，人民法院应依法审查道路交通事故认定书并确认其相应的证明力，但有相反证据推翻的除外（司法实践中，当事人未提起事故复核

〔1〕 最高人民法院民事审判第一庭编：《民事审判指导与参考》，2009年第1集（总第37集），人民法院出版社2009年版，第154页。

程序的，除道路交通事故认定书存在明显错误外，法官一般不对道路交通事故认定书作实质审查）。当事人提出相反证据推翻道路交通事故认定书，应当对道路交通事故认定书内容不真实负有证明责任，即挑战道路交通事故认定书的当事人，其所提供的证据应当达到能够证明道路交通事故认定书内容不真实的状态，如果只是使道路交通事故认定书的内容处于真假难辨、真伪不明的状态，其并未完成证明义务，人民法院仍然应当依据道路交通事故认定书认定案件事实〔1〕。

交强险理赔的前提是：在使用机动车过程中发生交通事故，并区分驾驶人有责和无责两种情形；机动车损失保险理赔前提则为在机动车使用过程中发生损害即可；机动车第三者责任险理赔强调的是在使用机动车过程中发生意外事故致使第三者遭受人身伤亡或财产直接毁损，不限于交通事故。因交强险和机动车第三者责任险承担保险责任前提条件的差异，导致在非交通事故的意外事故中，出现机动车第三者责任险需承担保险责任而交强险不需承担保险责任的情形。

最高人民法院民事审判第一庭认为道路交通事故认定书属于书证，理由如下〔2〕：

（1）交通事故认定书在性质上属于证据，这一点在《道路交通安全法》中已有明确规定，由此终结其性质上究竟系证据还是行政行为的争论。而司法认知是民事诉讼中的一种证明方法，是指“于法院已显著之事实或法院职务上已知之事实”。所谓“事实于法院已显著”，即指事实为社会上一般人所周知，法院亦应知悉者”，所谓“事实为法院职务上所已知”，指该项事实原系法官基于其职务所为，或于其职务上所观察而知悉。将公安机关交通管理部门制作的交通事故认定书理解为司法认知，显然是对司法认知的一种误解。

（2）交通事故认定书在民事诉讼中，不具有鉴定结论或者勘验笔录的属性。根据2012年《民事诉讼法》第76条的规定，民事诉讼中的鉴定结论均为人民法院委托具有相应鉴定资格的鉴定人出具的专业性意见。交通事故认

〔1〕最高人民法院民事审判第一庭编：《最高人民法院关于道路交通事故损害赔偿司法解释理解与适用》，人民法院出版社2012年版，第367页。

〔2〕最高人民法院民事审判第一庭编：《最高人民法院关于道路交通事故损害赔偿司法解释理解与适用》，人民法院出版社2012年版，第363、364页。

定书是公安机关交通管理部门在民事诉讼之外，通过交通事故现场勘查、技术分析和有关检验、鉴定，分析查明交通事故的基本事实、成因和当事人责任所出具的法律文书，没有人民法院司法权的介入，不符合民事诉讼鉴定结论的基本要求。勘验笔录一般与物证相关联，是对物证本身或者现场或痕迹勘查检验所形成的记录，而交通事故认定书是在现场勘验、技术分析和检验、鉴定基础上所形成的综合意见，与勘验笔录有着明显差别。

（3）书证是以其记载的内容证明案件事实的物品或材料，以其记载的内容发挥证明作用是书证的本质特征。所谓书证的形成时间、形成过程要求，并非书证与非书证的本质区别。交通事故认定书在民事诉讼中，是以其记载的内容证明案件事实的，符合书证的特点，尽管其内容既有现场的客观描述也有分析判断和意见，但书证本身并不排斥意见性的内容，如多数人在诉讼外自行委托有关机构或人员出具的审计意见，在民事诉讼中即作为书证对待。实践中，也有人认为，交通事故认定书是交通警察对交通事故现场观察所得，应看作是公安机关交通管理部门向法院、当事人方出具的一份证明，是交通事故办案人员根据自己的调查，就感知的案件情况所作的一种陈述，性质上相当于书面证人证言。但我国的民事诉讼中，证人只能是事实证人，不允许意见证言存在，这一点与交通事故认定书具有主观性意见的内容明显不符。且书面证言在性质上也应当归于书证，不能适用证人证言的言词规则，而应当适用书证规则确认其证据能力和证明力。因此，交通事故认定书在证据属性上应当为书证，这种认识符合书证的特征和交通事故认定书的特点。

最高人民法院民事审判第二庭认为道路交通事故认定书兼书证和鉴定意见性质，理由如下：〔1〕

因道路交通事故认定的结果是对事故客观事实状况的描述，符合书证以文字记载和表达的思想内容证明案件事实的特点，可以证明道路交通事故已经发生的客观状况，其中并无主观判断，故道路交通事故认定书的基本事实部分属于书证，属于证明性文书、公文书。成因部分则是由法定的机关在运用专业知识审查、分析现场勘查笔录、证人证言、当事人陈述、技术鉴定等材料的基础上，对道路交通事故的因果关系作出的结论性意见；

〔1〕最高人民法院民事审判第二庭编：《最高人民法院关于保险法司法解释（二）理解与适用》，人民法院出版社2015年版，第410页。

责任部分则是根据成因确定相应的责任人。因此，道路交通事故认定书的成因与当事人责任部分属于鉴定意见。综上，道路交通事故认定书兼有书证和鉴定意见的性质。

法条链接：

《中华人民共和国道路交通安全法》

第七十六条　机动车发生交通事故造成人身伤亡、财产损失的，由保险公司在机动车第三者责任强制保险责任限额范围内予以赔偿；不足的部分，按照下列规定承担赔偿责任：（一）机动车之间发生交通事故的，由有过错的一方承担赔偿责任；双方都有过错的，按照各自过错的比例分担责任。（二）机动车与非机动车驾驶人、行人之间发生交通事故，非机动车驾驶人、行人没有过错的，由机动车一方承担赔偿责任；有证据证明非机动车驾驶人、行人有过错的，根据过错程度适当减轻机动车一方的赔偿责任；机动车一方没有过错的，承担不超过百分之十的赔偿责任。交通事故的损失是由非机动车驾驶人、行人故意碰撞机动车造成的，机动车一方不承担赔偿责任。

第一百一十九条　本法中下列用语的含义：

（一）“道路”，是指公路、城市道路和虽在单位管辖范围但允许社会机动车通行的地方，包括广场、公共停车场等用于公众通行的场所。

（二）“车辆”，是指机动车和非机动车。

（三）“机动车”，是指以动力装置驱动或者牵引，上道路行驶的供人员乘用或者用于运送物品以及进行工程专项作业的轮式车辆。

（四）“非机动车”，是指以人力或者畜力驱动，上道路行驶的交通工具，以及虽有动力装置驱动但设计最高时速、空车质量、外形尺寸符合有关国家标准的残疾人机动轮椅车、电动自行车等交通工具。

（五）“交通事故”，是指车辆在道路上因过错或者意外造成的人身伤亡或者财产损失的事件。

《机动车交通事故责任强制保险条例》

第四十三条　机动车在道路以外的地方通行时发生事故，造成人身伤亡、财产损失的赔偿，比照适用本条例。

《最高人民法院关于适用〈中华人民共和国保险法〉若干问题的解释（二）》

第十八条　行政管理部门依据法律规定制作的交通事故认定书、火灾事故认定书等，人民法院应当依法审查并确认其相应的证明力，但有相反证据能够推翻的除外。

《最高人民法院关于审理道路交通事故损害赔偿案件适用法律若干问题的解释》

第十四条 道路交通安全法第七十六条规定的“人身伤亡”，是指机动车发生交通事故侵害被侵权人的生命权、健康权等人身权益所造成的损害，包括侵权责任法第十六条和第二十二条规定的各项损害。道路交通安全法第七十六条规定的“财产损失”，是指因机动车发生交通事故侵害被侵权人的财产权益所造成的损失。

第二十七条 公安机关交通管理部门制作的交通事故认定书，人民法院应依法审查并确认其相应的证明力，但有相反证据推翻的除外。

第二十八条 机动车在道路以外的地方通行时引发的损害赔偿案件，可以参照适用本解释的规定。

《道路交通事故处理程序规定》

第三条 道路交通事故分为财产损失事故、伤人事故和死亡事故。

财产损失事故是指造成财产损失，尚未造成人身伤亡的道路交通事故。

伤人事故是指造成人员受伤，尚未造成人员死亡的道路交通事故。

死亡事故是指造成人员死亡的道路交通事故。

第二节 交通肇事逃逸

一、肇事逃逸的责任承担

案例8：（2016）闽0481民初1813号、（2017）闽04民终278号

［肇事逃逸责任认定］

案情简介：

2015年8月2日19时34分许，郑某某驾驶闽GB××××号普通两轮摩托车由永安市区往西洋镇方向行驶，行驶至省道307线284千米+200米路段时未靠右行驶，与相对方向驶来的由舒某某驾驶的浙GU××××号轻型普通货车在东侧路面发生碰撞后，又与同方向行驶由李某某驾驶的闽 G08 -××××× 号大中型拖拉机发生碰刮，造成郑某某送医院抢救无效于当日死亡、车辆损坏的交通事故。事故发生后，舒某某指使该车乘车人叶某某冒名顶替并弃车逃逸，于 2015 年 8 月 2 日 23 时被永安市公安局交通警察大队传唤到案；李某某在未能判明发生交通事故的情况下，驾车逃离现场，于 2015 年 8 月 4 日被永安市公安局公安交通警察大队民警在永安市西洋镇虎山村查获。

道路交通事故证据及事故形成原因分析（节选）：

（二）事故形成原因分析

1. 当事人郑某某未戴安全头盔在夜间驾驶闽 GB×××× 两轮摩托车上道路行驶，行驶至弯道的事故路段，遇相对方向有来车时未靠道路右侧行驶，导致事故的发生，其行为是造成本起事故的主要原因。

2. 当事人舒某某在夜间驾驶浙 GU×××× 号轻型普通货车，行驶至事故路段时，未能确保安全行驶，导致事故发生，事故发生后指使叶某某冒名顶替称是浙 GU×××× 号轻型普通货车驾驶人，且弃车逃离现场，其行为也是造成本起事故的一个原因。

3. 当事人李某某在夜间驾驶闽 G08 -××××× 号大中型拖拉机车，行至事故路段时，在未能判明发生交通事故且他人已提醒可能发生事故的情况下，未立即停车查看、抢救伤员，向公安机关交通管理部门报案，而是驾车逃离现场，其行为也是造成本起事故的一个原因。

当事人导致交通事故的过错及责任：

（一）过错

1. 当事人郑某某未戴安全头盔在夜间驾驶闽 GB×××× 号两轮摩托车上道路行驶，行驶至弯道的事故路段，遇相对方向有来车时未靠道路右侧行驶，导致事故发生的过错行为违反了《中华人民共和国道路交通安全法》第五十一条和第三十五条有关之规定。

2. 当事人舒某某在夜间驾驶浙 GU×××× 号轻型普通货车，行驶至事故路段时，未能确保安全行驶，事故发生后指使叶某某冒名顶替称是浙 GU×××× 号轻型普通货车驾驶人，且弃车逃离现场的过错行为违反了《中华人民共和国道路交通安全法》第三十八条和第七十条第一款有关之规定。

3. 当事人李某某在夜间驾驶闽 G08 -××××× 号大中型拖拉机车，行至事故路段时，在未能判明发生交通事故且他人已提醒可能发生事故的情况下，未立即停车查看、抢救伤员，向公安机关交通管理部门报案，而是驾车逃离现场的过错行为违反了《中华人民共和国道路交通安全法》第七十条第一款有关之规定。

（二）责任

本起交通事故由三方当事人郑某某、舒某某、李某某的过错行为导致，郑某某的行为对本起道路交通事故发生所起的作用以及过错严重程度大于舒某某、李某某，根据《中华人民和国道路交通安全法实施条例》第九十二条第一款、第九十一条和《道路交通事故处理程序规定》第四十六条第一款第（二）项的规定，对当事人责任做出如下认定：

1. 当事人郑某某承担本起交通事故主要责任。
2. 当事人舒某某承担本起交通事故次要责任。
3. 当事人李某某承担本起交通事故次要责任。

郑某某近亲属提出复核申请，交警部门重新作出的责任认定与原认定一致。

二、肇事逃逸的司法认定

案例9：（2015）梅民初字第252号

［肇事后离开事故现场是否构成肇事逃逸］

案情简介：

2014年8月1日21时55分，周某某驾驶闽G×××××号小型轿车，沿梅列列西江滨路由北往南行驶至福大租车路段时，与行人陈某某相撞，造成陈某某受伤、车辆损坏的后果。在事故发生后，周某某离开现场。诉讼中，各方就周某某离开事故现场是否构成肇事逃逸及其保险公司机动车第三者责任险能否免责引发争议。

法院判决（节选）：

保险公司应在机动车第三者责任险限额内对原告的损失承担保险责任。

法院裁判理由及结果：

交通肇事逃逸是指行为人在发生交通事故后，不报警、不保护现场等待处理，为逃避法律追究而逃跑的行为。本案中，被告周某某在交通事故发生后立即报警，随后按交警部门的要求进行了血液酒精检测，表明其没有逃避法律追究的意思，且交警部门在道路交通事故认定书中未认定被告周某某有逃逸行为，被告××保险公司亦未提供证据证明周某某有逃逸行为。因此，本院认定被告周某某没有交通肇事逃逸行为。

三、肇事逃逸的判断标准

发生道路交通事故后离开现场的几种情形[1]：

（1）不知道发生交通事故，离开现场；

（2）知道发生交通事故，救助伤者，报警，离开现场；

（3）知道发生交通事故，救助伤者，未报警，离开现场；

（4）知道发生交通事故，未救助伤者，未报警，离开现场；

（5）知道发生交通事故，未救助伤者，报警，离开现场。

交通事故发生后，当事人弃车逃离事故现场，是否属于交通肇事逃逸或可否解释为保险合同中约定的保险车辆肇事逃逸，进而成立保险免责问题，应当采取主客观要件相统一的标准，进行必要的价值判断，区分具体情形作出甄别[2]。

律师睿见：

《中华人民共和国道路交通安全法实施条例》第九十二条和《道路交通事故处理程序规定》第六十一条规定，发生交通事故后当事人逃逸的，逃逸的当事人承担全部责任。有证据证明对方当事人也有过错的，可以减轻责任。案例8交警部门认定驾驶人逃逸负事故次要责任与上述法律、部门规章规定相违背，按照上述法律规定，应认定舒某某承担事故主要责任，李某某承担事故主要责任，郑某某承担事故次要责任。

交通肇事逃逸交强险承保公司仍需承担保险责任，且承担保险责任后不能像驾驶人未取得驾驶资格、驾驶人醉酒、被保险机动车被盗抢期间肇事、被保险人故意制造交通事故的情形一样，在承担垫付责任后可以向致害人追偿。

---

〔1〕 周天保：《逃逸保险免责的逻辑进路》（中），载交通保险律师网，http：//www. jtsg. org/2018－03－29/4336. html，最后访问日期：2020年7月3日。

〔2〕 张煌辉：《弃车逃离现场能否成立保险免责》，载《人民司法》2009年第8期。

实践中，认定是否构成肇事逃逸应当结合主客观要件，进行必要的价值判断，具体理由可参考本书第八章第四节“交通肇事逃逸”驾驶人肇事逃逸商业险裁判观点集锦。

法条链接：

《中华人民共和国道路交通安全法实施条例》

第九十二条 发生交通事故后当事人逃逸的，逃逸的当事人承担全部责任。但是，有证据证明对方当事人也有过错的，可以减轻责任。当事人故意破坏、伪造现场、毁灭证据的，承担全部责任。

《道路交通事故处理程序规定》

第六十一条 当事人有下列情形之一的，承担全部责任：（一）发生道路交通事故后逃逸的；（二）故意破坏、伪造现场、毁灭证据的。为逃避法律责任追究，当事人弃车逃逸以及潜逃藏匿的，如有证据证明其他当事人也有过错，可以适当减轻责任，但同时有证据证明逃逸当事人有第一款第二项情形的，不予减轻。

第三节 交通肇事罪

案例 10：三公元刑诉字（2016）126 号、元检侦监不批捕说理（2016）13 号

［交通肇事罪严重超载的认定］

案情简介：

2015 年 12 月 30 日 12 时 20 分许，犯罪嫌疑人谭某某驾驶的严重超载的豫 R×××××号重型半挂货车牵引豫 R××××号挂车在三化厂区内道路行驶时，与受害人陈某某驾驶的闽 G×××××号两轮摩托车发生碰撞，致双方车辆损坏，摩托车驾驶员陈某某受重伤的后果。经事故鉴定：犯罪嫌疑人谭某某承担本次事故的主要责任。

认定上述犯罪事实的证据有：报案记录、证人证言、现场勘查笔录、现场照片、现场图、福建中博司法鉴定中心、福建中联司法鉴定所的鉴定意见书、道路交通事故认定书等，犯罪嫌疑人亦供认不讳。综上所述，犯罪嫌疑人谭某某的行为已触犯了《中华人民共和国刑法》第一百三十三条之规定，涉嫌交通肇事罪。依照《中华人民共和国刑事诉讼法》第一百六十条之规定，公安机关将案件移送审查起诉。

案件处理结果：

谭某某在取保候审期满后释放。

不予起诉理由：

根据2000年11月21日起施行的《最高人民法院关于审理交通肇事刑事案件具体应用法律若干问题的解释》第二条第二款规定："交通肇事致一人以上重伤，负事故全部或者主要责任，并具有下列情形之一的，以交通肇事罪定罪处罚。"其第（五）项为"严重超载驾驶"的依据。依据《中华人民共和国道路交通安全法》第九十二条及相关规定，严重超载应当是指载重超过核定载重量的30%。本案，交警部门在事故责任认定中，认定犯罪嫌疑人谭某某违反了《中华人民共和国道路交通安全法》第四十八条第一款：严重超载，承担本起事故主要责任，涉嫌交通肇事罪。但公安机关出具的相关书证证实：事故车辆行驶证上车辆整备质量为15810千克（8860+6950）；事故车辆卸货后过磅的整车重量为18860千克。因此，经计算事故车辆超载一是38%，一是29%。因此，根据上述法律规定，承办人认为，认定事故车辆严重超载事实不清、证据不足。即认定犯罪嫌疑人涉嫌交通肇事罪事实不清、证据不足，不符合逮捕条件。

律师睿见：

案例10中谭某某涉嫌交通肇事罪所载货物重量计算，应以两次过磅的差额，并根据车辆核定的载重量计算超载率；交警在计算谭某某所载货物重量时，按事故后过磅的总重量减去行驶证上载明的车的质量，计算出所载货物的重量，该计算方法实际上将新车购买后加装的水箱、所加的刹车水、与车辆连为一体不可分离的残留在车厢的矿粉等均计算在所载货物重量中，在证据的认定上存在错误，人民检察院据此作出不予批准逮捕和不予起诉的决定。

《中华人民共和国公安部关于对交通肇事刑事案件中严重超载情形认定问题的电话答复》指出，依据《中华人民共和国道路交通安全法》第九十二条的规定，货运机动车超过核载质量百分之三十的，可以认定为《最高人民法院关于审理交通肇事刑事案件具体应用法律若干问题的解释》第二条规定的“严重超载”情形。

交通肇事系过失犯罪，肇事者无逃逸或者其他恶劣情节，且受害人或其近亲属对肇事者谅解的情形下，对肇事者判处缓刑或不予起诉的概率要大于其他罪名。

法条链接：

《中华人民共和国刑法》

第一百三十三条 交通肇事罪

违反交通运输管理法规，因而发生重大事故，致人重伤、死亡或者使公私财产遭受重大损失的，处三年以下有期徒刑或者拘役；交通运输肇事后逃逸或者有其他特别恶劣情节的，处三年以上七年以下有期徒刑；因逃逸致人死亡的，处七年以上有期徒刑。

《最高人民法院关于审理交通肇事刑事案件具体应用法律若干问题的解释》（内容略）

第四节 危险驾驶罪

2011年5月1日起实施的《中华人民共和国刑法修正案（八）》第二十二条，在刑法第一百三十三条后增加一条，作为第一百三十三条之一：“在道路上驾驶机动车追逐竞驶，情节恶劣的，或者在道路上醉酒驾驶机动车的，处拘役，并处罚金。有前款行为，同时构成其他犯罪的，依照处罚较重的规定定罪处罚。”

《中华人民共和国刑法修正案（八）》出台之前，由于我国的法律对危险驾驶违法行为的处罚力度偏轻，驾驶人酒后甚至醉酒驾驶尚未造成事故的，不构成犯罪，即使触犯交通肇事罪，仅处以三年以下有期徒刑或拘役。另外一个相关的罪名，以危险方法危害公共安全罪，其最高刑是死刑，用于处罚醉酒驾驶等违法行为又显得轻罪重罚，这就是危险驾驶罪出台的背景。

危险驾驶罪属于行为犯，只要行为人实施了《中华人民共和国刑法》第一百三十三条之一规定的行为，不论是否造成后果，即构成本罪。危险驾驶如同时构成其他犯罪的，依照处罚较重的规定定罪处罚。

法条链接：

《中华人民共和国刑法》

第一百三十三条之一　危险驾驶罪

在道路上驾驶机动车，有下列情形之一的，处拘役，并处罚金：（一）追逐竞驶，情节恶劣的；（二）醉酒驾驶机动车的；（三）从事校车业务或者旅客运输，严重超过额定乘员载客，或者严重超过规定时速行驶的；（四）违反危险化学品安全管理规定运输危险化学品，危及公共安全的。机动车所有人、管理人对前款第三项、第四项行为负有直接责任的，依照前款的规定处罚。有前两款行为，同时构成其他犯罪的，依照处罚较重的规定定罪处罚。

《最高人民法院关于醉酒驾车犯罪法律适用问题的意见》（内容略）

《最高人民法院、最高人民检察院、公安部关于办理醉酒驾驶机动车刑事案件适用法律若干问题的意见》（内容略）

《公安部对再次饮酒后驾驶机动车适用法律问题的批复》（内容略）

第五节　交通肇事罪与危险驾驶罪、故意杀人罪、故意伤害罪、以危险方法危害公共安全罪等罪的区分

交通肇事罪属于过失犯罪，需造成一定的后果才构成此罪。

危险驾驶罪属于行为犯，只要实施了法律规定的行为即构成该罪。

机动车被作为犯罪工具时，需结合犯罪嫌疑人的主观心理和所侵害的客体等综合判定其涉嫌的罪名：

驾驶人醉酒驾驶机动车，没有造成其他后果，涉嫌危险驾驶罪。

驾驶人驾驶机动车造成一人死亡或者重伤三人以上，负事故全部或者主要责任的，涉嫌交通肇事罪（其他情形以相关法律规定为准）。

驾驶人驾驶机动车造成受害人受伤，基于恐慌等心理，肇事后将受害人带离事故现场后隐匿或者遗弃，致使受害人因得不到救助而死亡或者严重残疾的，涉嫌故意杀人罪或者故意伤害罪和交通肇事罪。

驾驶人驾驶机动车造成受害人受伤，基于恐慌等心理，返回事故现场

对受害人实施二次碾压并导致受害人死亡的，涉嫌故意杀人罪和交通肇事罪；二次碾压前受害人已死亡或者二次碾压导致受害人重伤，涉嫌故意杀人罪（未遂）和交通肇事罪。

驾驶人醉酒、疲劳驾驶机动车，后在封闭的高速公路（主车道上）停车入睡，涉嫌以危险方法危害公共安全罪。

驾驶人在公共交通管理的范围外，驾驶机动车辆或者使用其他交通工具致人伤亡或者致使公共财产或者他人财产遭受重大损失，分别涉嫌重大责任事故罪、重大劳动安全事故罪、过失致人死亡罪。

法条链接：

《中华人民共和国刑法》

第一百一十四条 放火、决水、爆炸以及投放毒害性、放射性、传染病病原体等物质或者以其他危险方法危害公共安全，尚未造成严重后果的，处三年以上十年以下有期徒刑。

第一百一十五条 放火、决水、爆炸以及投放毒害性、放射性、传染病病原体等物质或者以其他危险方法致人重伤、死亡或者使公私财产遭受重大损失的，处十年以上有期徒刑、无期徒刑或者死刑。

过失犯前款罪的，处三年以上七年以下有期徒刑；情节较轻的，处三年以下有期徒刑或者拘役。

第一百三十四条 在生产、作业中违反有关安全管理的规定，因而发生重大伤亡事故或者造成其他严重后果的，处三年以下有期徒刑或者拘役；情节特别恶劣的，处三年以上七年以下有期徒刑。

强令他人违章冒险作业，因而发生重大伤亡事故或者造成其他严重后果的，处五年以下有期徒刑或者拘役；情节特别恶劣的，处五年以上有期徒刑。

第一百三十五条 安全生产设施或者安全生产条件不符合国家规定，因而发生重大伤亡事故或者造成其他严重后果的，对直接负责的主管人员和其他直接责任人员，处三年以下有期徒刑或者拘役；情节特别恶劣的，处三年以上七年以下有期徒刑。

第二百三十二条 故意杀人的，处死刑、无期徒刑或者十年以上有期徒刑；情节较轻的，处三年以上十年以下有期徒刑。

第二百三十三条　过失致人死亡的，处三年以上七年以下有期徒刑；情节较轻的，处三年以下有期徒刑。本法另有规定的，依照规定。

第二百三十四条　故意伤害他人身体的，处三年以下有期徒刑、拘役或者管制。

犯前款罪，致人重伤的，处三年以上十年以下有期徒刑；致人死亡或者以特别残忍手段致人重伤造成严重残疾的，处十年以上有期徒刑、无期徒刑或者死刑。本法另有规定的，依照规定。

第二章　权利与责任主体

第一节　受害人诉讼期间死亡

案例11：（2017）闽0402民初77号

［受害人诉讼期间死亡，近亲属是否享有残疾赔偿金请求权］

案情简介：

2016年8月9日17时30分许，吕某1驾驶闽G×××××号两轮摩托车在三明市梅列区乡道碧端线陈大镇碧溪村村路被黄某某驾驶闽C×××××号小型轿车碰撞，造成吕某1受伤、摩托车受损的后果。2016年8月30日，三明市公安局交通警察支队梅列大队作出道路交通事故认定书，认定黄某某承担该起事故全部责任。

2016年11月15日，吕某1委托福建中博司法鉴定中心对其伤残程度进行鉴定，该鉴定中心作出司法鉴定意见书，鉴定意见为：吕某1的伤残程度为十级伤残。吕某1支付了鉴定费700元。

2017年1月12日，吕某1就该起机动车交通事故责任纠纷向本院提起诉讼。在诉讼中，吕某1死亡，吕某1的第一顺序继承人为陈某某、吕某2、吕某3。

各方就吕某1死亡后，陈某某、吕某2、吕某3是否有权主张残疾赔偿金等费用产生争议。

法院判决（节选）：

被告应赔偿原告陈某某、吕某2、吕某3残疾赔偿金等各项经济损失××元。

法院裁判理由及结果：

根据《最高人民法院关于审理人身损害赔偿案件适用法律若干问题的解释》第十八条第二款："精神损害抚慰金的请求权，不得让与或者继承。但义务人已经以书面方式承诺给予金钱赔偿，或者赔偿权利人已经向人民法院起诉的除外。"吕某1死亡前向本院提起精神损害赔偿诉讼，起诉后死亡的，其近亲属可以继承其精神损害赔偿请求权。吕某1因道路交通事故造成的其他各项经济损失费用的请求权为兼具人身权利和财产权利的特殊权利，其人身属性在受害人本人存在的前提下，只能由受害人其本人行使，即便受害人本人不存在，其财产属性并不能因此而被抹杀，其作为财产性的权利仍然存在，将各项费用的赔偿请求列入遗产范围并不违反法律的相关规定。根据《最高人民法院关于贯彻执行〈中华人民共和国继承法〉若干问题的意见》"公民可继承的其他合法财产包括有价证券和履行标的为财物的债权"之规定，公民可继承的其他合法财产包括有价证券和履行标的为财物的债权等，凡依法可以转移的财产或财产权利均可以成为继承权的客体。吕某1主张的各项费用的赔偿请求是具有财产性的权利，故可以列入遗产范围，由继承人继承。故本院准许陈某某、吕某2、吕某3在吕某1死亡后作为第一顺序继承人以原告的诉讼地位参加诉讼，并有权主张各项经济损失。

律师睿见：

受害人诉讼期间非因道路交通事故死亡，将导致程序上中止诉讼，其近亲属有权依据《中华人民共和国继承法》第十条规定，继承并主张残疾赔偿金等费用（理由见案例11法院论述）；实体上，事故责任方仅承担受害人伤残的相关费用，受害人死亡引起的相关费用不予赔偿。

如受害人死亡是由道路交通事故和其他原因共同造成的，则应根据各原因力大小确定各方应承担的死亡赔偿金、被扶养人生活费、丧葬费等费用。

受害人诉讼期间死亡，其近亲属残疾赔偿金请求权观点集锦

一、近亲属享有残疾赔偿金请求权

受害人非因交通事故死亡，其近亲属起诉要求交通事故侵权人赔偿因

交通事故造成的残疾赔偿金，符合法理，也不违背法律规定。如果不支持该项请求，相当于免除了债务人的赔偿责任，受害人的合法权益不能得到保护，也纵容了侵权行为人，不利于社会善良风气的形成[1]。

二、近亲属不享有残疾赔偿金请求权

残疾赔偿金具有严格的人身专属性和依附性，不能与他人分享，赔偿权利人死亡，就赔偿义务人尚未给付的部分，不能构成赔偿权利人的遗产，赔偿权利人的请求权也不能继承，残疾赔偿金请求权随着权利人生存而存在，随着权利人死亡而消灭[2]。

法条链接：

《最高人民法院关于适用〈中华人民共和国民事诉讼法〉的解释》

第二百四十六条 裁定中止诉讼的原因消除，恢复诉讼程序时，不必撤销原裁定，从人民法院通知或者准许当事人双方继续进行诉讼时起，中止诉讼的裁定即失去效力。

《中华人民共和国侵权责任法》

第十八条[3] 侵权责任请求权的主体

被侵权人死亡的，其近亲属有权请求侵权人承担侵权责任。被侵权人为单位，该单位分立、合并的，承继权利的单位有权请求侵权人承担侵权责任。

被侵权人死亡的，支付被侵权人医疗费、丧葬费等合理费用的人有权请求侵权人赔偿费用，但侵权人已支付该费用的除外。

《中华人民共和国继承》

第十条[4] 继承人范围及继承顺序

遗产按照下列顺序继承：

第一顺序：配偶、子女、父母。

---

〔1〕 解学锋：《受害人因交通事故致残，后于诉讼期间死亡，残疾赔偿金应如何认定》，载国家法官学院案例开发研究中心编：《中国法院 2015 年度案例（道路交通纠纷）》，中国法制出版社 2015 年版，第 111 页。

〔2〕 胡敏：《受害人亲属不享有残疾赔偿金请求权》，载国家法官学院案例开发研究中心编：《中国法院 2014 年度案例（道路交通纠纷）》，中国法制出版社 2014 年版，第 92 页。

〔3〕《中华人民共和国民法典》中规定为第七编“侵权责任”第一千一百八十一条。

〔4〕《中华人民共和国民法典》中规定为第六编“继承”第一千一百二十七条。

第二顺序：兄弟姐妹、祖父母、外祖父母。

继承开始后，由第一顺序继承人继承，第二顺序继承人不继承。没有第一顺序继承人继承的，由第二顺序继承人继承。

本法所说的子女，包括婚生子女、非婚生子女、养子女和有扶养关系的继子女。

本法所说的父母，包括生父母、养父母和有扶养关系的继父母。

本法所说的兄弟姐妹，包括同父母的兄弟姐妹、同父异母或者同母异父的兄弟姐妹、养兄弟姐妹、有扶养关系的继兄弟姐妹。

《最高人民法院关于贯彻执行〈中华人民共和国继承法〉若干问题的意见》

一、关于总则部分

3. 公民可继承的其他合法财产包括有价证券和履行标的为财物的债权等。

第二节　提供劳务与履行职务

一、提供劳务

案例12：（2015）大民初字第1414号

［提供劳务期间发生事故致人损害，提供劳务者是否需要承担责任］

案情简介：

2014年11月17日16时33分许，陈某1驾驶闽G××××8号重型自卸货车行驶至省道307线大田县桃源镇翁厝村一下坡路段时，因刹车失灵，操作不当，相继撞上林某某驾驶的停放在路边的闽G××××9号二轮摩托车和肖某某驾驶的停放在路边的闽G××××3号重型自卸货车，事故造成闽G××××8号重型自卸货车车头受损、闽G××××3号重型自卸货车车头整体受损的道路交通事故。事故经大田县公安局交通管理大队出具的第140018号事故认定书认定，被告陈某1承担事故全部责任，肖某某无责任。事故发生后闽G××××3号重型自卸货车被拖至永安市永运客运有限公司汽车修理厂进行维修，花费施救费1998元，维修费35554元（其中汽车配件及材料费31554元，工时费4000元），以上费用由被告××物流公司支付给该车的维修人翁某某，并已在××保险公司处得到理赔。另查明，肖某某系原告××物流公司1雇用的驾驶人员，其所驾驶的闽G××××3号重型自卸货车系原告××物流公司1所有，该车的经营范围为普通货运。陈某1系被告陈某2雇用的驾驶人员，其驾驶的闽G××××8号重型自卸货车行驶证载明车主系被告××物流公司2，该车由被告陈某2实际出资购买经营，并挂靠在被告××物流公司2进行经营管理，在被告××保险公司处投保了交强险和商业险，其中第三者责任保险的限额为1000000元，并附加投保了不计免赔险，保险期间均自2014年5月23日至2015年5月22日，事故发生在保险期间内。

原告因与被告无法就损失达成一致意见提起诉讼。

法院判决（节选）：

被告陈某1、陈某2、××物流公司2应当对原告因本起事故造成的损失××元承担赔偿责任。

法院裁判理由及结果：

陈某1驾驶闽G××××8号重型自卸货车与肖某某驾驶的闽G××××3号重型自卸货车发生交通事故，经大田县公安局交通管理大队出具的第140018号事故认定书认定，陈某1承担事故全部责任，肖某某无责任，由陈某1承担本起事故100%的民事赔偿责任较为恰当；陈某2系闽G××××8号重型自卸货车的实际车主，并将该车挂靠在被告××物流公司2处经营管理，故陈某2应对原告的损失承担民事赔偿责任，被告××物流公司2对被告陈某2应当承担的民事赔偿责任承担连带赔偿责任。

二、履行职务

案例13：（2016）闽0403民初304号

［履行职务期间发生事故致人损害，法定代表人、负责人及其工作人员是否需承担责任］

案情简介：

2015年8月16日14时30分许，被告李某某驾驶闽G×××××号小型普通客车沿省道307线由宁化城郊往淮土乡方向行驶，途径宁化县省道205线瓦庄路段时，与相对方向由原告驾驶的无牌号“五羊本田”普通二轮摩托车发生碰撞，造成原告张某某受伤及两车受损的交通事故。2015 年 9 月 18 日，宁化县公安局交通管理大队作出道路交通事故认定书，认定被告李某某承担本起事故的主要责任，原告张某某承担本起事故的次要责任。2015 年 9 月 24 日三明市公安局交通警察支队作出维持宁化县公安局交通管理大队所作出的事故认定的复核结论。另查明，被告李某某系被告 ×× 公司的法定代表人，其驾驶的闽 G××××× 号小型普通客车系被告 ×× 公司所有，被告李某某驾驶车辆发生交通事故系在履行职务过程中。

诉讼中，各方就李某某是否需要对原告因事故造成的损失承担赔偿责任产生争议。

法院判决（节选）：

被告 ×× 公司对原告因本起事故造成的损失 ×× 元承担赔偿责任；驳回原告张某某对李某某的诉讼请求。

法院裁判理由及结果：

超过商业第三者责任险限额的损失，由侵权人承担，因被告李某某系被告 ×× 公司的法定代表人，在履行职务过程中致原告受到损害，故由被告 ×× 公司承担责任。

律师睿见：

雇员从事雇佣活动或提供劳务期间发生道路交通事故致人损害，存在故意或者重大过失（承担事故全部或主要责任），应当与雇主承担连带赔偿责任（《中华人民共和国侵权责任法》与《最高人民法院关于审理人身损害赔偿案件适用法律若干问题的解释》对该问题的规定存在差异）。

法人或其他组织的法定代表人、负责人及其工作人员履行职务行为发生道路交通事故致人损害，由法人或者其他组织承担民事责任，履行职务行为的法定代表人、负责人及其工作人员无须承担赔偿责任。

法人或其他组织与法定代表人、负责人及其工作人员之间对发生交通事故赔偿责任划分另有约定的，可在承担责任后依照约定向有过错的法定代表人、负责人及其工作人员追偿。

实践中，可以一般人的认识判断雇员的行为是否与履行职务有内在联系，如雇员的行为是否会给雇主带来可能的利益，雇员的行为与正常活动授权的职务行为之间的相似性，雇主是否事先对类似行为有过明确的禁止，等等；单位工作人员的情形与雇员的情形类似。在判断是否属于“执行工作任务时”，除一般原则外，还必须考虑其他特殊因素，如行为的内容，行为的时间、地点、场合，行为的名义，行为的受益人，以及是否与用人单位意志有关联等。对于公车私用的情形，驾驶人即使为个人事务，仍应由用人单位承担责任。单位是否采取了有效措施控制公车私用，属于内部管理事务，不能对抗第三人。若雇员或单位工作人员的擅自驾驶行为与雇佣活动、执行工作任务无关，则应适用《最高人民法院关于审理道路交通损害赔偿案件适用法律若干问题的解释》第二条规定认定驾驶人和所有人或管理人的责任。这种情形下，所有人的过错主要体现在未对雇员或工作人员的驾驶资格予以合理审查和进行有效管理，未对车辆妥善保管等[1]。

法条链接：

《中华人民共和国侵权责任》

第三十五条[2] 个人之间形成劳务关系，提供劳务一方因劳务造成他人损害的，由接受劳务一方承担侵权责任。提供劳务一方因劳务自己受到损害的，根据双方各自的过错承担相应的责任。

《最高人民法院关于审理人身损害赔偿案件适用法律若干问题的解释》

第八条 法人或者其他组织的法定代表人、负责人以及工作人员，在执行职务中致人损害的，依照民法通则第一百二十一条的规定，由该法人或者其他组织承担民事责任。上述人员实施与职务无关的行为致人损害的，应当由行为人承担赔偿责任。

属于《国家赔偿法》赔偿事由的，依照《国家赔偿法》的规定处理。

第九条 雇员在从事雇佣活动中致人损害的，雇主应当承担赔偿责任；雇员因故意或者重大过失致人损害的，应当与雇主承担连带赔偿责任。雇主承担连带赔偿责任的，可以向雇员追偿。

前款所称“从事雇佣活动”，是指从事雇主授权或者指示范围内的生产经营活动或者其他劳务活动。雇员的行为超出授权范围，但其表现形式是履行职务或者与履行职务有内在联系的，应当认定为“从事雇佣活动”。

---

〔1〕最高人民法院民事审判第一庭编：《最高人民法院关于道路交通损害赔偿司法解释理解与适用》，人民法院出版社 2012 年版，第 46—47 页。

〔2〕《中华人民共和国民法典》中规定为第七编“侵权责任”第一千一百九十二条。

第三节　监　护

案例 14：(2012) 元少民初字第 26 号

[未成年发生事故致人损害，责任承担主体]

案情简介：

陈某（事故发生时未成年）与被告黄某 1 是朋友关系，2012 年 1 月 26 日 14 时 47 分，被告黄某 1（事故发生时未成年）在未取得机动车驾驶资格的情况下，驾驶轻便两轮摩托车后载陈某，沿三明市三元区新市中路由南向北行驶至新市中路省一建公交站点路段时，不能较好地控制车辆的行驶状态和速度，未与同向行驶的前车保持安全车距，与被告纪某某驾驶的同向行驶的闽 G×××××号小型轿车相撞，致被告黄某 1 轻伤，纪某某无伤害，陈某送医院抢救无效死亡，两车损害的后果。事发后，三明市公安局交通警察支队三元大队于 2012 年 2 月 16 日出具道路交通事故认定书，认定被告黄某 1 承担事故的全部责任，纪某某、陈某无责任。事故经复核，结论与原认定结论一致。

各方就原告损失承担主体产生争议并引发诉讼。

法院判决（节选）：

确定被告黄某 1 承担陈某因交通事故死亡损失 80% 的赔偿责任，陈某自身承担 20% 的赔偿责任。因被告黄某 1 未满十八周岁，其民事赔偿责任由其法定代理人被告黄某 2、被告陈某某承担。

法院裁判理由及结果：

对于超出交强险无责任限额的损失，虽根据现有证据，被告黄某 1 负事故全部责任，但被告黄某 1 是未成年人，没有经过正规的机动车驾驶培训，不具备机动车驾驶资格，从民事责任承担的角度来看，受害人陈某明知被告黄某 1 系未成年且无驾驶资格，应当预见到其乘坐黄某 1 驾驶车辆危险的存在，其乘坐该车发生事故的风险也明显高于取得驾驶证的人员驾驶的车辆，但陈某仍乘坐被告黄某 1 驾驶的摩托车，其自身存在过错。被告黄某 1 与陈某是朋友关系，陈某乘坐被告黄某 1 的车存在“好意同乘”

关系。“好意同乘”是机动车一方无偿允许他人搭乘，通常发生在同事、亲友或者邻居之间，是否搭乘完全取决于搭乘人的自愿，无人强迫，搭乘机动车行为本身，无论是他人邀请还是自己提议，都意味着愿意与机动车一方共同承担发生交通事故的风险。因此，对于交通事故中本车一方过错所造成的损失，虽机动车驾驶人黄某 1 应当对搭乘人陈某的安全负有义务，但搭乘人自身应分担一部分责任。

律师睿见：

未成年子女的安全教育属于监护职责的重要组成部分，时刻不能松懈，否则在未成年子女造成他人损害且子女自有财产不足以赔偿时，监护人需对他人的损失承担赔偿责任；监护人无能力履行判决确定的义务，子女成年后有履行能力的，可借鉴广东省高级人民法院的做法，允许受害人或其近亲属追加肇事者为被执行人。

法条链接：

《中华人民共和国民法总则》

第二十七条[1] 父母是未成年子女的监护人。未成年人的父母已经死亡或者没有监护能力的，由下列有监护能力的人按顺序担任监护人：（一）祖父母、外祖父母；（二）兄、姐；（三）其他愿意担任监护人的个人或者组织，但是须经未成年人住所地的居民委员会、村民委员会或者民政部门同意。

第三十四条[2] 监护人的职责是代理被监护人实施民事法律行为，保护被监护人的人身权利、财产权利以及其他合法权益等。监护人依法履行监护职责产生的权利，受法律保护。监护人不履行监护职责或者侵害被监护人合法权益的，应当承担法律责任。

《广东省高级人民法院关于办理执行程序中追加、变更被执行人案件的暂行规定》

第二条 执行法院立案庭应当在收到追加、变更被执行人的申请材料之日起 7 日内作出是否立案的审查决定。经审查决定立案的，应于作

〔1〕《中华人民共和国民法典》规定为第一编“总则”第二十七条。
〔2〕《中华人民共和国民法典》规定为第一编“总则”第三十四条。

出立案决定之日起3日内将立案情况书面通知各当事人，并根据不同申请事由，按下列情况分别将有关卷宗材料移送执行机构或相关民事审判庭审查：

（一）当事人、利害关系人以下列事由提出追加、变更被执行人申请的，由执行机构负责审查：

……

5. 因未成年人侵权引起的民事责任，而执行依据将该未成年人的监护人确定为被执行人，在该未成年人成年后，申请追加其为被执行人的；

……

《广东省高级人民法院关于限制消费及纳入失信被执行人名单工作若干问题的解答》

……

3. 被执行人成年后，仍未履行生效法律文书确定的义务，且符合《失信规定》第一条规定的，人民法院可以将其纳入失信被执行人名单。

第四节　无偿借用

案例15：（2017）闽0402民初1069号

［车辆无偿借用期间发生事故致人损害且出借人不存在过错，出借人是否需承担赔偿责任］

案情简介：

2016年12月5日7时36分，原告童某某驾驶二轮摩托车在三明市梅列区东新五路国投门口花圃中间左转驶入东新五路时，与沿东新五路由东向西直行的被告柳某1驾驶的闽G×××××号小型轿车发生碰撞，造成双方车辆受损及原告童某某受伤的道路交通事故。2016年12月6日，三明市公安局交通警察支队梅列大队依法作出道路交通事故认定书，认定童某某与柳某1负事故同等责任。依据原告童某某的委托，福建中博司法鉴定中心对童某某的伤残程度进行了鉴定，该中心于2017年3月9日作出（2017）临鉴字第114号司法鉴定意见书，鉴定意见为：童某某的伤残程度为十级伤残。在诉讼过程中，被告××保险公司对鉴定结论提出异议，要求重新鉴定。根据原告、被告协商确定的鉴定机构，本院依法委托福建新时代司法鉴定所对童某某的伤残程度予以鉴定，该所于2017年6月27日作出（2017）临法鉴第401号司法鉴定意见书，鉴定意见为：童某某为一处伤残十级。被告柳某1与被告柳某2系姐弟关系，柳某1是在向柳某2借用闽G×××××号小型轿车期间发生本起交通事故。

各方就柳某2是否需对原告的损失承担赔偿责任产生争议。

法院判决（节选）：

柳某1对原告因本起事故造成的损失××元承担赔偿责任；驳回原告童某某对柳某2的诉讼请求。

法院裁判理由及结果：

鉴于被告柳某1在借用闽G×××××号小型轿车期间发生本起交通事故，柳某1是车辆的实际控制者，被告柳某2作为车辆所有人，既未实际控制车辆，也未有证据证明其在车辆运营中获利。因此，被告柳某2作为出借人不承担赔偿责任，原告要求被告柳某2对原告因交通事故造成的经济损失承担赔偿责任的诉讼请求于法无据，本院不予支持。

律师睿见：

“运行支配”“运行利益”“过错责任”是判断道路交通事故参与人及其相关人员是否需承担责任的理论源泉。

案例15中出借人没有实际控制车辆和获得车辆运行利益，且对损害的发生也不存在过错，无须对车辆出借期间发生交通事故造成的损害承担赔偿责任。

最高人民法院关于认定机动车所有人或管理人有过错需承担相应的赔偿责任的理由主要有：

确定机动车交通事故损害赔偿责任的法理依据在于“风险开启理论”“风险控制理论”“报偿理论”，前者是指机动车的运行对其周围环境（人和财产）具有高度危险，从而开启、控制和支配这一“危险源”即机动车之运行的车辆所有人、管理人和使用人应当承担民事责任；后者是指利益之所属即责任之所归，故从机动车运行中受益的人也应对机动车所致损害承担责任。在实践中，由此引申出判断责任主体的“运行支配”和“运行利益”的二元判断标准。所谓运行支配通常是指，可以在事实上支配管领机动车之运行的地位。所谓运行利益，一般认为是指因机动车运行而生的利益。换言之，某人是否属于机动车损害赔偿责任的主体，要从其是否对该机动车的运行于事实上位于支配管理的地位和是否从机动车的运行中获得了利益两个方面加以判明。进一步说，某人是否是机动车交通事故损害赔偿的责任主体，以该人与机动车之间是否有运行支配和运行利益的关联性加以确定[1]。

基于此，在租赁、借用等基于所有人或者管理人的意思转移机动车的占有、使用而导致所有人或者管理人和使用人分离的情形下，机动车的使用人是能够最有效地控制机动车危险的，并直接享受机动车因运行而产生的利益，故《侵权责任法》第四十九条明确将机动车使用人规定为责任主体。而在此种情形下，所有人或者管理人对机动车运行不再具有直接的、绝对的支配力，也不再直接享有机动车运行带来的利益。因此，机动车所有人或者管理人不再是前述危险责任、报偿责任的主体，根据《侵权责任法》第四十九条的规定，应当依据过错承担相应的责任。主要理由在于，在租赁、借用等基于所有人或者管理人意思转移机动车的占有、使用的情形下，虽然机动车所有人或者管理人不是机动车运行的实际控制人，但其在出租、出借时可以对使用人、驾驶人加以选择。因此，所有人或者管理人应当预见到机动车由他人驾驶可能会产生危险，在此情况下，所有人或者管理人负有必要的注意义务，如机动车的车况、使用人是否具备必要的驾驶能力等。从危险开启和危险来源的角度看，如果所有人或者管理人没有尽到必要的注意义务，则显然在一定程度上构成危险的来源。此外，从危险责任的角度看，不能对所有人在此种场合下科以危险责任，因为无论是借用还是租赁，都是现代社会中的必要交易方式，如果对所有人或者管理人科以危险责任，对所有人或者管理人的行为自由、现代社会的社会关系和相关行业的发展都会造成过于严格的限制和阻碍。因此，机动车所有人或者管理人应当承担过错责任。综上，所有人或者管理人在知道或者应当知道机动车本身存在缺陷，或者驾驶人存在不符合或者妨碍驾驶机动车情形的情况下，仍然出租、出借的，其未尽必要注意义务对于交通事故的

---

〔1〕杨永清：《解读〈关于连环购车未办理过户手续原车主是否对机动车交通事故致人损害承担责任的复函〉》，载人民法院出版社法规编辑中心编：《解读最高人民法院请示与答复》，人民法院出版社2004年版，第119页。

发生无疑具有过错[1]。

法条链接：

《中华人民共和国侵权责任》

第四十九条[2]　因租赁、借用等情形机动车所有人与使用人不是同一人时，发生交通事故后属于该机动车一方责任的，由保险公司在机动车强制保险责任限额范围内予以赔偿。不足部分，由机动车使用人承担赔偿责任；机动车所有人对损害的发生有过错的，承担相应的赔偿责任。

《最高人民法院关于审理道路交通事故损害赔偿案件适用法律若干问题的解释》

第一条　机动车发生交通事故造成损害，机动车所有人或者管理人有下列情形之一，人民法院应当认定其对损害的发生有过错，并适用侵权责任法第四十九条的规定确定其相应的赔偿责任：

（一）知道或者应当知道机动车存在缺陷，且该缺陷是交通事故发生原因之一的；

（二）知道或者应当知道驾驶人无驾驶资格或者未取得相应驾驶资格的；

（三）知道或者应当知道驾驶人因饮酒、服用国家管制的精神药品或者麻醉药品，或者患有妨碍安全驾驶机动车的疾病等依法不能驾驶机动车的；

（四）其他应当认定机动车所有人或者管理人有过错的。

《福建省实施〈中华人民共和国道路交通安全法〉办法》

第五十三条　机动车与非机动车驾驶人、行人之间发生交通事故造成人身伤亡、财产损失的，由保险公司在机动车交通事故责任强制保险限额范围内予以赔偿。机动车所有人或者管理人未参加机动车交通事故责任强制保险的，由机动车所有人或者管理人承担相当于机动车交通事故责任强制保险责任限额部分的赔偿责任。

---

〔1〕最高人民法院民事审判第一庭编：《最高人民法院关于道路交通损害赔偿司法解释理解与适用》，人民法院出版社2012年版，第27—28页。

〔2〕《中华人民共和国民法典》规定为第七编“侵权责任”第一千二百零九条。

第五节　借他人名义购车

案例 16：（2014）元民初字第 1939 号

［借他人名义购车发生事故致人损害，名义车主是否需承担责任］

案情简介：

2014 年 1 月 24 日 16 时 31 分许，被告肖某某驾驶闽 G××××× 号小型轿车由永安往三明方向行驶至山深线 2241 千米 +820 米地段时，违反右侧通行原则，将车辆驶入左侧车道，正面碰撞陈某某驾驶的由三明往永安方向行驶的闽 GQ×××× 号小型轿车（杨某某、张某某乘坐该车），造成两车损坏，陈某某当场死亡，肖某某、杨某某、张某某受伤的后果。本起交通事故经福建省三明市公安局交通警察支队三元大队认定，肖某某负本起事故全部责任，陈某某、杨某某、张某某无责任。2014 年 9 月 4 日，被告肖某某犯交通肇事罪，被判处有期徒刑一年二个月。另查明，闽 G××××× 号小型轿车系肖某某借用雷某某名义购买。

各方就雷某某是否需对原告因事故造成的损失承担赔偿责任产生争议。

法院判决（节选）：

驳回原告对被告雷某某的诉讼请求。

法院裁判理由及结果：

根据被告提供的协议书、说明、维修工单、×× 物业有限公司出具的证明及收款收据等证据，以及本院依法调查的询问笔录，可证实被告雷某某将信用卡借给被告肖某某购买闽 G××××× 号小型轿车，该车实际由被告肖某某管理、使用，其为车辆实际控制人。根据《公安部关于确定机动车所有权人问题的复函》之规定，公安机关办理的机动车登记，只是准予或者不准予上道路行驶的登记，不是机动车所有权的登记，故本院确认被告肖某某为闽 G××××× 号小型轿车的实际车主。被告雷某某将信用卡出借给被告肖某某购买车辆的行为与本起交通事故的发生没有因果关系，不存在过错，故被告雷某某在本案中不承担赔偿责任。

律师睿见：

同本章第四节“无偿借用”。

第六节　保留车辆所有权买卖

案例17：（2013）融民初字第4209号

[保留车辆所有权买卖的车辆发生事故，责任承担主体]

案情简介：

原告××物流分公司于2011年3月8日承接了由福清运至武汉的设备，并与托运人签订了货物托运、承运验收单。同日，原告将该批货交由被告张某承运至目的地武汉，双方亦签订了货物运输合同。被告张某承运该批货物后，在途经福银线（闽）A道74千米+800米处，因其驾驶不慎使被告××物流公司所有的闽G×××××号、闽G××××挂号车碰撞右侧护栏后侧翻，致车上所载货物受损，经交警适用简易程序认定，由驾驶者张某承担事故的全部责任。后原告××物流分公司诉请被告张某、被告××物流公司赔偿原告损失人民币114602元。

各方就被告××物流公司与张某之间是雇佣关系，还是保留车辆所有权买卖关系产生争议。

法院判决（节选）：

驳回原告××物流分公司要求被告××物流公司承担赔偿责任的诉讼请求。

法院裁判理由及结果：

车辆买卖协议虽然是超出了被告××物流公司的营业范围的合同，但是根据《最高人民法院关于适用〈中华人民共和国合同法〉若干问题的解释（一）》第十条，超出经营范围签订的合同并不当然无效，除非是国家限制经营、特许经营以及法律、行政法规禁止经营的，而车辆买卖并不在这些范围之内。《二手车流通管理办法》是商务部制定的部门规章，不是《中华人民共和国合同法》第五十二条中所说的法律和行政法规。两被告签订的车辆买卖协议，并没有违反法律、行政法规的强制性规定，是合法有效的。原告主张被告张某是被告 ×× 物流公司的员工，但是没有提供相应的证据予以证明，根据《中华人民共和国民事诉讼法》第六十四条规定的“谁主张谁举证”规则，原告应承担举证不能的法律后果。即使涉案车辆闽 G××××× 号、闽 G×××× 挂号的公路物货运输许可证是被告 ×× 物流公司的而不是被告张某的，也只能证明被告 ×× 物流公司有权利从事道路运输经营活动，该车辆从事道路运输经营活动是合法的。并不能凭着涉案车辆闽 G××××× 号、闽 G×××× 挂号公路物货运输许可证与车辆所有权证的所有人都是被告 ×× 物流公司就认定被告 ×× 物流公司是货物运输合同的合同当事人。在货物运输合同中签字盖章的两个主体分别是原告 ×× 物流分公司与被告张某，合同中约定了原告 ×× 物流分公司作为托运方和被告张某作为承运方之间的权利义务关系。但在货物运输合同中并没有出现被告 ×× 物流公司，原告在签订货物运输合同的时候也十分明确承运方是被告张某，而不是被告 ×× 物流公司。另外，根据权利和义务相一致的原则，承运货物义务是由被告张某履行的，且被告 ×× 物流公司和被告张某之间并未存在雇佣关系，所以在货物运输合同当中，托运方是原告，作为合同相对方的承运方是被告张某。货物运输合同是双方当事人真实意思表示，没有违反法律、行政法规，是合法有效的。原告 ×× 物流分公司和被告张某作为合同双方当事人应当按照合同的约定履行义务。被告张某承运货物后，未尽安全运输义务，造成原告 ×× 物流分公司的损失（货损人民币 103526 元，交通费人民币 1250 元和评估费人民币 4826 元），依照合同约定和法律规定应承担赔偿损失的责任；被告 ×× 物流公司并不是货物运输合同中的任何一方当事人，根据合同的相对性原理，原告 ×× 物流分公司只能向合同相对方即被告张某请求承担赔偿损失责任。所以原告要求被告 ×× 物流公司承担赔偿损失没有事实和法律上的依据。

律师睿见：

案例 17 保留车辆所有权买卖的出卖方，由于对购买方造成的交通事故没有过错，其保留所有权的行为与交通事故之间也不存在因果关系。出卖方保留所有权的行为实质上只是对债的担保方式而已，出卖人保留的只是名义上的所有权，对机动车占有、使用、受益的都是买受人[1]；出卖方既没有控制车辆，也不享有车辆运行利益，根据《最高人民法院关于购买人使用分期付款购买的车辆从事运输因交通事故造成他人财产损失保留车辆所有权的出卖方不应承担民事责任的批复》的规定，出卖方对车辆发生事故造成的损害无须承担赔偿责任。

法条链接：

《中华人民共和国侵权责任法》

第五十条[2] 当事人之间已经以买卖等方式转让并交付机动车但未办理所有权转移登记，发生交通事故后属于该机动车一方责任的，由保险公司在机动车强制保险责任限额范围内予以赔偿。不足部分，由受让人承担赔偿责任。

《最高人民法院关于购买人使用分期付款购买的车辆从事运输因交通事故造成他人财产损失保留车辆所有权的出卖方不应承担民事责任的批复》

采用分期付款方式购车，出卖方在购买方付清全部车款前保留车辆所有权的，购买方以自己名义与他人订立货物运输合同并使用该车运输时，因交通事故造成他人财产损失的，出卖方不承担民事责任。

第七节　多次转让未办理转移登记

案例18：（2017）闽0424民初1040号

[车辆多次转让未办理转移登记发生事故，责任承担主体]

案情简介：

2017年4月22日18时许，曹某某指派其雇请的马某某驾驶闽G×××××重型厢式货车，车上乘坐装卸工张某某、夏某某、温某某，由宁化县安远镇国丰竹木工艺品厂装载锯木屑往宁化县城关方向返回行驶，途经宁化县省道

---

[1] 王治平：《解读〈关于购买人使用分期付款购买的车辆从事运输因交通事故造成他人财产损失保留车辆所有权的出卖方不应承担民事责任的批复〉》，载杜万华主编：《解读最高人民法院司法解释、指导性案例（民事卷）》（上），人民法院出版社2014年版，第300页。

[2] 《中华人民共和国民法典》规定为第七编“侵权责任”第一千二百一十条。

205线432千米路段时，马某某未按照操作规范安全驾驶，导致车辆失控，马某某示意车上乘车人员跳车自救，随即夏某某、张某某、温某某和马某某先后跳车，造成了夏某某、张某某当场死亡及温某某、马某某受伤，车辆受损的道路交通事故。2017年5月2日，宁化县公安局交通管理大队作出道路交通事故责任认定书，认定马某某负事故全部责任。2017年9月26日，法院作出（2017）闽0424刑初58号刑事判决，判决马某某犯交通肇事罪，判处有期徒刑三年六个月。

另查明，肇事车辆闽G×××××重型厢式货车原系××公司经营所有。2016年8月18日，××公司将闽G×××××重型厢式货车转让给阴某某，并约定办理转移登记。同日，阴某某将该车转让曹某某，由曹某某营运管理至今，但该车未办理转移登记。2016年12月30日，曹某某以××公司名义在××保险公司投保交强险和商业三者险（保险金额1000000元）等险种。

诉讼中，各方就××公司、阴某某是否需对原告造成的损失承担赔偿责任产生争议。

法院判决（节选）：

曹某某应在本判决发生法律效力的30日内赔偿原告温某某、夏某1、夏某2、罗某某各项损失753586.76元；驳回温某某、夏某1、夏某2、罗某某要求××公司、阴某某承担赔偿责任的诉讼请求。

法院裁判理由及结果：

本案肇事车辆闽G×××××重型厢式货车原系××公司经营所有，但××公司已于2016年6月18日将该车转让给阴某某，后阴某某将该车转让给曹某某，由曹某某经营管理，至今未办理转移登记。根据《中华人民共和国侵权责任法》第五十条规定，××公司不是本案肇事车辆闽G×××××重型厢式货车的实际控制者，也没有在该货车的运营中获得利益，不承担连带赔偿责任，应由最后一次转让并交付的受让人曹某某承担赔偿责任。

律师睿见：

车辆未办理变更登记违反的是行政管理的有关规定，应受行政法规调整，并不能因此否定车辆转让协议的效力，所转让的车辆已经交付受让人（理由可参见本书第二章第五节“借用他人名义购车”之案例16的法院裁判理由及结果）。受让车辆的管理、支配以及收益的权利均不在所有人（转让人）之手，因此所有人（转让人）对于机动车发生道路交通事故不具有防范与控制的能力，要求其承担责任显然是不合理的，交通事故赔偿责任的主体只能是机动车的实际所有人[1]。因此，多次转让的车辆发生事故，属于机动车一方责任的，由受让人承担，转让人无须承担赔偿责任。

如受让人保有的机动车因盗窃、抢劫或者抢夺等原因被盗窃人、抢劫人或者抢夺人实际控制时，受让人此时失去了对机动车的控制，不享有车辆的运行利益，不承担机动车被盗窃、抢劫、抢夺期间发生交通事故造成损害的赔偿责任[2]。

此外，机动车属于具有危险性的交通工具，法律法规规定车辆达到报废条件时应报废处理，且该类车辆只能由报废汽车回收企业回收，不能自由转让，如转让人受利益驱使，转让拼装车、已达到报废标准的机动车或者依法禁止行驶的其他机动车发生事故的，具有明显过错，所有转让人和受让人需承担连带责任。

实行机动车强制报废制度，是因为报废机动车已经不符合道路行驶条件，其安全系数大大降低，若再次进入路面行驶，将给道路上的其他通行人员和车辆造成严重威胁。同时，由于报废机动车价格便宜，肇事者在发生事故后经常选择弃车逃逸，致使受害人得不到有效的赔偿[3]。因此，报废车辆发生道路交通事故造成他人人身或财产损失，所有转让人和受让人需承担连带责任。

法条链接：

《最高人民法院关于审理道路交通事故损害赔偿案件适用法律若干问题的解释》

第四条 被多次转让但未办理转移登记的机动车发生交通事故造成损害，属于该机动车一方责任，当事人请求由最后一次转让并交付的受让人

---

〔1〕 何晓航、常亚楠：《最高人民法院道路交通事故司法解释精释精解》（增订本），中国法制出版社2019年版，第132页。

〔2〕 最高人民法院民事审判第一庭编：《最高人民法院关于道路交通损害赔偿司法解释理解与适用》，人民法院出版社2012年版，第64、65页。

〔3〕 林庆强：《所有人转售或出借报废机动车致发生交通事故，应与实际驾驶人承担连带赔偿责任》，载国家法官学院案例开发研究中心编：《中国法院2014年度案例（道路交通纠纷）》，中国法制出版社2014年版，第31页。

承担赔偿责任的，人民法院应予支持。

第六条　拼装车、已达到报废标准的机动车或者依法禁止行驶的其他机动车被多次转让，并发生交通事故造成损害，当事人请求由所有的转让人和受让人承担连带责任的，人民法院应予支持。

第八节　套　牌[1]

案例19：(2012) 句民初字第1276号

［不知情车辆被套牌发生事故，责任承担主体］

案情简介：

2011年7月份，刘某某将自己所有的车牌号为苏A×××××号的车送至许某某修理厂处，让其帮忙报废。在报废的过程中许某某私自将其车牌拿下装到自己实际车牌为苏L×××××号的车上使用，被告刘某某对此事并不知情。

2012年8月16日3时15分许，许某某驾驶苏A×××××号（实际车牌为苏L×××××）号小型轿车，沿句容市市区河滨南路由西往东方向行驶，行至句容市区河滨南路御东国际小区地段，车辆驶入左侧，先后与对向行驶的陈某某驾驶的电动三轮车、王某某驾驶的电动自行车、何某某驾驶的电动自行车发生碰撞，致四车不同程度损坏，陈某某受伤，王某某、何某某当场死亡的道路交通事故。该事故经句容市公安交通巡逻警察大队事故认定书认定，许某某承担此事故的全部责任，陈某某、王某某、何某某不承担责任。

王某某、何某某近亲属向法院提起诉讼，要求刘某某、许某某就王某某、何某某因事故死亡造成的损失承担赔偿责任。

法院判决（节选）：

驳回原告丁某1、丁某2、王某某、毛某某对刘某某的诉讼请求。

法院裁判理由及结果：

法律之所以认定车主对其车辆发生交通事故造成损失承担民事赔偿责

---

〔1〕吴红云：《套牌车发生交通事故，车辆所有人是否要承担赔偿责任》，载国家法官学院案例开发研究中心主编：《中国法院2014年度案例（道路交通纠纷）》，中国法制出版社2014年版，第63—65页。

任，主要是基于“运行支配与运行利益”理论。本案中，由于肇事者许某某套用苏 A×××××号车牌，故被告刘某某对该车辆没有运行支配的权利，且没有相关证据证明被告刘某某从该套牌车的运行过程中受益。事实上，刘某某的车辆及牌照交由许某某报废，虽报废手续不合法，但与许某某驾驶车辆发生交通事故无必然联系，且被告刘某某也不知道其车牌被套用这一事实。故原告要求被告刘某某对该套牌车发生交通事故承担民事赔偿责任，无法律依据。

律师睿见：

基于“运行支配”和“运行利益”理论，案例 19 被套牌的车主对套牌车辆无法控制和支配，也未获取其运行利益，且事故的发生与被套牌的车主没有因果关系，在此情形下要求其承担责任有失公平。

最高人民法院关于套牌机动车的所有人或管理人承担责任理由，阐述如下[1]：

1. 套牌机动车所有人或管理人承担赔偿责任符合立法精神。《道路交通安全法》第七十六条规定的“机动车一方”既包括机动车的驾驶人即行为人，在特定情况下，也可能包括机动车的所有人或管理人。在套牌机动车情形下，将该责任主体确定为所有人或管理人，是对其套牌行为导致的鲁莽驾驶行为导致危险程度增加的否定性评价，也是基于其套牌行为容易造成实际驾驶人难以确定的风险预防，符合《道路交通安全法》第七十六条的立法精神。

2. 让套牌机动车所有人或管理人承担赔偿责任可以降低被侵权人的举证难度。道路交通事故的发生一般具有偶然性和瞬间性，被侵权人很难在事故发生的短暂时间内进行证据保全。特别是在套牌机动车驾驶人逃离事故现场的情形下，被侵权人要事后举证确定实际驾驶人非常困难，受害人的损失难以得到填补。一旦查获该套牌机动车，其所有人或管理人的查明则相对容易。因此，被侵权人只需证明被告即为套牌机动车所有人或管理人就可向其主张损害赔偿责任，而无须证明其是否是交通事故发生时的实际驾驶人。

---

〔1〕 最高人民法院民事审判第一庭编：《最高人民法院关于道路交通损害赔偿司法解释理解与适用》，人民法院出版社 2012 年版，第 72 页。

3. 套牌机动车所有人或管理人的违法行为是交通事故发生的原因之一。套牌机动车的出现，要么是由于机动车本身质量不合格，要么是机动车来源不合法，要么是为了规避相关税费和监管。因此，在明知该套牌机动车不得上路行驶的情形下，套牌机动车所有人仍自行上路驾驶或允许他人上路驾驶该机动车的行为，本身就具有违法性。特别是当套牌机动车本身质量不合格时，如其所有人仍通过套牌方式让该机动车上路行驶，则其给公共道路安全造成了极大危险。因此，套牌机动车所有人的违法行为与事故发生存在较为密切的联系。

最高人民法院关于被套牌机动车的所有人或管理人（同意套牌情形）与套牌机动车所有人或管理人承担连带责任理由，阐述如下〔1〕：

1. 对受偿不能风险的合理分配，有利于受害人合法利益得到及时充分的维护。对受偿不能风险的分配是连带责任形态最主要的作用，体现在两个方面：（1）鼓励权利人起诉最可能有赔偿能力的人；（2）将受偿不能的风险分配给加害人一方而非受害人。不仅如此，即使每个责任人都有赔偿能力，但要求受害人承担向所有加害人求偿的负担仍然是非常重的。连带责任的价值即使所有的责任人都有赔偿能力并可以参加诉讼时，仍然可以体现在两个方面：①权利人无须确定并针对所有责任人进行诉讼；②权利人也无须确定各个责任人之间的责任比例。这便是连带责任形态的程序负担一面，有利于被侵权人通过扩大请求赔偿对象获得充分救济。

2. 连带责任不仅能够服务于充分保护受害人的目的，而且具有促进公法目的的实现的功能。被套牌机动车所有人或者管理人同意他人套牌行为本身违反了法律、行政法规的强制规定，扰乱了社会公共道路交通的正常管理秩序。对此，除了加大公法处罚力度之外，还可通过私法手段促进公法目的的实现。《最高人民法院关于审理道路交通事故损害赔偿案件适用法律若干问题的解释》第五条正是通过引入私法领域的连带责任，事实上加重了被套牌机动车所有人或者管理人的注意义务，有助于促使其遵守交通管理法规，减少套牌现象，有利于维护道路交通秩序。

3. 被套牌机动车所有人或者管理人的同意行为违反了保护他人之法律，应承担连带赔偿责任。《道路交通安全法》和《治安管理处罚法》关于禁

---

〔1〕 最高人民法院民事审判第一庭编：《最高人民法院关于道路交通损害赔偿司法解释理解与适用》，人民法院出版社2012年版，第75、76页。

止套牌的规定，其目的在于维护交通秩序、明确责任主体、规范交通行为、保障交通安全，尤其是其他道路交通参与人的安全。显然，该规定不仅有行政管理的功能，也有保护不特定多数人的目的。而机动车套牌行为在客观上造成交通事故责任主体难以确定、受害人损失难以得到赔偿等不良后果，显然违反了这种具有保护他人目的的法律。民法理论认为，违反保护他人法律的侵权责任的成立关键不在于是否有因果关系，而在于行为人是否尽到注意义务。具体到套牌情形，被套牌机动车所有人或者管理人明知法律禁止套牌行为而同意他人套牌，违反了法定注意义务，导致了其他道路交通参与方因套牌机动车发生交通事故而遭受损失。因此，被套牌机动车所有人或者管理人应对被侵权人承担连带赔偿责任。这里需要注意的是，如果该套牌机动车已买了交强险，则上述连带赔偿责任赔偿范围为保险公司在交强险限额范围内予以赔偿后的侵权责任部分。

法条链接：

《最高人民法院关于审理道路交通事故损害赔偿案件适用法律若干问题的解释》

第五条 套牌机动车发生交通事故造成损害，属于该机动车一方责任，当事人请求由套牌机动车的所有人或者管理人承担赔偿责任的，人民法院应予支持；被套牌机动车所有人或者管理人同意套牌的，应当与套牌机动车的所有人或者管理人承担连带责任。

第九节 车主存在过错

案例20：（2015）沙民初字第251号

［车辆发生事故车主存在过错，责任承担主体］

案情简介：

2014年2月22日8时10分许，被告林某某驾驶被告杨某某（杨某某为林某某雇主）所有的闽G×××××号重型自卸货车，从沙县琅口机砖厂往沙县高砂方向行驶，行驶至205线2195千米+580米处时，与原告黄某某驾驶的由沙县城关往沙县高砂方向行驶的闽GP××××号二轮摩托车

（车主吴某某）发生碰撞，造成黄某某受伤及两车不同程度损坏的交通事故。该起事故经沙县交通管理大队作出事故认定，认定被告林某某与黄某某负事故的同等责任。

各方就车主是否需对原告因本起事故造成的损失承担赔偿责任产生争议。

法院判决（节选）：

被告林某某、杨某某赔偿原告黄某某损失××元，被告吴某某对原告黄某某的损失承担10%的过错责任。

法院裁判理由及结果：

被告吴某某作为机动车所有人，将车辆交由未取得机动车驾驶证的原告驾驶，被告吴某某对本次事故的发生有过错，要承担过错责任，本院确定其承担总损失10%的过错责任。

案例21：（2018）闽0428民初1677号

［车辆发生事故车主存在过错，责任承担主体］

案情简介：

2017年11月11日00时25分许，被告肖某某无证酒后驾驶被告饶某某向案外人××汽车租赁服务部租赁的闽K×××××号小型轿车自日照东门方向往华山公园方向行驶，至夏华商厦路段右转弯时，与自华山公园方向往农贸市场方向行驶由原告驾驶的将乐×××××号三轮车相撞，造成两车不同程度损坏及原告受伤的后果，被告肖某某逃离现场。2017年12月29日将乐县公安局交通警察大队按照简易程序作出道路交通事故认定书，认定被告肖某某负事故的全部责任。

各方就肖某某无证酒后驾驶造成事故责任承担主体产生争议。

法院判决（节选）：

二、肖某某应于本判决生效后的三十日内赔偿郑某某各项费用38217.76元。

三、饶某某对肖某某应赔偿的损失承担连带责任。

法院裁判理由及结果（节选）：

饶某某作为车辆管理人，在明知肖某某无证且酒后的情况下仍将车辆借给肖某某驾驶，对事故发生有过错，故保险公司交强险限额超出部分应由肖某某承担赔偿责任，饶某某承担连带责任。

案例22：（2016）闽0426刑初408号

［车辆发生事故车主存在过错，责任承担主体］

案情简介：

2016年7月19日，附带民事诉讼被告人××租赁服务部与附带民事诉讼被告人吴某2签订《借车合同》，××租赁服务部将闽D×××××小轿车出租给无驾驶资格的吴某2使用。该车的所有人为附带民事诉讼被告人陈某某。该车的机动车交通事故责任强制保险投保于附带民事诉讼被告人××保险公司，保险期间自2016年1月1日起至2016年12月31日止，该车的机动车第三者责任保险投保于附带民事诉讼被告人××保险公司，保险期间自2016年3月12日起至2017年3月11日止，保险限额100万元。××保险公司就对于无证驾驶行为的免责条款在陈某某投保机动车第三者责任保险时有过提示。2016年7月27日晚上，吴某2将该车交给无驾驶资格的被告人吴某1驾驶。2016年7月28日，吴某1驾驶该车发生交通事故，造成附带民事诉讼原告洪某某、肖某某重伤，并负事故全部责任。

各方就吴某1无证驾驶造成事故责任承担主体产生争议。

法院判决（节选）：

被告人吴某1应于本判决生效之日起十日内向附带民事诉讼原告人洪某某、肖某某分别赔偿人民币154512.02元、153468.88元，附带民事诉讼被告人吴某2、附带民事诉讼被告人××租赁服务部分别对上述赔偿的40%承担连带责任。

法院裁判理由及结果：

被告人吴某1吸食冰毒后无驾驶资格驾驶机动车，在行驶中违反道路交通安全管理法规，导致事故发生，致使二人重伤，并负事故全部责任。吴某1对因其肇事行为造成附带民事诉讼原告人的经济损失承担相应的赔偿责任，附带民事诉讼被告人吴某2、附带民事诉讼被告人××租赁服务部作为肇事车的管理人，将该车交由无驾驶资格的人驾驶，应对上述附带民事诉讼原告人所产生的经济损失承担相应的赔偿责任，本院酌定其责任均为 40% 的连带责任。附带民事诉讼被告人陈某某将其所有的车辆出租给 ×× 租赁服务部并未将车辆用于营运，属于合法处置自己的财产，且其在本案事故中并无过错，不承担连带赔偿责任。

律师睿见：

《最高人民法院关于审理道路交通事故损害赔偿案件适用法律若干问题的解释》第一条规定，机动车所有人或者管理人存在过错，应当对出借期间发生的道路交通事故承担相应的赔偿责任，承担责任比例可根据机动车所有人或者管理人的过错大小确定。这种责任以过错为构成要件，属于按份责任[1]。

实践中，对于过错的判断应根据客观标准，同时适当考虑行为人自身的情况，即看是否尽到一个合理的、谨慎的人所应当具有的注意义务，是否尽到法律、法规、专业操作规程等规范所确定的注意义务[2]。

机动车所有人或者管理人承担相应的赔偿责任，应在裁判中直接根据其过错划分一定的责任比例，绝对不能是在肇事人承担侵权责任不能的情况下由机动车所有人或管理人承担补充责任。若让机动车所有人或管理人承担补充责任，则有可能会变成全部责任或者绝大部分民事责任，这与侵权责任的过错责任的归责原则相悖，违反了与过错程度相适应原则[3]。

法条链接：

《最高人民法院关于审理道路交通事故损害赔偿案件适用法律若干问题的解释》

第一条　机动车发生交通事故造成损害，机动车所有人或者管理人有下列情形之一，人民法院应当认定其对损害的发生有过错，并适用侵权责任法第四十九条的规定确定其相应的赔偿责任：

---

〔1〕最高人民法院民事审判第一庭编：《最高人民法院关于道路交通事故损害赔偿司法解释理解与适用》，人民法院出版社 2012 年版，第 44 页。

〔2〕最高人民法院民事审判第一庭编：《最高人民法院关于道路交通事故损害赔偿司法解释理解与适用》，人民法院出版社 2012 年版，第 36—37 页。

〔3〕常亚楠：《最高人民法院道路交通事故司法解释精释精解》，中国法制出版社 2019 年版，第 114—115 页。

（一）知道或者应当知道机动车存在缺陷，且该缺陷是交通事故发生原因之一的；

（二）知道或者应当知道驾驶人无驾驶资格或者未取得相应驾驶资格的；

（三）知道或者应当知道驾驶人因饮酒、服用国家管制的精神药品或者麻醉药品，或者患有妨碍安全驾驶机动车的疾病等依法不能驾驶机动车的；

（四）其他应当认定机动车所有人或者管理人有过错的。

第十节 挂 靠

案例23：（2016）闽0425民初629号

［挂靠车辆发生事故，责任承担主体］

案情简介：

2015年12月22日21时10分许，廖某某驾驶闽G×××××号东风牌重型半挂牵引车牵引闽G××××挂号重型普通半挂车（载有铁板32340千克，核载33500千克）由三明往大田方向行驶，行驶至秀里线211千米+50米左转下坡的潮湿水泥路面路段时，因制动不当致所牵引的挂车失控侧滑至路右通往前坑自然村的路口内，车厢右后侧碰刮在路口内正常行走的行人范某某及路右侧路灯、防撞墙，致范某某及路灯倒于菜地，造成范某某受伤，路灯、防撞墙及肇事车辆损坏的道路交通事故。2016年2月2日，大田县公安局交通警察大队出具的道路交通事故认定书确定廖某某承担事故的全部责任，范某某无责任。原告的伤情经福建天行司法鉴定所司法鉴定意见书重新鉴定为：一处八级伤残、两处九级伤残、两处十级伤残。

另查明，闽G×××××号东风牌重型半挂牵引车及闽G××××挂号重型普通半挂车挂靠被告××物流公司经营，并且行驶证登记车主为被告××物流公司，实际车主为蔡某某，该车辆在××保险公司处投保了交强险和保险限额为100万元的机动车第三者责任险及不计免赔险，保险期间自2015年5月12日至2016年5月11日，事故发生在保险期间内，事故发生后，××保险公司为原告受伤治疗费用垫付1万元。

各方就责任主体产生争议。

法院判决（节选）：

三、被告××物流公司对被告蔡某某应承担的赔偿款承担连带赔偿责任。

法院裁判理由及结果：

本院经审查认为，被告××物流公司提供的车辆挂靠协议能够证明被告蔡某某系本案肇事车辆实际车主，其与被告蔡某某存在挂靠与被挂靠的关系，被告××物流公司应对被告蔡某某应承担的民事赔偿责任承担连带赔偿责任。

被告廖某某驾驶闽G×××××号东风牌重型半挂牵引车牵引的闽××××挂号重型普通半挂车与行人范某某等发生交通事故，造成原告范某某受伤，被告廖某某作为侵权方应承担全部责任，赔偿原告因此而遭受的各项损失。原告诉讼请求中的个别赔偿项目数额偏高，偏高部分本院不予支持，依法确认部分本院予以支持。被告蔡某某作为肇事车辆的实际车主应对侵权方所应承担的赔偿承担民事责任，被告××物流公司作为肇事车辆的名义车主和挂靠单位，应对被告蔡某某应当承担的民事赔偿责任承担连带赔偿责任。肇事车辆闽G×××××号东风牌重型半挂牵引车牵引闽G××××挂号重型普通半挂车肇事时，已向被告××保险公司投保了交强险、商业险，被告××保险公司应依法按保险合同条款约定对被告蔡某某应承担的赔偿责任在交强险责任限额内承担民事赔偿责任。鉴于××保险公司对投保人××物流公司，在签订保险合同时已就免责条款尽到提示和说明义务，因而保险人对机动车第三者责任险可以免责，超出交强险理赔的部分应由被告蔡某某承担，被告××物流公司承担连带赔偿责任。

律师睿见：

被挂靠人责任承担，2012年之前各地法院裁判结果不一。判决被挂靠人责任承担存在三种情形：（1）承担连带责任，（2）承担部分（有限连带）责任，（3）不承担责任。由于裁判标准不统一，司法公信力也遭受质疑。2012年12月21日《最高人民法院关于审理道路交通事故损害赔偿案件适用法律若干问题的解释》施行，迎来被挂靠人责任的“统一”时代（挂靠人和被挂靠人对道路交通事故造成的损害承担连带责任）。至此，困扰实务界多年的被挂靠人责任承担各地裁判标准不统一问题终于得到解决。

挂靠人和被挂靠人承担连带责任，主要基于：第一，以被挂靠人的经营许可证和名义从事运输经营，无论是对交易相对人还是对不特定的道路交通参与人而言，都使他们产生了一种信赖，信赖以此经营许可证和名义从事经营的人具有一定资力、具备一定的安全生产条件。第二，机动车运输经营活动属于一种高度危险活动，依据《侵权责任法》及其理论，开启某种危险、从某种危险活动中获取利益的主体应当承担相应的责任，而被挂靠人恰恰从挂靠经营活动中获得了利益，有时甚至是巨大的利益。第三，被挂靠人不承担责任或者承担较小的责任，会纵容挂靠这种违反运输管理秩序、违反交通管理法规的行为，规定被挂靠人承担连带责任有利于以私法的手段实现公法目的，维护法律体系的统一性。第四，从《侵权责任法》关于责任主体和连带责任的规定来看，《侵权责任法》更加关注对违法行为的制裁，更加注重对受害人权益的保护。因此，规定由挂靠人和被挂靠人承担连带责任也符合《侵权责任法》的立法精神[1]。

最高人民法院关于挂靠人与被挂靠人承担连带责任理由，阐述如下[2]：

1. 从受害人角度看，被挂靠人是法定的责任主体，被挂靠人是车辆的名义所有人，也是持有道路运输经营许可证的主体，挂靠只是挂靠人和被挂靠人之间的内部关系，受害人作为第三人对此无从知晓也不需要知晓。发生交通事故后，受害人要求被挂靠人承担责任符合民法上的外观主义原则。再则，从我国现有法律看，已有被挂靠人与挂靠人在挂靠经营外部纠纷中对第三人的损失承担连带责任的立法例，如《中华人民共和国建筑法》第六十六条之规定。

2. 被挂靠人可对挂靠车辆的运行进行控制、支配，获取运行利益。首先，机动车运输是高度危险作业。因此，从事道路运输经营必须具备一定的条件，经行政许可才可进行。被挂靠人将其经营许可证租借给他人，允许挂靠人以其名义将机动车投入运营，就等于开启了危险作业的大门，并自愿承担了他人在运营中可能为其带来的风险，被挂靠人完全可以通过拒绝挂靠来避免这种风险。其次，被挂靠人可以通过对挂靠人的选择、管理、监督，对挂靠车辆的技术维护、检查和对各项管理制度的建立和健全来减

---

〔1〕 张先明：《最高人民法院民一庭负责人就〈关于审理道路交通事故损害赔偿案件适用法律若干问题的解释〉答记者问》，载《人民法院报》2012 年 12 月 21 日，第 4 版。

〔2〕 最高人民法院民事审判第一庭编：《最高人民法院关于审理道路交通损害赔偿司法解释理解与适用》，人民法院出版社 2012 年版，第 54、55 页。

少和防止交通事故的发生，这也属于支配机动车的一种表现形式。最后，被挂靠人通过挂靠车辆的运营获取利益，其获取的利益不限于管理费，也不限于经济方面的利益，如因接受挂靠而使单位规模扩大、市场占有比例提高、影响力增大等，均是其所获利益。所以，让其承担赔偿责任，符合《侵权责任法》第四十九条所确立的运行支配和运行利益的标准。

3. 被挂靠人就其违法行为承担连带责任，符合共同侵权的理论。国家对道路运输经营设定严格的市场准入制度，一方面是为了维护公共安全，降低车辆运输经营活动给他人造成的危险，另一方面也是为了保证经营主体具有承担风险的能力，保证第三人的权利可得到有效救济，故《中华人民共和国道路运输条例》明确禁止道路运输经营许可证的租借行为。被挂靠人明知或应知其违法而仍然为之，对其行为存有明显过错，同时也是对挂靠人进行运输经营可能给第三人带来的危险的放任。正是因为被挂靠人开启了机动车运行这一高度危险行为，又促成了不具有经营资格的挂靠人进行运输经营，其行为在客观上提高了挂靠车辆发生事故的可能性和危害性。所以，被挂靠人和挂靠人两者的过错相结合导致了事故的发生，构成共同侵权，侵权人应承担连带责任。

4. 被挂靠人承担连带责任，有利于保护受害人的权利，减少违法行为，保障公众安全，维护正常的运输经营市场秩序。首先，被挂靠人和挂靠人承担连带责任有利于案件的顺利审理和执行。诉讼过程中，受害人可免于证明被挂靠人和挂靠人之间的内部关系；执行程序中，被挂靠人的赔偿能力往往要比挂靠人强一些，有利于判决及时得到执行，从而使受害人得到及时、充分的救济。其次，由被挂靠人承担连带责任，增加其违法成本，有利于减少挂靠情形，减少不具备经营资格的主体从事车辆运输经营，降低交通事故隐患，保障公众安全。最后，有利于促使从事道路运输经营的公司加强管理、完善经营机制，从出卖、出租营运资质转向实体经营，促进道路运营市场优胜劣汰，优化道路运营市场。同时，有助于交通部门的行政管理，打击违法行为，具有通过私法手段实现公法目的的作用，实现私法与公法的协调统一。

法条链接：

《最高人民法院关于审理道路交通事故损害赔偿案件适用法律若干问题的解释》

第三条　以挂靠形式从事道路运输经营活动的机动车发生交通事故造

成损害，属于该机动车一方责任，当事人请求由挂靠人和被挂靠人承担连带责任的，人民法院予以支持。

第十一节 试乘试驾

一、试乘试驾发生道路交通事故造成损害的四种情形

1. 提供试乘服务者驾驶机动车造成试乘人损害。

2. 提供试乘服务者驾驶机动车造成试乘车辆和提供试乘服务者工作人员、第三者人身或财产损失。

3. 试驾人驾驶机动车造成试驾人自己损害。

4. 试驾人驾驶机动车造成试驾车辆和提供试乘服务者工作人员、第三者人身或财产损失。

关于第一、第二种情形，《最高人民法院关于审理道路交通事故损害赔偿案件适用法律若干问题的解释》第八条规定，由提供试乘服务者承担赔偿责任。试乘人有过错的，应当减轻提供试乘服务者的赔偿责任。

第四种情形中的试驾人驾驶机动车造成第三者人身或财产损失，先由试驾车辆交强险承保公司在限额内承担责任；试驾车辆未投保交强险的，则该部分损失由提供试驾服务者（车主）承担。

第三种情形和第四种情形下，提供试乘服务者和试驾人若签订试乘试驾协议，则按约定办理；试乘试驾协议若免除提供试乘服务者责任、加重试驾人责任、排除试驾人主要权利的，则免责条款无效。此时可参照《中华人民共和国侵权责任法》第四十九条规定确定双方责任。

提供试乘服务者是否存在过错，可从以下四个方面进行审查：

1. 是否提供合适的试乘车辆。可从试乘车辆是否：①有安全隐患，②与购买者想购买的车型一致，③车辆性能良好，④有牌照能上路并投保交强险等方面进行认定。

2. 是否有配备专业的驾驶人员。可从：①驾驶员对试乘车辆是否熟悉，②驾驶员的驾驶资格和准驾车型是否一致，③对车辆的特殊性能（怀挡、旋钮式档杆等区别于常见车辆的特殊构造和功能）和其他应注意事项是否尽到必要的告知义务进行认定。

3. 是否选择安全的试乘试驾线路。可从：①试乘试驾线路是否有足够

长度和宽度，②是否避开人流车流量较多的公路和区域（如上下学期间的学校路段和上下班期间的厂区路口）进行认定。

4. 是否提供、选择合适的试驾场地。可从：①场地是否相对安全，②对行人安全是否具有威胁等方面进行认定。

二、试乘试驾发生道路交通事故裁判观点集锦

试驾人与销售商共同承担责任[1]

试驾人是车辆的直接操作者，销售商是车辆运行的支配者，从肇事车辆的运行利益看，销售商从举办试乘试驾活动中推广销售车辆、获取潜在客户，其商业利益是明显的，作为试驾活动的利益享有者，理应承担相应风险。试驾人在试驾中体验相关车辆的操控性能并获得直观感受，亦在此过程中获得了利益并承担风险。

因此，试驾人和销售商共同支配、操控了肇事车辆，并获得了各自的运行利益。

法条链接：

《最高人民法院关于审理道路交通事故损害赔偿案件适用法律若干问题的解释》

第八条　机动车试乘过程中发生交通事故造成试乘人损害，当事人请求提供试乘服务者承担赔偿责任的，人民法院应予支持。试乘人有过错的，应当减轻提供试乘服务者的赔偿责任。

《中华人民共和国侵权责任法》

第四十九条[2]　因租赁、借用等情形机动车所有人与使用人不是同一人时，发生交通事故后属于该机动车一方责任的，由保险公司在机动车强制保险责任限额范围内予以赔偿。不足部分，由机动车使用人承担赔偿责任；机动车所有人对损害的发生有过错的，承担相应的赔偿责任。

---

〔1〕谈卫峰、俞硒：《试驾引发的交通事故中汽车销售商责任之认定》，载国家法官学院案例开发研究中心编：《中国法院2014年度案例（道路交通纠纷）》，中国法制出版社2014年版，第40页。

〔2〕《中华人民共和国民法典》规定为第七编“侵权责任”第一千二百零九条。

第十二节　道路管理维护缺陷[1]

案例 24：（2015）鄂宜昌中民一终字第 00085 号

［道路管理维护缺陷发生事故，责任承担主体］

案情简介：

2013 年 3 月 12 日上午 6 时 15 分，邹某 1 驾驶鄂 E××××× 号轻型仓栅式货车，沿宜兴公路由兴山县水月寺镇往夷陵区雾渡河镇方向行驶，当行至宜兴公路 67.4 千米下坡弯道处时，车辆驶出其行进方向右侧路面，翻倒至 7.3 米高的坎下菜地，造成驾驶员邹某 1，乘车人邹某 2、游某某、邹某 3 死亡，乘车人邹某 4 受伤的交通事故。

2013 年 3 月 18 日，宜昌市公安局夷陵区分局交通警察大队作出道路交通事故认定书，认定驾驶员邹某 1 承担本次事故的全部责任。认定书记载的道路情况为：事故现场位于夷陵区宜兴公路 67 千米 +400 米下坡弯道处，属省级道路，沥青路面，视线良好，一般弯坡，道路全宽 9.9 米，道路有效路面 8.2 米。事故现场照片显示，事发路段的弯道处路边设有一段高矮依次相连的水泥防护墩，但其中车辆驶出路面的地方防护墩缺失，距离应有二至三个防护墩相连的长度，且该处地面较为平整。照片显示，车辆翻倒的菜地现场未见被撞的防护墩，交警部门的现场勘查笔录未记载道路损失情况。

各方就宜昌市夷陵区交通局、宜昌市夷陵区公路管理局是否存在疏于管理的过错，是否履行了法定义务，是否应该对原告遭受的损失承担赔偿责任产生争议。

法院判决（节选）：

由被告宜昌市夷陵区公路管理局于本判决生效后十日内赔偿原告各项损失共计 89281.3 元（总损失的 10%）。

宜昌市夷陵区公路管理局向宜昌市中级人民法院提起上诉，审理过程

---

〔1〕 李南萱：《发生交通事故公路管理部门是否该担责》，载国家法官学院案例开发研究中心编：《中国法院 2016 年度案例（道路交通纠纷）》，中国法制出版社 2016 年版，第 26—29 页。

中双方达成了由宜昌市夷陵区公路管理局向原告补偿 86000 元的协议，二审以调解结案。

法院裁判理由及结果：

车辆驶出路面的地方是否设置了防护墩是本案的关键问题。事故现场照片显示，事发路段设置了防护墩，但其中事故车辆冲出路面的地方防护墩缺失，且照片显示应不止一个防护墩的距离。被告宜昌市夷陵区交通运输局辩称防护墩被事故车辆撞掉，但是在交警部门的现场勘查笔录中未记载有道路损失的情况，且在事故现场照片中也未见被撞掉的防护墩。事发道路的直接管理者应为被告宜昌市夷陵区公路管理局，而非被告宜昌市夷陵区交通运输局，车辆冲出路面地段防护墩缺失，道路管理者又未及时维护，与本案交通事故后果的扩大有一定的因果关系，故宜昌市夷陵区公路管理局对本次事故造成的损失应承担相应的赔偿责任。

律师睿见：

公路管理部门因公路养护、设施安全防护不到位造成机动车或行人伤亡，应承担责任。

法条链接：

《最高人民法院关于审理道路交通事故损害赔偿案件适用法律若干问题的解释》

第九条　因道路管理维护缺陷导致机动车发生交通事故造成损害，当事人请求道路管理者承担相应赔偿责任的，人民法院应予支持，但道路管理者能够证明已按照法律、法规、规章、国家标准、行业标准或者地方标准尽到安全防护、警示等管理维护义务的除外。

依法不得进入高速公路的车辆、行人，进入高速公路发生交通事故造成自身损害，当事人请求高速公路管理者承担赔偿责任的，适用侵权责任法第七十六条的规定。

第十三节　道路交通事故与工伤待遇、医疗保险竞合

一、工伤待遇与道路交通事故（民事侵权）竞合

（一）工伤保险与民事侵权赔偿适用关系的模式

在工伤赔偿问题上，世界各国经历了由传统侵权行为法一元调整机制向多元调整机制的演变，世界各国分别建立了具有本国特色的工伤保险制度，形成了不同的救济模式。归纳起来主要有四种模式：

（1）选择模式

即工伤事故发生后，工伤雇员可以选择获得工伤保险待遇或者民事赔偿，选择工伤保险待遇，就不能再请求民事赔偿。选择模式赋予工伤雇员选择权，可以选择对自己有利的赔偿或补偿方式。受伤害雇员可在侵权赔偿与工伤保险之间任选其一。侵权行为损害赔偿数额虽多，但要经过漫长的诉讼，还要取决于被告的赔偿能力。相比之下，工伤保险赔偿数额可能较低，但可靠及时。选择模式将受害人置于两难选择，实际上对工伤雇员是非常不利的。英国和其他英联邦国家早期曾一度采用此模式，但后来均已废止。

（2）免除模式

即以工伤保险取代侵权责任，也就是说，雇员遭受工伤事故后，只能请求工伤保险给付，而不能依侵权行为法的规定向加害人请求损害赔偿。免除模式的优点在于：一是免除了雇主侵权法上的赔偿责任，符合现代社会实现损失承担社会化的理想。二是可以减少诉讼，避免劳资对抗，符合促进劳资关系协调发展的目的。三是节约社会资源，提高效率。其缺陷是，剥夺了受害者获得完全赔偿的权利，不利于保障受害雇员的利益，不利于对工伤事故的预防。因此，这种模式只具备损害填补和分散损失功能，而无法充分地维持对加害行为的制裁和对事故的预防。

（3）兼得模式

即发生工伤后，工伤雇员既可以享有工伤待遇，也可以同时获得雇主的民事侵权损害赔偿，实行双重保护。这种模式与其他模式相比，对受害雇员极为有利，尤其是在工伤保险待遇和民事赔偿标准偏低的情形下，对

受害雇员权益的保障更为有利。但是，其存在两个重大缺点：一是违背了工伤保险创制的目的，加重了雇主的负担；二是违背了“不应获得意外收益”的基本原则。因而该模式仅在极少数国家推行，大多数国家的立法和司法实践原则上不允许受害雇员获得以上双重利益。

（4）补充模式

即发生工伤后，工伤雇员可同时主张侵权行为损害赔偿和工伤保险给付，但其最终所获得的赔偿或补偿，以实际损失为限，不得超过其实际遭受的损害。采用补充模式一方面可以避免受害雇员获得双份利益，减轻雇主的工伤负担，节约有限的社会资源；另一方面可以保证受害雇员获得完全的赔偿，维持相关法律制度的惩戒和预防功能。它是现代侵权责任制度与工伤保险制度长期磨合的产物，符合社会公平正义的观念。

根据具体实践的不同，目前有不同的补充模式：①先工伤给付，再根据与实际损失的差额部分，提起侵权之诉；②先主张侵权之诉，再根据与实际损失的差额部分，主张工伤给付；③先获得工伤保险机构给付的保险待遇，只有工伤保险待遇项目以外的差额部分，才能请求人身损害赔偿。

（二）我国现行工伤赔偿的模式

《最高人民法院关于审理人身损害赔偿案件适用法律若干问题的解释》第十二条第一款规定：“依法应当参加工伤保险统筹的用人单位的劳动者，因工伤事故遭受人身损害，劳动者或者其近亲属向人民法院起诉请求用人单位承担民事赔偿责任的，告知其按《工伤保险条例》的规定处理。”《最高人民法院关于审理劳动争议案件适用法律若干问题的解释（二）》第六条规定：“劳动者因为工伤、职业病，请求用人单位依法承担给予工伤保险待遇的争议，经劳动争议仲裁委员会仲裁后，当事人依法起诉的，人民法院应予受理。”上述两条规定，虽然没有明确工伤保险与民事侵权赔偿之间的关系属于何种模式，但通过对上述四种模式的特征分析，可以排除选择模式、免除模式和兼得模式，实际上是补充模式。

（三）因第三人侵权造成劳动者工伤的，工伤保险与民事赔偿的关系

根据有关司法解释的规定，我国现行工伤保险与民事侵权赔偿之间的关系排除了选择模式、免除模式和兼得模式，实际上采取的是补充模式，因此，工伤职工可以在获得工伤保险待遇后，请求不足部分的民事赔偿。从我国目前工伤保险制度来看，保险费主要是单位支付和个人支付两种，并非财政支付，社会保险虽然是社会保障性保险，但仍属于投保人用以分散损害风险的一种机制，并非社会救济机制。工伤保险与商业保险的最主要区别在于前者是强制保险，后者是自愿保险。按照保险法规定，商业保险中的人身伤害保险的支付，不影响被保险人对侵权人的全部损害赔偿请求权。因此，工伤保险赔偿应当归入公法领域的赔偿。因其与民事侵权性质不同，不可替代。工伤保险金也是职工参加工伤保险应得的劳动待遇，不能因第三人承担了赔偿责任，而剥夺职工应得到的工伤保险金。从我国目前法律规定来看，没有明确规定受害职工只能得到一份赔偿，认为受害职工只能得到一份赔偿缺乏法律依据。

（四）道路交通事故赔偿与第三人侵权造成工伤待遇竞合，金融保险团队处理模式探索（表1）

表1 道路交通事故赔偿与第三人侵权造成工伤待遇竞合的赔偿方案

序号	道路交通事故赔偿项目	工伤赔偿项目	参考赔偿方案
1	医疗费	医疗费	序号1—9赔偿项目性质相同，但赔偿标准有差别，实践中部分地区按补充模式确定赔偿金额。 序号10—14赔偿项目性质均不相同，只能单独主张赔偿。 序号15—16赔偿项目是否一一对应，理论界和实务界均无一致意见，金融保险团队认为，可分别主张赔偿。
2	康复费	康复费	
3	住院伙食补助费	住院伙食补助费	
4	交通费	交通费	
5	误工费	停工留薪期待遇	
6	护理费	生活护理费	
7	辅助器具费	辅助器具费	
8	丧葬费	丧葬补助金	
9	扶养费	供养亲属抚恤金	
10	无	伤残津贴	
11	无	一次性医疗补助金	
12	无	一次性就业补助金	
13	营养费	无	
14	精神损害抚慰金	无	
15	残疾赔偿金	一次性伤残补助金	
16	死亡赔偿金	一次性工亡补助金	

二、道路交通事故伤者产生的医疗费能否从职工基本医疗保险、城镇居民基本医疗保险、新农村合作医疗保险、城乡居民基本医疗保险中垫付或理赔

案例 25：（2015）启久民初字第 00839 号、（2016）苏 06 民终 1040 号

［道路交通事故存在第三方侵权人且承担事故全部责任，职工医疗保险管理中心垫付医疗费后能否向第三方追偿］

案例简介：

2015 年 9 月 9 日 8 时左右，张某某驾驶苏 F××××× 号小型轿车与黄某某驾驶的电动自行车发生碰撞，致黄某某受伤，两车受损。黄某某先后在三家医院进行治疗，共花费医疗费 26240.31 元，其中 22751.41 元由启东市职工医疗保险基金管理中心从医疗保险基金中予以报销。启东市公安局交警大队对本起事故作出道路交通事故认定书，认定张某某承担事故全部责任，黄某某无责任。后黄某某对张某某及中国人寿财产保险股份有限公司南通市城区支公司提起诉讼，法院通知启东市职工医疗保险基金管理中心后，启东市职工医疗保险基金管理中心以第三人身份参加诉讼。

法院判决（节选）：

判决保险公司将 22751.41 元医疗费支付给医保中心。

法院裁判理由及结果：

《中华人民共和国社会保险法》第三十条规定：“医疗费用依法应当由第三人负担，第三人不支付或者无法确定第三人的，由基本医疗保险基金先行支付，基本医疗保险基金先行支付后，有权向第三人追偿。”本案中，医保中心从医疗保险基金中为张某某垫付了医疗费 22751.41 元，应由其向侵权人张某某进行追偿，而张某某应承担的赔偿责任由保险公司承担。为减少诉累，可由保险公司在给黄某某的赔偿款中直接扣除后支付给医保中心。

案例 26：（2012）北行初字第 104 号

［道路交通事故受害人主张享受职工基本医疗保险能否得到支持］

案情简介：

2005年6月15日11时许，刘某某由南向北横过建华道马路时，被周某某驾驶的冀B×××××号中巴车撞伤致多处骨折。经唐山市公安交通警察支队事故处理大队作出事故认定，周某某负事故主要责任，刘某某负事故次要责任。2006年9月，刘某某诉至法院要求周某某赔偿各项经济损失76892.43元，经法院主持调解，周某某一次性赔偿刘某某因此次交通事故造成的损失32000元（含案件受理费）。

2012年6月7日，刘某某在家中卫生间洗澡时，不慎摔倒，致体内固定钢板外露，钢钉脱落。6月9日，在工人医院医生建议下，刘某某接受手术去除了外露钢板、钢钉，并办理了职工意外伤害住院登记表用于申请医疗保险理赔。但唐山市医疗保险基金管理中心认为，刘某某属因既往车祸外伤致左尺桡骨骨折，行左尺桡骨骨折切开复位内固定术，车祸肇事方已经进行过赔偿，本次住院为车祸外伤的后续治疗，交通肇事治疗费用不属于医保报销范围，遂不予报销。刘某某即向人民法院提起行政诉讼，请求其意外伤害享受医疗保险待遇。

法院判决：

驳回原告刘某某的诉讼请求。

法院裁判理由及结果：

原告此次受伤治疗，系交通事故受伤害的后续治疗，原告应首先向肇事方主张权利。在不能确定肇事方是否赔偿的前提下，原告直接要求被告支付该笔费用，其理据尚不充分，其诉讼请求本院不予支持。故依照最高人民法院《关于执行〈中华人民共和国行政诉讼法〉若干问题解释》第五十六条第（一）项之规定，驳回原告刘某某的诉讼请求。

案例27：（未标明案号）

［受害人隐瞒道路交通事故的事实并向医保基金报销医疗费，能否构成保险诈骗］

案情简介及案件处理结果：

2018年，廖某某因交通事故两次在闽东医院住院就诊，并以摔伤为由申报城镇职工基本医疗保险，共报销医保基金32240.13元。后廖某某向罗源县人民法院以机动车事故责任纠纷起诉主张赔偿。罗源县人民法院于2019年8月7日将关于廖某某交通事故的判决书和《收回医保统筹基金的建议函》送达福安市医保管理部，福安市医保管理部立即启动追偿程序，于2019年8月29日追回医保基金32240.13元，并以廖某某行为涉嫌欺诈骗保将案件移送公安部门。

律师睿见：

道路交通事故（民事侵权）赔偿与工伤待遇、医疗保险竞合，可参考本节金融保险团队处理模式探索。

案例25、案例26属于因道路交通事故第三方侵权造成的伤害。案例25第三方侵权人负事故全部责任，医疗保险中心理赔后有权向第三方侵权人追偿。案例26第三方侵权人负事故主要责任，伤者负事故次要责任，医疗保险基金管理中心却以存在交通事故第三方侵权，未向第三方主张为由拒绝理赔，法院支持医疗保险基金管理中心的主张。根据《中华人民共和国社会保险法》第三十条规定，案例26中的伤者向第三方主张的医疗费自行承担的部分属于医疗保险基金应支付的范围，完全可以主张享受医疗保险。后续发生的意外虽存在争议，但实际上是多因一果的情况，至少伤者自身也存在过错，申请医疗保险待遇也是符合法律规定的。因此，人民法院直接驳回并不妥。

《中华人民共和国社会保险法》第三十条规定："下列医疗费用不纳入基本医疗保险基金支付范围：（一）应当从工伤保险基金中支付的；（二）应当由第三人负担的；（三）应当由公共卫生负担的；（四）在境外就医的。医疗费用依法应当由第三人负担，第三人不支付或者无法确定第三人的，由基本医疗保险基金先行支付。基本医疗保险基金先行支付后，有权向第三人追偿。"根据该法律规定，对于交通事故受伤产生的医疗费，除应从工伤保险基金中支出的交通事故案件的伤亡者的医疗费明确不应纳入基本医疗保险基金支付范围的，还存在单方事故、伤者承担部分责任等情形无法从第三方或者车险理赔获得赔偿而应当由自身承担的医疗费用，这些医疗费应当纳入基本医疗保险基金支付范围。基本医疗保险作为社会保险，其基本属性是一种社会福利，目的在于保证医疗服务的平等性和可及性，通过分担因疾病等而导致的经济损失，达到社会救济和补偿的效果。

因此，对于应当由第三人承担的医疗费，也可以选择在基本医疗保险中先行垫付，以便优先保障社会成员的生命权、健康权。而事实上，全国多地出台了相应的文件，将部分本应纳入基本医疗保险基金支付范围的情形排除在外，医疗保险经办机构在实际操作中也将许多本应该享受基本医疗保险待遇的伤者拒之门外。福建三明市深化医药卫生体制改革领导小组于2014年5月28日制定了《三明市基本医疗保障定点医疗机构管理试行办法》（明医改组〔2014〕13号），在第二十一条规定，“医管中心（管理部）履行辖区内定点医疗机构监督检查管理职能，发现有下列情形之一者，基本医疗保障基金不予支付”，该条第（八）项第1目规定的情形即“因工伤、酗酒、吸毒、打架斗殴、自残、自杀（精神病除外）、违法犯罪、婚丧喜庆及在各种经营场所发生的食物中毒等所产生的医疗费用；因交通肇事、医疗事故等第三方责任引起的意外伤害等所产生的医药费”。因此，医疗保险经办机构或者医疗机构在选择医疗保险基金垫付或理赔时，将因交通肇事造成的伤者一律排除出医疗保险垫付名单。如廖某某在永安某偏僻路段受伤后处于昏迷状态，被人发现后报警并送往医院，该医院认为廖某某受伤后存在报警行为，可能存在交通肇事等第三方侵权情形，不属于医疗保险基金支付范围，拒绝廖某某家属使用医保卡支付医疗费；陆某某在三明市发生双方承担同等责任的交通事故后，双方就赔偿达成和解，后就自行承担的部分医疗费向三明市医疗保障基金管理中心申请医疗保险遭拒。生活中很多交通事故案件中存在或疑似存在第三人侵权的，伤者主张医疗保险理赔遭到拒绝，更甚者出现了如案例27的情况。而案例27的情况应该区分交通事故赔偿的责任和第三方侵权的责任，对于自行承担的部分应当认定为由医疗保险基金支付，对于应当由第三方侵权人承担的部分，参照案例25通知医保中心参加诉讼。

对于医疗保险的理赔，各地可以参照广东省区别不同情形处理的做法，而不应不分情形地“一刀切”。广东省劳动保障厅《关于交通事故医疗费用支付办法的复函》规定：“被伤害方参加基本医疗保险，因交通意外损伤进行的抢救和创伤治疗的医疗费用，属下列情形之一的，由基本医疗保险基金按基本医疗保险的规定予以支付。1. 己方责任（含全部、部分责任）。2. 非违反交通规则的意外受伤（如突发疾病合并交通意外、因交通原因但又非责任人所为的）。3. 经公安交警部门事故处理而无法认定责任人的。4. 因肇事方逃逸，经公安交警部门认定三个月之内均无法找到当事人，使被害方无法获得赔偿的。5. 由法院出具证明材料，经法院判决赔偿强制执行的肇事方，确因无经济能力赔偿，使被保险人无法获得医疗赔偿的。6. 交通事故处理后首次治疗终结，再次住院治疗的。这样的规定区分了不同情形，符合《中华人民共和国社会保险法》的规定和精神。而一些地方政府机构出台的各项规定与该法不一致的，相关机构据此拒绝支付属于医疗保险基金支付范围的医疗费，存在侵犯伤亡者合法权益的，被侵权人有权提起行政诉讼。

当然，因上述问题提起行政诉讼维护自身合法权益存在与其他行政诉讼案件同样的困难，也存在其特殊的问题，因为我国医改政策不同步，各地医疗保险管理机构的规定存在多样性，行政诉讼要选择适格的被告就要调查了解当地的医改和医保政策。当前，我国社会医疗保险制度是一种板块式结构，包括城镇职工基本医疗保险、城镇居民基本医疗保险、新型农村合作医疗以及城乡居民基本医疗保险，前两项由人力资源和社会保障部主管，新型农村合作医疗由卫生健康部门主管，城乡居民基本医疗保险是新型农村合作医疗与城镇基本医疗保险统筹管理后由政府成立专门部门管理。全国医疗改革并不同步。因此各地的管理机构有所差别。如三明市政府组建了三明市医疗保障基金管理中心，为三明市政府直属事业单位，暂由市财政局代管，统一管理职工医保、城镇居民医保、新农合。除梅列区、三元区由市医保管理中心直接管理外，各县（市）设立10个分支机构，机构名称统一规范为“市医保管理中心××县（市）管理部”，由市医保管理中心对各县（市）管理部实行垂直管理。

关于行政诉讼主体资格的问题，并无统一的判例，但学者的观点认为，应当以医保中心（全国各地的称呼、职能、管理范围有所不同）作为行政诉讼主体。医保中心是经法律、法规授权，能够独立进行行政管理并独立承担责任的组织，而且医疗保险基金属于专款专用，支出与追偿回款都应由其作为当事人参与。当然，各地区县的医保中心管理部等分支机构是否具有独立的主体资格，要根据其相关职责与分工来确定。

法条链接：

《最高人民法院关于审理人身损害赔偿案件适用法律若干问题的解释》

第十二条　依法应当参加工伤保险统筹的用人单位的劳动者，因工伤事故遭受人身损害，劳动者或者其近亲属向人民法院起诉请求用人单位承担民事赔偿责任的，告知其按《工伤保险条例》的规定处理。

因用人单位以外的第三人侵权造成劳动者人身损害，赔偿权利人请求第三人承担民事赔偿责任的，人民法院应予支持。

《最高人民法院关于审理劳动争议案件适用法律若干问题的解释（二）》

第六条 劳动者因为工伤、职业病，请求用人单位依法承担给予工伤保险待遇的争议，经劳动争议仲裁委员会仲裁后，当事人依法起诉的，人民法院应予受理。

第三章　事故赔偿

第一节　赔偿责任

表 2　机动车与机动车发生道路交通事故赔偿责任划分

一方事故责任	承担赔偿责任份额	另一方事故责任	承担赔偿责任份额
全部责任	100%	无责任	0%
主要责任	70%	次要责任	30%
同等责任	50%	同等责任	50%
次要责任	30%	主要责任	70%
无责任	0%	全部责任	100%

表 3　机动车与非机动车驾驶人、行人发生道路交通事故赔偿责任划分

机动车方事故责任	承担赔偿责任份额	非机动车驾驶人、行人事故责任	承担赔偿责任份额
全部责任	100%	无责任	0%
主要责任	80%	次要责任	20%
同等责任	60%	同等责任	40%
次要责任	40%	主要责任	60%
无责任	≤10%	全部责任	≥90%

表 4　赔偿责任与事故责任、抢救责任、垫付责任、先予执行的区别

责任类别	责任承担主体	责任承担形态/方式
赔偿责任	①本书第二章第二至十二节责任主体及其他主体；②保险公司	①法院判决或者调解；②当事人自愿赔付
事故责任	①机动车；②非机动车驾驶人、行人	①全部责任；②主要责任；③同等责任；④次要责任；⑤无责任

续表

责任类别	责任承担主体	责任承担形态/方式
抢救责任	①医院；②道路交通事故社会救助基金（管理机构）；③受害人亲属	①医院对生命体征不平稳，以及虽然生命体征平稳但如果不采取处理措施会产生生命危险，或者导致残疾、器官功能障碍，或者导致病程明显延长的受伤人员，采取必要的处理措施；②道路交通事故社会救助基金（管理机构）垫付抢救费；③受害人亲属负责所有医疗费筹措
垫付责任	①交强险承保公司；②道路交通事故社会救助基金（管理机构）	①保险公司在交强险责任限额内承担垫付责任；②道路交通事故社会救助基金（管理机构）垫付全部或部分抢救费用
先予执行	①侵权人；②车主；③保险公司	法院裁定

律师睿见：

机动车与机动车发生道路交通事故，不存在一方相较于另一方弱势的情形。因此，各方需承担的赔偿责任和比例按本节表 2 确定即可，机动车第三者责任保险条款对此情形作了类似约定。

机动车与非机动车驾驶人、行人发生道路交通事故，非机动车驾驶人、行人相较机动车属弱势一方。因此，各地通过立法的形式给予弱势一方保护，各方需承担的赔偿责任和比例按本节表 3 确定即可。实践中，类似情形法院大多按表 3 所列的赔偿责任进行裁决。

法条链接：

《中华人民共和国道路交通安全法》

第七十六条 机动车发生交通事故造成人身伤亡、财产损失的，由保险公司在机动车第三者责任强制保险责任限额范围内予以赔偿；不足的部分，按照下列规定承担赔偿责任：

（一）机动车之间发生交通事故的，由有过错的一方承担赔偿责任；双方都有过错的，按照各自过错的比例分担责任。

（二）机动车与非机动车驾驶人、行人之间发生交通事故，非机动车驾驶人、行人没有过错的，由机动车一方承担赔偿责任；有证据证明非机动车驾驶人、行人有过错的，根据过错程度适当减轻机动车一方的赔偿责任；

机动车一方没有过错的，承担不超过百分之十的赔偿责任。

交通事故的损失是由非机动车驾驶人、行人故意碰撞机动车造成的，机动车一方不承担赔偿责任。

《福建省实施〈中华人民共和国道路交通安全法〉办法》

第五十二条　机动车与非机动车驾驶人、行人之间发生交通事故造成人身伤亡、财产损失的，由保险公司在机动车交通事故责任强制保险限额范围内予以赔偿。机动车所有人或者管理人未参加机动车交通事故责任强制保险的，由机动车所有人或者管理人承担相当于机动车交通事故责任强制保险责任限额部分的赔偿责任。对于超过限额的部分，由机动车一方承担赔偿责任；但有证据证明非机动车驾驶人、行人违反道路交通安全法律、法规，机动车驾驶人已经采取必要处置措施的，机动车一方按照以下规定承担赔偿责任：

（一）非机动车驾驶人、行人负事故全部责任的，机动车一方承担不超过百分之十的赔偿责任；

（二）非机动车驾驶人、行人负事故主要责任的，机动车一方承担百分之四十的赔偿责任；

（三）非机动车驾驶人、行人负事故同等责任的，机动车一方承担百分之六十的赔偿责任；

（四）非机动车驾驶人、行人负事故次要责任的，机动车一方承担百分之八十的赔偿责任；

（五）机动车停放、临时停车没有违反道路交通安全法律、法规规定，与非机动车驾驶人、行人发生道路交通事故的，机动车一方不承担赔偿责任。

国家法律、法规另有规定的，从其规定。

第二节　先予执行

案例 28：（2018）闽 0424 民初 1728 号

［先予执行适用情形和申请条件］

案情简介：

2018 年 3 月 6 日 19 时 36 分许，被告赵某某驾驶闽 G×××××号重型自卸货车由清流县往江西省石城县方向行驶，途经宁化县东石线435千米+970米路段时刮碰到原告俞某某，造成原告俞某某受伤以及车辆损坏的交通事故。原告受伤后被送往宁化县总医院住院治疗，原告家属因无力支付治疗费，在原告治疗未终结的情形下以原告名义委托福建中博司法鉴定中心对原告伤残等级进行鉴定，鉴定结论为一级伤残，完全护理依赖。原告近亲属据此鉴定结论以原告名义向人民法院提起诉讼，要求各被告承担赔偿责任。

案件处理结果：

被告一次性支付原告赔偿款××元，案件就此了结。

律师睿见：

案例28受害人（原告）提起诉讼存在以下三个问题：1. 受害人伤残等级鉴定系以受害人名义委托，而鉴定意见为受害人达到一级伤残，由此产生受害人是否有意识或行为能力委托鉴定的质疑；2. 受害人因治疗未终结，以致伤残等级鉴定时机不当，如重新鉴定将导致案件无法及时审结；3. 医疗费未结算导致该项损失不能确定；4. 受害人及其亲属面临并陷入无力负担医疗费—伤情得不到好转—治疗无法终结—不能办理出院手续—无法就伤残委托鉴定—赔偿工作无法推进的恶性循环。

鉴于交强险承保公司仅垫付10000元医疗费，机动车第三者责任保险面临预赔手续烦琐、金额不高、工作人员不积极等因素，此类情形受害人可向法院申请先予执行保障治疗的延续。

法条链接：

《中华人民共和国民事诉讼法》

第一百零六条 人民法院对下列案件，根据当事人的申请，可以裁定先予执行：

（一）追索赡养费、扶养费、抚育费、抚恤金、医疗费用的；

（二）追索劳动报酬的；

（三）因情况紧急需要先予执行的。

第一百零七条 人民法院裁定先予执行的，应当符合下列条件：

（一）当事人之间权利义务关系明确，不先予执行将严重影响申请人的生活或者生产经营的；

（二）被申请人有履行能力。

人民法院可以责令申请人提供担保，申请人不提供担保的，驳回申请。申请人败诉的，应当赔偿被申请人因先予执行遭受的财产损失。

《最高人民法院关于适用〈中华人民共和国民事诉讼法〉的解释》

第一百六十九条 民事诉讼法规定的先予执行，人民法院应当在受理案件后终审判决作出前采取。先予执行应当限于当事人诉讼请求的范围，并以当事人的生活、生产经营的急需为限。

第一百七十条 民事诉讼法第一百零六条第三项规定的情况紧急，包括：（一）需要立即停止侵害、排除妨碍的；（二）需要立即制止某项行为的；（三）追索恢复生产、经营急需的保险理赔费的；（四）需要立即返还社会保险金、社会救助资金的；（五）不立即返还款项，将严重影响权利人生活和生产经营的。

第三节 受害人自身体质

案例29：（2014）永民初字第4034号、（2015）三民终字第319号、（2017）闽民再49号、（2017）闽0481民初3805号、（2018）闽04民终659号

［受害人体质状况是否属于可以减轻侵权人赔偿责任的法定情形］

案情简介：

2014年7月13日17时，张某某驾驶闽C×××××号小型客车，从永安往坑边方向行驶，行驶至永安燕西下渡村路口路段时，在村庄路段未注意避让行人，碰刮横穿公路的行人赖某某（事发时已80周岁），造成行人赖某某受伤的交通事故。经永安市公安局交通管理大队认定，张某某负事故的全部责任，赖某某无责任。

事故发生后，赖某某经鉴定伤残程度评定为一级伤残，护理依赖程度为完全护理依赖。诉讼中，保险公司对赖某某的车祸损失与疾病之间存在因果关系申请鉴定，经鉴定，其参与度综合评定为30%。原一审法院判决护理费按10年计算，事故损失乘以参与度30%，后保险公司以护理费赔偿年限过长为由提起上诉。在二审期间，赖某某死亡。由于赖某某家属隐瞒赖某某死亡的事实，二审法院判决驳回上诉，维持原判。保险公司在支付赔偿款时，发现赖某某死亡的事实，遂以案件出现新的事实为由向福建省高级人民法院申请再审，福建省高级人民法院裁定撤销原二审、一审判决，将案件发回重审。

（2017）闽0481民初3805号判决（节选）：

护理费按实际护理天数计算，残疾赔偿金等费用全部由被告承担（不支持参与度）。

（2018）闽04民终659号判决：

驳回上诉，维持原判。

律师睿见：

对于受害人自身体质状况是否影响其可获得的赔偿金额，即在计算损失时是否需乘以参与度的问题，最高人民法院审判委员会讨论通过并于2014年1月26日发布指导案例24号“荣宝英诉王阳、永诚财产保险股份有限公司江阴支公司机动车交通事故责任纠纷案”可以提供参考。交通事故的受害人没有过错，其体质状况对损害后果的影响不属于可以减轻侵权人责任的法定情形。

法条链接：

《中华人民共和国侵权责任法》

第二十六条[1] 被侵权人对损害的发生也有过错的，可以减轻侵权人的责任。

《中华人民共和国民法通则》

第一百三十一条[2] 受害人对损害的发生也有过错的，可以减轻侵害人的责任。

《最高人民法院关于审理人身损害赔偿案件适用法律若干问题的解释》

第二条 受害人对同一损害的发生或者扩大有故意、过失的，依照民

---

〔1〕《中华人民共和国民法典》规定为第七编“侵权责任”第一千一百七十三条。
〔2〕《中华人民共和国民法典》规定为第一编“侵权责任”第一千一百七十三条。

法通则第一百三十一条的规定，可以减轻或者免除赔偿义务人的赔偿责任。但侵权人因故意或者重大过失致人损害，受害人只有一般过失的，不减轻赔偿义务人的赔偿责任。

适用民法通则第一百零六条第三款规定确定赔偿义务人的赔偿责任时，受害人有重大过失的，可以减轻赔偿义务人的赔偿责任。

《最高人民法院关于确定民事侵权精神损害赔偿责任若干问题的解释》

第十一条　受害人对损害事实和损害后果的发生有过错的，可以根据其过错程度减轻或者免除侵权人的精神损害赔偿责任。

第四节　医疗过错介入

案例30：(2014) 元民初字第2301号

[事故受伤治疗时因医疗过错介入，受害人损失分担]

案情简介：

2011年10月21日，原告乘坐曾某某驾驶的摩托车在三元区江滨南路被被告王某某驾驶的、被告三明学院驾驶员教练所所有的闽G××××学小轿车撞倒，并导致原告受伤的交通事故。该起事故经交警部门认定，被告王某某负事故的全部责任，原告与曾某某不负事故责任。事故发生后，原告被送往三明市中西医结合医院治疗，在治疗期间，因三明市中西医结合医院的过错导致原告的伤口恶化，三明市中西医结合医院的过错经鉴定参与度为50%—70%。原告就本起事故2012年10月5日前造成的损失向三元区人民法院提起诉讼，后经原告与各被告调解，就原告2012年10月5日之前的损失赔偿达成一致意见。原告因伤情需要于2013年7月22日前往福州市第二医院治疗，并于2013年9月11日出院，出院后，原告就后续产生的损失起诉至法院要求被告王某某、三明市中西医结合医院、三明学院驾驶员教练所对原告的损失承担赔偿责任。

法院判决（节选）：

张某的损失由三明市中西医结合医院承担60%赔偿责任，王某某承担35%赔偿责任，张某本人承担5%赔偿责任。

法院裁判理由及结果：

2012年华东政法大学出具的补充鉴定意见书载明，医院对开放性骨折污染创口处理存在过错，为主要因素，其过错参与度为50%—70%。参照原告张某的伤情及依据该鉴定意见书的意见，本院酌情确认三明市中西医结合医院对张某的损失承担60%的赔偿责任。虽然张某在涉诉的交通事故中不承担责任，但张某在第一次住院期间即2012年1月19日自动要求出院，对自身损失也应承担相应责任，故本院酌情确定被告王某某对张某的损失承担35%的赔偿责任，其余5%的损失由原告张某承担。

律师睿见：

案例30中，受害人在道路交通事故受伤治疗期间，因医院及其自身过错导致伤势加重，属于侵权责任法“多因一果”的情形，各方应按过错程度分担受害人损失。

实践中，由于各部位损伤系不同原因造成，赔偿计算更为复杂。

以受害人道路交通事故达到九级伤残，医院因疏忽将纱布遗留在受害人体内或者不小心切除受害人非病变器官、组织导致受害人达到十级伤残，伤残赔偿指数按21%计算为例，残疾赔偿金分担有三种方法。

第一种：医院先行承担，医院先承担十级伤残损失，赔偿指数为10%，剩下的11%由事故责任方承担。

第二种：按比例承担，医院承担7%，事故责任方承担14%。

第三种：事故责任方先行承担，事故责任方先承担九级伤残损失，赔偿指数为20%，剩下的1%由医院承担。

金融保险团队认为：按比例承担方法计算各自应承担的残疾赔偿金份额更为公平合理。

与案例30类似的还有“二次事故”赔偿问题[1]。

如第一次事故受害人张某某承担主要责任，被告李某某承担次要责任，第二次事故被告王某某承担全部责任，受害人张某某不承担责任，对于受

---

〔1〕陈柏青、杨文豪：《交通事故中二次事故责任比例如何认定》，载国家法官学院案例开发研究中心编：《中国法院2019年度案例（道路交通纠纷）》，中国法制出版社2019年版，第13—14页。

害人张某某的损失可按下列方法予以分配。

设每次事故的损失份额为100%，即二次事故总损失份额为200%，再根据各方在每次事故中应承担的份额占总损失份额比例计算各自应承担的赔偿份额。即张某某承担自身损失的35%（70%/200%），李某某承担张某某损失的15%（30%/200%），王某某承担张某某损失的50%（100%/200%）。

因事故责任不完全等同于赔偿责任，特殊情况下还要分析导致损失结果的原因力大小是否与事故侵权匹配，如果不匹配，还要进行调整。王某某在第二次事故中责任虽大，但对于受害人张某某受伤的损害后果与事故侵权显然严重不相匹配，则在确定王某某赔偿责任时可适当进行调整，调整的比例可根据案件的具体情况在50%（最终确定为30%）以下。

金融保险团队认为：对于导致损失结果的原因力大小是否与事故侵权匹配，不能凭办案人员的主观判断，而应根据司法鉴定机构出具的鉴定意见确定，特别是肇事者是否需要承担刑事责任情形的判断，更应建立在精准分析基础之上。

法条链接：

《中华人民共和国侵权责任法》

第二十六条[1] 被侵权人对损害的发生也有过错的，可以减轻侵权人的责任。

《最高人民法院关于审理人身损害赔偿案件适用法律若干问题的解释》

第二条 受害人对同一损害的发生或者扩大有故意、过失的，依照民法通则第一百三十一条的规定，可以减轻或者免除赔偿义务人的赔偿责任。但侵权人因故意或者重大过失致人损害，受害人只有一般过失的，不减轻赔偿义务人的赔偿责任。

适用民法通则第一百零六条第三款规定确定赔偿义务人的赔偿责任时，受害人有重大过失的，可以减轻赔偿义务人的赔偿责任。

第三条 二人以上共同故意或者共同过失致人损害，或者虽无共同故意、共同过失，但其侵害行为直接结合发生同一损害后果的，构成共同侵权，应当依照民法通则第一百三十条规定承担连带责任。

---

〔1〕《中华人民共和国民法典》规定为第七编“侵权责任”第一千一百七十三条。

二人以上没有共同故意或者共同过失，但其分别实施的数个行为间接结合发生同一损害后果的，应当根据过失大小或者原因力比例各自承担相应的赔偿责任。

第五节　好意同乘

案例31：（2012）元少民初字第26号

［好意同乘发生事故责任分担］

案情简介、法院裁判理由及结果：

见本书第二章第三节“监护”案例14。

法院判决（节选）：

被告黄某1承担陈某因交通事故死亡损失80%的赔偿责任，陈某自身承担20%的赔偿责任。

律师睿见：

诚如判决所述，好意同乘发生在亲戚、朋友、邻居之间；在人情较为浓厚的我国，人们出于以建立、维持或增进与他人的相互关切、爱护的感情为目的的心理〔1〕，有车族不可避免地会碰到好意同乘的情况。因此，为爱车购买充足的保险，有时虽不能避免悲剧的发生，但可以在经济上尽可能为受害人或其近亲属给予补偿。

法条链接（参照）：

《中华人民共和国合同法》

第三百零二条〔2〕　承运人应当对运输过程中旅客的伤亡承担损害赔偿责任，但伤亡是旅客自身健康原因造成的或者承运人证明伤亡是旅客故意、

〔1〕杨立新：《中国侵权责任法研究》（第三卷），中国人民大学出版社2018年版，第101页。

〔2〕关于好意同乘规则，在《中华人民共和国民法典》中规定为第七编“侵权责任”第一千二百一十七条。条文为：非营运机动车发生交通事故造成无偿搭乘人损害，属于该机动车一方责任的，应当减轻其赔偿责任，但是机动车使用人有故意或者重大过失的除外。

重大过失造成的除外。

前款规定适用于按照规定免票、持优待票或者经承运人许可搭乘的无票旅客。

第六节　三方事故

案例32：（2014）永民初字第414号

［三方事故受害人损失分担］

案情简介：

2013年10月12日17时许，原告亲属邓某某驾驶轻便摩托车由大湖镇往飞桥村方向行驶，行至飞桥村飞大线1千米+800米路段时，与被告邹某某驾驶的闽G××××8号小轿车刮擦后摔倒，被被告王某某驾驶的闽G××××5号轻型货车左侧轮胎挤压，造成原告亲属邓某某当日死亡。2013年11月8日，永安市公安局交通管理大队作出永公交认字（2013）第00069号道路交通事故认定书，认定原告亲属邓某某未取得摩托车类的机动车驾驶证，其驾驶永临×××××号轻便摩托车上道路行驶，行经事故路段时，在行驶前方车辆与相对方向车来会时超车，承担本起事故主要责任；邹某某驾驶机动车上道路行驶，行经事故路段时，未按操作规范安全驾驶，承担本起事故次要责任；王某某驾驶机动车上道路行驶，行经事故路段时，未及时观察前方车辆动态，确保安全行驶，承担本起事故次要责任。

法院判决（节选）：

主要责任方承担受害人因事故造成的总损失的65%，两次要责任方各承担受害人总损失的17.5%。

法院裁判理由及结果：

永安市公安局交通管理大队作出的道路交通事故认定书认定依据充分，适用法律正确，本院予以采信，作为本案的定案依据。被告邹某某未按操作规范安全驾驶文明驾驶，应承担事故17.5%的责任。被告王某某未及时观察前方车辆动态，确保安全行驶，应承担事故17.5%的责任。

律师睿见：

同起事故，一方负事故主要责任，两方负事故次要责任，各方对受害人损失承担有三种方法。

第一种：设总损失份额为 100%，主要责任方在 50%—70%，根据案件具体情况酌定一比例，剩余的损失由承担次要责任的两方均担。案例 32 即采用此方法，各方承担原告总损失比例分别为 65%（主）、17.5%（次）、17.5%（次）。

第二种：设总损失份额为 130%（主要责任方承担 70%，次要责任方各承担 30%），再根据各方承担的份额占总损失份额比例计算各自应承担的赔偿份额。依据该方法，案例 32 中，主要责任方需承担总损失的 54%（100%/130%×70%），两次要责任方各需承担原告总损失的 23%（100%/130%×30%）。

第三种：设总损失份额为 100%（主要责任方承担 70%，次要责任方各承担 15%）。依据该方法，案例 32 中，各方承担原告总损失的比例分别为 70%（主）、15%（次）、15%（次）。

金融保险团队认为：无论采取何种方法，均不能突破侵权责任法的“填平原则”，且按第一种分担方法计算各方应赔偿的份额更为公平合理。

法条链接：

《中华人民共和国侵权责任法》

第十二条[1] 二人以上分别实施侵权行为造成同一损害，能够确定责任大小的，各自承担相应的责任；难以确定责任大小的，平均承担赔偿责任。

第七节 多辆机动车交强险分担

案例 33：（2018）闽 0421 民初 475 号

[多辆机动车发生事故交强险分担]

---

〔1〕《中华人民共和国民法典》规定为第七编“侵权责任”第一千一百七十二条。

案情简介：

2018年4月7日18时30分许，丘某某驾驶闽G××××1号摩托车从明溪县消防大队往交警大队方向行驶，至明溪县省道秀里线367千米+320米路段时，与右方道路驶出蓝某某驾驶的自行车发生碰撞，造成蓝某某受伤及两车不同程度损坏的交通事故。蓝某某因伤势过重，经抢救无效死亡。明溪县公安局交通警察大队对此事故于2018年5月5日作出道路交通事故认定书，认定：蓝某某承担本起事故的主要责任，丘某某、石某某、曾某某（违规停车）在本起事故中各承担次要责任。另丘某某驾驶的闽G××××1号摩托车未保交强险，石某某驾驶的闽C×××××号车、曾某某驾驶的闽G×××××号车均投保交强险且在保险期限内。原告蓝某某近亲属向法院提起诉讼并请求：1. 判令丘某某、石某某、曾某某共同赔偿医疗费等费用328313元；2. 判令××保险公司1在强制保险责任范围内赔偿120000元；3. 判令××保险公司2在强制保险责任范围内赔偿120000元；4. 判令丘某某、石某某、曾某某共同承担本案诉讼费。庭审后，原告无法出示医疗费发票原件，经查明，原告医疗费系道路交通事故社会救助基金管理机构（明溪县财政局）垫付，法院通知明溪县财政局参加诉讼。原告将诉讼请求变更为：赔偿总额310343元（减少部分为医疗费），由××保险公司1赔偿110000元；由××保险公司2赔偿110000元；余款由丘某某赔偿。

法院判决（节选）：

一、××保险公司1、××保险公司2分别应当在交强险医疗项目中向明溪县财政局支付其代垫蓝某某伤情医疗费9786.61元，该款应于本判决书生效之日起15日内付清；

二、××保险公司1、××保险公司2分别应当在交强险残疾项目中向三原告支付死亡赔偿金等损失110000元，该款应于本判决书生效之日起15日内付清；

三、丘某某应当支付三原告赔偿款90023元，扣除已付2500元，余款87523元，该款应于本判决书生效之日起15日内付清。

法院裁判理由及结果：

根据《最高人民法院关于审理道路交通事故损害赔偿案件适用法律若干问题的解释》第二十一条第三款之规定，原告及明溪县财政局（垫付抢救费用）要求本案两保险公司在交强险范围内先予支付损失及代垫款的主张，符合该条款的规定，其主张应予支持。

律师睿见：

根据《最高人民法院关于审理道路交通事故损害赔偿案件适用法律若干问题的解释》第二十一条第三款的规定，案例 33 中，原告损失的赔偿应在判决第一项、第二项不变的基础上，将判决第三项改为“90023 元由三方按各自过错比例承担”，并增加判决第四项，即“保险公司超出其应承担的部分（××元）有权向丘某某追偿”。因原告诉请错误，导致本可将判决第三项应当支付三原告赔偿款 90023 元可能出现执行不能的风险转嫁给保险公司，变成由原告自己承担该风险。

法条链接：

《最高人民法院关于审理道路交通事故损害赔偿案件适用法律若干问题的解释》

第二十一条第三款 多辆机动车发生交通事故造成第三人损害，其中部分机动车未投保交强险，当事人请求先由已承保交强险的保险公司在责任限额范围内予以赔偿的，人民法院应予支持。保险公司就超出其应承担的部分向未投保交强险的投保义务人或者侵权人行使追偿权的，人民法院应予支持。

《福建省实施〈中华人民共和国道路交通安全法〉办法》

第五十二条 机动车与非机动车驾驶人、行人之间发生交通事故造成人身伤亡、财产损失的，由保险公司在机动车交通事故责任强制保险限额范围内予以赔偿。机动车所有人或者管理人未参加机动车交通事故责任强制保险的，由机动车所有人或者管理人承担相当于机动车交通事故责任强制保险责任限额部分的赔偿责任。

第八节 主挂车连为一体保险限额

案例 34：（2016）闽 0403 民初 868 号、（2017）闽 04 闽终 299 号、（2019）闽民再 190 号

［主挂车连为一体时发生事故保险限额］

案情简介：

2015年12月30日12时20分许，谭某某驾驶豫R×××××重型半挂货车牵引豫R××××挂车沿着三化厂区内道路自西向东行驶至三化厂区内9号地磅附近的十字路口时与陈某某驾驶的闽G×××××号两轮摩托车相撞，致双方车辆损坏、陈某某受伤的后果。该事故经交警认定谭某某承担事故主要责任，陈某某承担事故次要责任。陈某某受伤后到三明市中西医结合医院治疗93天，其伤情于2016年4月1日被鉴定为五级伤残一处、十级伤残一处，并因左下肢毁损需安装假肢。××货运公司系豫R×××××号重型半挂货车、豫R××××挂车的所有人，××保险公司系该车辆交强险和商业险的承保公司，重型半挂货车机动车第三者责任险保险限额为500000元，挂车机动车第三者责任险保险限额为50000元。

（2016）闽0403民初868号判决（节选）：

××保险公司作为承保豫R×××××号重型半挂货车、豫R××××号挂车交强险120000元和第三者责任险550000元（主车500000元+挂车50000元）的公司，应对陈某某在本交通事故中产生的人身损失承担保险责任。

（2017）闽04闽终299号判决（节选）：

××保险公司在交强险120000元和第三者责任险450000元（以主车500000元为限，超载加扣10%）限额内，对陈某某在本交通事故中产生的人身损失承担保险责任。

（2019）闽民再190号判决：

一、撤销（2017）闽04闽终299号民事判决；

二、维持（2016）闽0403民初868号民事判决。

律师睿见：

依据权利义务相对等及公平原则，案例34中，保险公司承保挂车机动车第三者责任保险并收取保费，挂车与主车连为一体发生保险事故时，应在主挂车责任限额内承担保险责任。

法条链接：

《机动车交通事故责任强制保险条例》

第四十二条　挂车不投保机动车交通事故责任强制保险，发生道路交通事故造成人身伤亡、财产损失的，由牵引车投保的保险公司在机动车交通事故责任强制保险责任限额范围内予以赔偿；不足部分，由牵引车方和挂车方依照法律规定承担赔偿责任。

第九节　受害人重新鉴定前死亡残疾赔偿金计算

案例35：(2017) 闽0402民初77号、(2018) 闽04民终1018号

[伤残等级确定后重新鉴定前受害人死亡，残疾赔偿金计算]

案情简介：

见本书第二章第一节“受害人诉讼期间死亡”案例11。

法院判决（节选）：

被告应赔偿原告陈某某、吕某2、吕某3因本起事故造成的残疾赔偿金等各项经济损失××元。

(2017) 闽0402民初77号法院裁判理由及结果（节选）：

关于伤残等级的问题，2016年11月15日，吕某1委托福建中博司法鉴定中心对其伤残程度进行鉴定，该所作出司法鉴定意见书，鉴定意见为：吕某1的伤残程度为X（拾）级伤残。诉讼中，××保险公司对鉴定结论提出异议，要求重新鉴定，本院予以准许，后因吕某1死亡无法进行重新鉴定。吕某1虽然是单方委托鉴定，但福建中博司法鉴定中心是具有鉴定资质的合法鉴定机构，其作出的鉴定意见具有较高的证明力，后因吕某1死亡，无法进行重新鉴定。从无法鉴定的原因分析，吕某1并无过错，不具有可责难性，且××保险公司并未举证证明福建中博司法鉴定意见书存在明显错误或者严重程序违法，故本院对鉴定意见予以采信。最高人民法院《关于审理人身损害赔偿案件适用法律若干问题的解释》第二十五条第一款规定，残疾赔偿金根据受害人丧失劳动能力程度或者伤残等级，按照受诉法院所在地上一年度城镇居民人均可支配收入或者农村居民人均纯收入标准，自定残之日起按二十年计算。但六十周岁以上的，年龄每增加一岁减少一年；七十五周岁以上的，按五年计算。吕某1系农村居民，出生于1963年12月28日，交通事故造成其一处伤残X级，残疾赔偿金应按照受诉法院所在地上一年度农村居民人均纯收入的标准计算20年，陈某某、吕某2、吕某3主张吕某1残疾赔偿金为13793元/年×20年×10%＝27586元符合法律规定，本院予以支持。因此，吕某1的残疾赔偿金确定为27586元。

律师睿见：

在受害人出现伤残的事故中，其伤残程度不因受害人此后的实际生存情况、身体好坏、寿命长短等因素而发生变化。因此，受害人在定残后重新鉴定前死亡的，不满60周岁受害人的残疾赔偿金，应按20年计算，而不是按定残日到死亡日间隔的年限计算。

无法重新鉴定的后果和受害人死亡后残疾赔偿金继承问题见案例35法院裁判理由论述和本书第二章第一节“受害人诉讼期间死亡，近亲属是否享有残疾赔偿金请求权观点集锦”。

法条链接：

《最高人民法院关于审理人身损害赔偿案件适用法律若干问题的解释》

第二十五条　残疾赔偿金根据受害人丧失劳动能力程度或者伤残等级，按照受诉法院所在地上一年度城镇居民人均可支配收入或者农村居民人均纯收入标准，自定残之日起按二十年计算。但六十周岁以上的，年龄每增加一岁减少一年；七十五周岁以上的，按五年计算。

受害人因伤致残但实际收入没有减少，或者伤残等级较轻但造成职业妨害严重影响其劳动就业的，可以对残疾赔偿金作相应调整。

第十节　多等级伤残残疾赔偿金计算

《道路交通事故受伤人员伤残评定（GB18667—2002）》虽已失效，但其中关于受害人多等级伤残残疾赔偿金的计算方法在实践中仍具有指导意义。

《道路交通事故受伤人员伤残评定（GB 18667—2002）》（节选）

3.6　伤残等级划分

本标准根据道路交通事故受伤人员的伤残状况，将受伤人员伤残程度划分为10级，从第Ⅰ级（100%）到第Ⅹ级（10%），每级相差10%。伤残等级划分依据见附录A。

……

附录 B

（资料性附录）

多等级伤残的综合 j 计算方法

B. 1 多等级伤残的综合计算

多等级伤残的综合计算是按伤者的伤残赔偿计算方法加以计算。

B. 2 多等级伤残者的伤残赔偿计算

根据伤残赔偿总额、赔偿责任系数、赔偿指数等，有下式：

$$C = C_t \times C_1 \times (I_h + \sum_{i=1}^{m} I_{a,i})(\sum_{i=1}^{m} I_{a,i} \leq 10\% , i = 1,2,3\cdots n,\text{多处伤残})$$

式中：C——伤残者的伤残实际赔偿额，元；

C_t——伤残赔偿总额，元；

C_1——赔偿责任系数，即赔偿义务主体对造成事故负有责任的程度，$0 \leq C_1 \leq 1$；

I_h——伤残等级最高处的伤残赔偿指数，即多等级伤残者，最高伤残等级的赔偿比例，用百分比（%）表示；

I_a——伤残赔偿附加指数，即增加一处伤残所增加的赔偿比例，用百分比表示，$0 \leq I_a \leq 10\%$；

B. 3 伤残赔偿指数

伤残赔偿指数是指伤残者应当得到伤残赔偿的比例。B. 2 中的伤残赔偿指数是按本标准 3. 6 条规定，以伤残者的伤残程度比例作为伤残者的伤残赔偿比例。

表 5　多等级伤残残疾赔偿金计算

案例	受害人伤残等级	各级别对应的指数	赔偿总指数
1	一处九级，附加一处十级	20% +1%	21%
2	一处五级，附加一处七级、一处八级、一处十级	60% +4% +3% +1%	68%
3	一处二级，附加一处四级、一处六级、三处八级、两处十级	90% +7% +5% +3 ×3% +2 ×1%	≤100%
说明	《道路交通事故受伤人员伤残评定（GB 18667—2002）》规定，受害人多等级伤残，级别更轻的伤残赔偿指数可在 1% —10% 范围内确定，但所有附加的伤残等级赔偿指数相加不得超过 10%，即表中案例 3 附加的伤残等级赔偿指数（7% +5% +3 ×3% +2 ×1%）相加不能超过 10%，赔偿总指数应≤100%		

第十一节　伤残重新鉴定

一、重新鉴定理由审查方式

重新鉴定理由分形式审查和实质审查，形式审查只要一方提出申请且说明理由即予以准许，实质审查需提出原鉴定意见结论不能采纳的具体事实和理由。

二、重新鉴定理由实质审查应对措施

案例 36：（2015）建民初字第 87 号、（2015）三民终字第 397 号

[重新鉴定理由实质审查应对措施]

案情简介：

2014 年 8 月 20 日，被告肖某某驾驶闽 G××××× 号货车沿伊隘线从建宁县伊家乡伊家村往建宁县伊家乡隘上村方向行驶，遇原告朱某某驾驶普通二轮摩托车由建宁县伊家乡隘上村往建宁县伊家乡伊家村方向行驶，两车在交会时发生碰撞，造成原告朱某某受伤、车辆损害的后果。建宁交警认定：朱某某承担事故的主要责任，肖某某承担事故的次要责任。2014 年 12 月 12 日原告经司法鉴定中心鉴定，构成九级伤残，并起诉至法院。被告 ×× 保险公司申请对原告的伤残等级进行重新鉴定，同时申请专家出庭作证，由于专家突发情况，无法到庭参加。

（2015）建民初字第 87 号法院判决（节选）：

被告 ×× 保险公司需对原告因本起事故造成的残疾赔偿金等损失共计 ×× 元承担赔偿责任。

（2015）建民初字第 87 号法院裁判理由及结果：

被告 ×× 保险公司提出鉴定人员与专家出庭对质的请求，本院予以准许，被告 ×× 保险公司要求出庭的专家因突发特殊情况，不能出庭，但被告 ×× 保险公司并未提出申请对案件进行延期审理。本院认为，被告 ×× 保险公司提出鉴定人员与专家出庭对质的请求，属举证范畴事项，本应在举证期限届满前提出，因要求出庭的专家突发特殊情况不能出庭，要求对案件进行延期审理也应在开庭前提出，故对被告××保险公司庭审后提出延期审理的申请，本院不予支持。福建中博司法鉴定中心是具有鉴定资质的鉴定机构，鉴定程序合法，被告××保险公司仅认为鉴定人员在鉴定过程中存在主观臆断，但没有提供鉴定机构不具有鉴定资质和鉴定程序不合法及鉴定人员存在主观臆断的反驳证据，故对被告××保险公司提出要求对原告伤残等级进行重新鉴定的申请本院不予支持。

（2015）三民终字第397号法院判决：

驳回上诉，维持原判。

（2015）三民终字第397号法院裁判理由及结果：

鉴定意见属于民事诉讼证据的一种。经审查，被上诉人朱某某提供的伤残等级鉴定的司法鉴定意见书具有《最高人民法院关于民事诉讼证据的若干规定》第二十九条规定的内容，符合证据的法定要求，可以作为本案证据；《最高人民法院关于民事诉讼证据的若干规定》第二十八条规定："一方当事人自行委托有关部门作出的鉴定结论，另一方当事人有证据足以反驳并申请重新鉴定的，人民法院应予准许。"上诉人××保险公司提出重新鉴定申请，为此，上诉人提出由专家出庭陈述意见的请求，原审准许其提出的本应在举证期限届满前提出的该项请求，但是，专家不能出庭是因其自身原因，而且，本案诉讼参与人已到庭参加诉讼，上诉人在庭审中提出而没有在开庭前提出延期审理的申请，不符合程序要求。故上诉人虽然提出重新鉴定申请，但是没有提供足以反驳本案伤残等级鉴定意见的证据，原审没有准许上诉人的重新鉴定申请，并无不当。被上诉人朱某某提供的伤残等级鉴定意见应予采信，原审以该伤残等级鉴定认定被上诉人朱某某的伤残等级并确定其相应损失的赔偿标准，于法有据。

律师睿见：

实务中，被告一方申请重新鉴定时可一并提交鉴定人员与专家出庭对质的申请，即使重新鉴定申请未得到准许，也可保证己方在庭审中能享有充分质证的权利。

受害方在委托鉴定前，提前通知各利害关系人一同前往鉴定所见证，并告知未到场见证的法律后果，此举有利于案件的快速解决，避免资源的浪费。

部分法院在原告立案时，要求各被告前往法院与原告共同选定鉴定机构，此举可避免审理阶段因被告提出重新鉴定申请造成案件审理期限延长的后果。

当重新鉴定出具的鉴定意见与原鉴定意见受害人伤残等级不一致时，法院除了考察鉴定机构与鉴定人员的资质、鉴定程序和鉴定内容的合法性外，还会从以下两个方面考虑：第一，法院委托的鉴定，其得出的鉴定结论在效力上优先于其他鉴定结论。目前，当事人委托鉴定有三种方式，分别为自行委托、交警委托和法院委托。当事人自行委托的鉴定一般不能称为司法鉴定，而且在鉴定机构的选择上，往往没有征得被告的同意。因此，其证明力通常比司法鉴定低。交警委托鉴定得出的鉴定结论，在庭审中被告往往以不知情，或者以鉴定结论不准确为由提出异议。而法院在委托鉴定之前，都会征询原被告双方的意见，并以笔录的形式记载入卷，只要鉴定过程符合操作流程和技术规范，法院一般会对此结论予以采信。第二，资质好的鉴定机构、鉴定人出具的鉴定结论在效力上优先于其他鉴定结论。资质好的鉴定机构通常具有丰富的实践经验，其出具的鉴定结论在科学基础和理论依据上，更贴近事物的原貌和本质，有较高的科学性、客观性、公正性和证明力（金融保险团队对此观点持保留意见）。

目前，我国所有合法的鉴定机构在级别上是同等的，鉴定人员的等级也没有明显差别，对鉴定机构和鉴定人员资质好坏的判断，法官只能根据以往的经验来推定。如果能有一个权威部门对鉴定机构和鉴定人员的级别作出科学合理的划分，这将大大提高法官的办案效力，节约当事人的诉讼成本，使社会矛盾及时化解[1]。

法条链接：

《最高人民法院关于适用〈中华人民共和国民事诉讼法〉的解释》

第一百一十七条　当事人申请证人出庭作证的，应当在举证期限届满前提出。

---

〔1〕 方淑梅：《对两份结论不一致的鉴定文书，法院该如何采信?》，载国家法官学院案例开发研究中心编：《中国法院2012年度案例（道路交通纠纷）》，中国法制出版社2012年版，第69—70页。

符合本解释第九十六条第一款规定情形的，人民法院可以依职权通知证人出庭作证。

未经人民法院通知，证人不得出庭作证，但双方当事人同意并经人民法院准许的除外。

第一百一十八条 民事诉讼法第七十四条规定的证人因履行出庭作证义务而支出的交通、住宿、就餐等必要费用，按照机关事业单位工作人员差旅费用和补贴标准计算；误工损失按照国家上年度职工日平均工资标准计算。

人民法院准许证人出庭作证申请的，应当通知申请人预缴证人出庭作证费用。

第一百一十九条 人民法院在证人出庭作证前应当告知其如实作证的义务以及作伪证的法律后果，并责令其签署保证书，但无民事行为能力人和限制民事行为能力人除外。

证人签署保证书适用本解释关于当事人签署保证书的规定。

第一百二十条 证人拒绝签署保证书的，不得作证，并自行承担相关费用。

第一百二十一条 当事人申请鉴定，可以在举证期限届满前提出。申请鉴定的事项与待证事实无关联，或者对证明待证事实无意义的，人民法院不予准许。

人民法院准许当事人鉴定申请的，应当组织双方当事人协商确定具备相应资格的鉴定人。当事人协商不成的，由人民法院指定。

符合依职权调查收集证据条件的，人民法院应当依职权委托鉴定，在询问当事人的意见后，指定具备相应资格的鉴定人。

第一百二十二条 当事人可以依照民事诉讼法第七十九条的规定，在举证期限届满前申请一至二名具有专门知识的人出庭，代表当事人对鉴定意见进行质证，或者对案件事实所涉及的专业问题提出意见。

具有专门知识的人在法庭上就专业问题提出的意见，视为当事人的陈述。

人民法院准许当事人申请的，相关费用由提出申请的当事人负担。

第一百二十三条 人民法院可以对出庭的具有专门知识的人进行询问。经法庭准许，当事人可以对出庭的具有专门知识的人进行询问，当事人各自申请的具有专门知识的人可以就案件中的有关问题进行对质。

具有专门知识的人不得参与专业问题之外的法庭审理活动。

《最高人民法院关于民事诉讼证据的若干规定》

第四十条 当事人申请重新鉴定，存在下列情形之一的，人民法院应当准许：

（一）鉴定人不具备相应资格的；

（二）鉴定程序严重违法的；

（三）鉴定意见明显依据不足的；

（四）鉴定意见不能作为证据使用的其他情形。

存在前款第一项至第三项情形的，鉴定人已经收取的鉴定费用应当退还。拒不退还的，依照本规定第八十一条第二款的规定处理。

对鉴定意见的瑕疵，可以通过补正、补充鉴定或者补充质证、重新质证等方法解决的，人民法院不予准许重新鉴定的申请。

重新鉴定的，原鉴定意见不得作为认定案件事实的根据。

第十二节 赔偿协议

一、协议履行

案例37：（2014）永民初字第3595号

［一方不履行赔偿协议时，另一方能否直接起诉请求对方履行］

案情简介：

2014年3月15日16时38分，吴某某驾驶闽G×××××号轻型自卸货车，行驶至事故路段，与曹某2驾驶的闽D×××××号小型普通客车相刮，导致闽D×××××号小型普通客车翻入路边田中，造成曹某2当场死亡，双方车辆损坏的交通事故。经永安市公安局交通管理大队认定，吴某某负事故主要责任，曹某2负事故次要责任。

2014年3月28日，原告曹某1、邹某某与被告吴某某、担保人杨某某在永安市道路交通事故损害赔偿纠纷人民调解委员会达成调解协议，至起诉前，被告尚有18000元迟迟未给付，原告诉请法院请求判令被告吴某某、杨某某共同支付原告曹某1、邹某某事故赔偿款18000元。

法院判决（节选）：

被告吴某某、杨某某应于本判决生效之日起十日内支付原告曹某1、邹某某赔偿款18000元。

法院裁判理由及结果：

原、被告之间签订的赔偿协议合法有效，双方应遵照履行，因此，被告应按赔偿协议约定履行义务。

二、协议撤销

案例38：（2017）闽0427民初1829号、（2018）闽04民终582号、（2018）闽0427民初1021号

［双方签订的赔偿协议能否以重大误解为由请求法院撤销］

案情简介：

2014年7月1日，张某2驾驶闽A×××××号轿车在沙县永辉超市路段行驶时碰撞张某1驾驶的助力车，造成张某1受伤、两车损坏的道路交通事故，后经交警部门认定，张某2负事故的全部责任。事故发生后，张某1女儿与张某2签订交通事故和解协议，协议签订后，张某1伤残经鉴定达到九级，损失金额远远超过双方签订交通事故和解协议约定的赔偿金额，张某1遂以协议签订时存在重大误解为由诉至法院，请求撤销交通事故和解协议，并按实际损失要求各被告承担赔偿责任。在诉讼中，法院向张某1释明后，张某1将诉讼请求变更为确认交通事故和解协议无效。一审判决驳回张某1的诉讼请求，张某1以法官错误行使释明权及其案件出现新情况（伤残等级加重）为由提起上诉。

（2017）闽0427民初1829号法院判决：

驳回张某1的诉讼请求。

（2017）闽0427民初1829号法院裁判理由及结果：

张某1女儿代张某1签订交通事故和解协议构成表见代理，且各被告依照协议完全履行，张某1收到赔偿款后未提出异议，即视为对协议的追认。现张某1要求确认交通事故和解协议无效的主张，不符合法律规定。

（2018）闽04民终582号判决：

撤销（2017）闽0427民初1829号民事判决，发回福建省沙县人民法院重审。

（2018）闽04民终582号法院裁判理由及结果：

原一审法院未向当事人进行充分的释明，属于程序违法，并导致认定事实不清、处理结果不当。

（2018）闽0427民初1021号案件处理结果：

各方当事人在法院的主持下达成调解。

案例39：（2014）建民初字第1237号

［受害人能否以代理人无权代理为由向法院提起诉讼，请求撤销赔偿协议］

案情简介：

2012年9月26日16时25分许，被告张某某驾驶闽G×××××小型轿车在建宁县均口镇洋坑村路段，与原告冯某某驾驶的闽C×××××号摩托车（后载宁某1）交会时，被告张某某未减速靠右行驶发生碰撞，造成原告冯某某和宁某1受伤及两车损坏的交通事故。经县公安局交通管理大队道路交通事故认定书认定：张某某承担事故的全部责任，冯某某不承担事故责任。原告出院后，被告代理人宁某2向原告索要了原告的身份证，到建宁县医院办理了原告的出院手续，并持原告的身份证到县公安局交通管理大队领取交通事故认定书、签订民事赔偿协议书，并在被告××保险公司办理理赔手续等相关事宜。后原告起诉要求两被告赔偿原告因交通事故造成的实际损失。

法院判决（节选）：

被告××保险公司扣除民事赔偿协议书支付的金额后还需赔偿原告冯某某48344.55元。

法院裁判理由及结果：

民事赔偿协议书是由宁某2一手操办，原告并不知情，不是原告的真实意思表示，该民事赔偿协议书不能作为本案认定事实的依据。被告××保险公司在 2012 年 10 月 24 日理赔审核时亦存在一定瑕疵。

律师睿见：

一方不履行或不完全履行签订的道路交通事故赔偿协议，另一方可直接向人民法院提起诉讼要求对方履行赔偿协议约定的义务。

已履行完毕的赔偿协议，如出现新的事实（伤残等级加重等情形），受害人以协议存在可撤销的情形为由向人民法院请求撤销，并要求侵权人、保险人赔偿因本起交通事故造成的实际损失时，应审查协议是否存在显失公平、重大误解等可能导致协议被撤销或无效的情形。

当事人签订赔偿协议时，应尽量避免可能导致协议被撤销或者无效的情形出现。

受害人提起撤销赔偿协议的诉讼应在《中华人民共和国民法总则》规定的期限内行使。

法条链接：

《中华人民共和国民法总则》

第一百四十七条〔1〕 基于重大误解实施的民事法律行为，行为人有权请求人民法院或者仲裁机构予以撤销。

第一百五十一条 一方利用对方处于危困状态、缺乏判断能力等情形，致使民事法律行为成立时显失公平的，受损害方有权请求人民法院或者仲裁机构予以撤销。

第一百五十二条 有下列情形之一的，撤销权消灭：

（一）当事人自知道或者应当知道撤销事由之日起一年内、重大误解的当事人自知道或者应当知道撤销事由之日起九十日内没有行使撤销权；

（二）当事人受胁迫，自胁迫行为终止之日起一年内没有行使撤销权；

（三）当事人知道撤销事由后明确表示或者以自己的行为表明放弃撤销权。

当事人自民事法律行为发生之日起五年内没有行使撤销权的，撤销权消灭。

---

〔1〕 此处所引三条在《中华人民共和国民法典》中分别规定为第一编“总则”第一百四十七条、第一百五十一条、第一百五十二条。

《中华人民共和国人民调解法》

第三十二条　经人民调解委员会调解达成调解协议后，当事人之间就调解协议的履行或者调解协议的内容发生争议的，一方当事人可以向人民法院提起诉讼。

《道路交通事故处理程序规定》

第二十二条　当事人自行协商达成协议的，可以按照下列方式履行道路交通事故损害赔偿：

（一）当事人自行赔偿；

（二）到投保的保险公司或者道路交通事故保险理赔服务场所办理损害赔偿事宜。

当事人自行协商达成协议后未履行的，可以申请人民调解委员会调解或者向人民法院提起民事诉讼。

第十三节　反诉与保全限制

案例40：（2014）梅民初字第1229号、（2014）梅民初字第2501号

［双方均造成损失的道路交通事故损害赔偿案件，其中一方能否直接提起反诉和申请保全对方主张的死亡赔偿金等费用］

案情简介：

2014年4月11日14时，张某某驾驶闽G××××1号二轮摩托车在梅列区碧桂园路口与××渣土运输有限公司驾驶员邓某某驾驶的闽G××××2号重型自卸货车相撞，造成张某某抢救无效死亡的后果。事故经认定，张某某与邓某某负本起事故同等责任。事故发生后，张某某近亲属起诉××渣土运输有限公司要求赔偿死亡赔偿金等费用［（2014）梅民初字第1229号］，××渣土运输有限公司起诉张某某近亲属要求赔偿车辆施救费、停运损失等费用［（2014）梅民初字第2501号］。

（2014）梅民初字第1229号处理结果：

张某某近亲属与××渣土运输有限公司在法院主持下达成调解。

（2014）梅民初第2501号判决：

一、确认原告××渣土运输有限公司因道路交通事故遭受的经济损失合计10863.6元；

二、驳回原告××渣土运输有限公司要求五被告赔偿因道路交通事故遭受的经济损失的诉讼请求。

(2014）梅民初第2501号法院裁判理由及结果：

五被告虽系张某某的法定继承人，且张某某生前有财产，但因该财产系其夫妻在婚姻关系存续期间所得的共同所有的财产，且有抵押，张某某的遗产价值处于待定状态，而且五被告均未明确表示是否接受对张某某遗产的继承，原告要求五被告赔偿原告因交通事故遭受的财产损失没有依据，本院不予支持。

律师睿见：

金融保险团队认为：双方均造成损失且一方或双方车辆有投保交强险和机动车第三者责任险的道路交通事故损害赔偿案件，根据法律和相关司法解释的规定，道路交通事故造成第三人损失先由保险公司在交强险和机动车第三者责任险限额内赔偿，未赔偿的部分由侵权人赔偿；己方损失赔偿顺序亦同。因各方损失先由对方保险公司赔偿，机动车交通事故责任纠纷本诉与“反诉”原、被告不能一一对应，不符合提起反诉的条件，另一方不能因道路交通事故造成的损失直接提起反诉，需另行提起诉讼主张权益。

死亡赔偿金是不法致人死亡时特有的财产损害项目，是对受害人近亲属因受害人死亡导致生活资源减少和丧失的补偿。因此，死亡赔偿金不属于死者的遗产，不能申请对其保全。登记在受害人名下并系其所有的肇事车辆，如投保机动车损失险的车辆各方在投保时未对车辆受损时被保险人（受益人）作出特别约定，则车辆发生损坏产生的保险理赔款属于受害人遗产，可以申请对其保全和强制执行。

法条链接：

《中华人民共和国民事诉讼法》

第五十一条 原告可以放弃或者变更诉讼请求。被告可以承认或者反驳诉讼请求，有权提起反诉。

第一百四十条 原告增加诉讼请求，被告提出反诉，第三人提出与本案有关的诉讼请求，可以合并审理。

《中华人民共和国继承法》

第三条[1] 遗产范围

遗产是公民死亡时遗留的个人合法财产，包括：（一）公民的收入；（二）公民的房屋、储蓄和生活用品；（三）公民的林木、牲畜和家禽；（四）公民的文物、图书资料；（五）法律允许公民所有的生产资料；（六）公民的著作权、专利权中的财产权利；（七）公民的其他合法财产。

〔1〕《中华人民共和国民法典》规定为第六编“继承”第一千一百二十二条。

第四章　人身损害

第一节　医疗费

一、非医保用药

投保交强险和机动车第三者责任险的道路交通事故责任纠纷案件，非医保用药除被保险人、驾驶人等自愿承担外，均由保险公司在交强险和机动车第三者责任险保险限额内赔偿。

二、外购药

案例41：（2017）闽0427民初880号

[外购药是否应由各侵权人赔偿]

案情简介：

2017年1月23日，彭某某驾驶闽GP××××号小型轿车由西往东行驶至东昌高速公路103千米+452米处时，因过度疲劳驾驶，未保持安全车距，撞上前方由驾驶人毛某驾驶的桂B×××××号小型越野客车，造成桂B×××××车乘车人王某2死亡，驾驶人毛某、乘车人毛某1、毛某2受伤，两车受损的交通事故。江西省公安厅交通管理局高速公路交通警察总队直属一支队第三大队认定：彭某某在此次事故中负主要责任；毛某在此次事故中负次要责任；王某2、毛某1、毛某2在此次事故中无责任。毛某2受伤后于2017年1月24日在抚州市第一人民医院住院治疗，支付医疗费30648.16元。因术后病情不稳定当日转至江西省儿童医院住院治疗，支付医疗费14080.85元，救护车护送费7000元，合计21080.85元。2017年1月30日又转至上海交通大学医学院附属新华医院住院治疗，至2017年3月15日出院，支付医疗费102074.16元。2017年3月20日至3月24日，毛某2在抚州市第一人民医院拔除空肠管，支付医疗费646.22元。毛某2先后共住院51天，支付医疗费154449.39元。毛某2住院期间外购小百肽、人血白蛋白合计5868.8元，外购免疫球蛋白、医用胸腹带、穿刺护理包、疤痕平合计4850元。

法院判决（节选）：

外购药××元属于原告因事故遭受的损失，被告应予以赔偿。

法院裁判理由及结果：

除购买医嘱要求自备的人血白蛋白及小百肽5868.8元发票外，购买免疫球蛋白、医用胸腹带、穿刺护理包、疤痕平的4850元亦属必要的治疗费用，可以作为认定事实的证据予以采信。其余购物发票与本案不具关联性，不予采信。

三、非关联性用药

经区分鉴定，与事故不具有关联的用药由受害人自行承担。

四、后续治疗费

后续治疗费，法院可依据鉴定机构的鉴定意见与其他损失项目一并作出裁判，受害人也可待实际发生后另行主张；一并主张可避免诉累，待实际发生后另行主张，则可同时主张后续治疗住院期间的住院伙食补助费、营养费、误工费、护理费、交通费等费用。

事故造成受害人容貌毁损，关于整容费（后续治疗费）、残疾赔偿金及其相关费用能否同时主张的问题，金融保险团队认为：事故造成受害人容貌毁损，治疗终结后仍未恢复，且容貌毁损达到伤残等级的，受害人可主张治疗容貌毁损的费用和后续整容费或残疾赔偿金及其相关费用；容貌毁损，治疗终结后未达到伤残等级的，则只能主张治疗容貌毁损的费用。

五、保险公司需赔付非医保用药裁判观点集锦

一、《最高人民法院关于审理人身损害赔偿案件适用法律若干问题的解

释》第十九条规定："医疗费根据医疗机构出具的医药费、住院费等收款凭证，结合病历和诊断证明等相关证据确定。赔偿义务人对治疗的必要性和合理性有异议的，应当承担相应的举证责任。"合理必要的标准应为医院是否为交通事故伤员之生命健康而实施正当医疗措施。凡在医疗过程中，为治疗事故伤残所支出的客观的、必要的医疗费，均应在保险公司理赔范围内，而并非仅限定于医保范围。

二、原告治疗期间需要何种药物是由医生根据病情决定，并非原告或其家属能绝对控制，以不可归咎于原告的事项作为拒赔理由显然有失公允。

三、国家基本医疗保险是为补偿劳动者因病症造成的经济损失而建立的一项具有福利性质的社会保险制度。保险合同是商业性保险行为，应交纳的保费远高于国家基本医疗保险，保险公司按商业性保险收取保费，却要求按照国家基本医疗保险的标准理赔，有违诚信。

四、基本医疗保险是国家对投保人提供的一种社会保障，具有公益性质，基本医疗保险中非医保用药的支付规定不适用于交通事故赔偿纠纷。

五、"非医保费用不赔"属于免责条款，保险公司未尽到免责条款的告知义务。因此，该条款无效。

六、保险公司未提交证据证明受害人具有非医保用药的事实。

七、国家基本医疗保险项目早已由国家有关部门向社会公布，是众所周知的事实，非医保费用的确定不是诉讼中的专门问题，无须通过司法鉴定确定，保险公司对原告医疗费中的非医保费用进行鉴定的申请没有法律依据。

八、涉案车辆已投保不计免赔险。因此，非医保用药也应赔偿。

法条链接：

《最高人民法院关于审理人身损害赔偿案件适用法律若干问题的解释》

第十九条 医疗费根据医疗机构出具的医药费、住院费等收款凭证，结合病历和诊断证明等相关证据确定。赔偿义务人对治疗的必要性和合理性有异议的，应当承担相应的举证责任。

医疗费的赔偿数额，按照一审法庭辩论终结前实际发生的数额确定。器官功能恢复训练所必要的康复费、适当的整容费以及其他后续治疗费，赔偿权利人可以待实际发生后另行起诉。但根据医疗证明或者鉴定结论确定必然发生的费用，可以与已经发生的医疗费一并予以赔偿。

《最高人民法院关于适用〈中华人民共和国保险法〉若干问题的解释（三）》

第十八条　保险人给付费用补偿型的医疗费用保险金时，主张扣减被保险人从公费医疗或者社会医疗保险取得的赔偿金额的，应当证明该保险产品在厘定医疗费用保险费率时已经将公费医疗或者社会医疗保险部分相应扣除，并按照扣减后的标准收取保险费。

第十九条　保险合同约定按照基本医疗保险的标准核定医疗费用，保险人以被保险人的医疗支出超出基本医疗保险范围为由拒绝给付保险金的，人民法院不予支持；保险人有证据证明被保险人支出的费用超过基本医疗保险同类医疗费用标准，要求对超出部分拒绝给付保险金的，人民法院应予支持。

第二节　住院伙食补助费、营养费

一、住院伙食补助费

参照当地国家机关一般工作人员的出差伙食补助标准予以确定。

二、营养费

根据受害人伤残情况，参照医疗机构的意见确定；医疗机构未出具加强营养意见的，可根据鉴定机构的鉴定意见，并参照住院伙食补助费标准认定；部分地区则根据受害人伤残情况按医疗费金额的5%—20%确定。

法条链接：

《最高人民法院关于审理人身损害赔偿案件适用法律若干问题的解释》

第二十三条　住院伙食补助费可以参照当地国家机关一般工作人员的出差伙食补助标准予以确定。

受害人确有必要到外地治疗，因客观原因不能住院，受害人本人及其陪护人员实际发生的住宿费和伙食费，其合理部分应予赔偿。

第二十四条　营养费根据受害人伤残情况参照医疗机构的意见确定。

第三节　误工费

一、已达退休年龄受害人的误工费

案例 42：（2015）宁民初字第 504 号

［达到退休年龄的务农人员因事故受伤，误工费能否得到支持］

案情简介：

原告赖某某诉称，2014 年 7 月 23 日，被告曾某某驾驶登记所有人为被告张某某的闽 G××××× 号小型普通客车，途经宁化县治平乡凉畲路段时，碰撞路边行走的原告和陈某某，造成原告和陈某某受伤。事故发生后，原告被送往宁化县医院治疗 68 天，2014 年 7 月，宁化县公安局交通管理大队认定，被告曾某某负本起事故的全部责任，原告和陈某某不负事故责任。2015 年 2 月 25 日，原告的伤情经鉴定为十级伤残一处。

诉讼中，各方就赖某某误工费等损失是否需要赔偿产生争议。

法院判决（节选）：

被告曾某某需赔偿原告赖某某因交通事故造成的各项损失 ××元（含误工费 7598.5 元）。

法院裁判理由及结果：

原告认为，事故发生前，原告仍然能正常从事农业劳动，误工费应计算至定残前一日共 155 天，按照 88.74 元/天计算。被告曾某某、张某某同意原告的意见，被告 ××保险公司认为，原告已经六十六周岁，误工费不应支持。

关于本案应否计算误工费，各方当事人争议的焦点在于原告是否有收入。自然人达到退休年龄并不是自然人没有收入的充分条件，具有劳动能力的年老农民参加生产活动的情况在实际生活中普遍存在，但年老农民身体随着年龄的增长发生退行性变而导致其劳动能力减弱也是客观事实。本案原告系农民，事故发生前仍从事农业生产活动，但考虑其年龄因素，本院酌情参照农业从业人员收入标准的 50% 计算其误工费，因原告治疗出院后病情稳定，未出现复发，从出院日到定残日超过三个月偏长，本院对出院后的误工时间酌情按三个月计算，故误工费确定为（68 + 90）天 ×（35107 元/年 ÷365 天）×50% =7598.5 元。

案例 43：（2019）闽 0427 民初 1126 号

［达到退休年龄的务农人员因事故受伤，误工费能否得到支持］

案情简介：

2018 年 11 月 13 日，黄某某驾驶浙 G×××××号车在沙县建国新村四区 186 号门前路段，碰撞行人张某某，造成张某某受伤的道路交通事故。同日，福建省沙县公安局交通警察大队作出道路交通事故认定书，认定黄某某承担本起事故的全部责任，张某某不承担责任。2019 年 3 月 18 日，福建中博司法鉴定所出具司法鉴定意见书，评定张某某的伤残等级为十级伤残一处。另查明，张某某出生于 1949 年 5 月 4 日，至定残日前一日即 2019 年 3 月 17 日，其已年满 69 周岁。

诉讼中，各方就张某某误工费等损失是否需要赔偿产生争议。

法院判决（节选）：

驳回原告张某某误工损失的诉讼请求。

法院裁判理由及结果：

张某某主张误工费 19886 元（58068 元/年 ÷365 天 ×125 天）。张某某系沙县北门村农民，事发时其已年满 69 岁，其所提供的证据无法证实其收入减少情况，对其该项主张，证据不足，不予支持。

二、误工时间的计算

案例 44：（2017）闽 0402 民初 1069 号

［伤残等级经重新鉴定后维持不变，误工时间的计算］

案件简介：

见本书第二章第四节“无偿借用”案例 15。

法院判决（节选）：

被告应赔偿原告因交通事故造成的各项损失 ××元（含计算至第二次

定残前一日的误工费20377.2元）。

法院裁判理由及结果：

根据《最高人民法院关于审理人身损害赔偿案件适用法律若干问题的解释》第二十条第二款规定，误工时间根据受害人接受治疗的医疗机构出具的证明确定。受害人因伤致残持续误工的，误工时间可以计算至定残前一日。原告受伤时间为2016年12月5日，伤残评定时间为2017年6月27日（后一次伤残评定日），故原告的误工时间确定为204天。原告系福建省××纺织股份有限公司职工，事故发生前的月平均收入为3693.37元。原告主张误工费20377.2元符合法律规定，本院予以支持。因此，原告的误工费确定为20377.2元。

三、第二次住院

案例45：（2014）将民初字第1177号

［已赔付残疾赔偿金，二次住院期间的误工损失能否得到支持］

案情简介：

2013年3月19日21时15分许，张某某驾驶苏F×××××小型普通客车自龙池村路口方向往水南方向行驶，行至肇事路段时（金泰线二桥过境线路段）未能注意观察前方路面情况，与前方在路中清扫泥土的杜某某相撞，造成杜某某受伤、苏F×××××小型普通客车损坏的交通事故。经将乐县公安局交通管理大队认定，张某某应承担本起事故的主要责任，杜某某应承担本起事故的次要责任。1. 经福建晟蓝司法鉴定所法医临床司法鉴定意见，杜某某九级伤残一处、十级伤残二处。2. 苏F×××××小型普通客车向被告××保险公司投保了机动车交通事故责任强制险和200000元机动车第三者责任险、不计免赔险。3. 经将乐县人民法院（2013）将民初字第1584号判决生效后，被告××保险公司已在机动车交通事故责任强制险限额内赔偿了原告杜某某误工费、护理费、残疾赔偿金、精神损害抚慰金、交通费、鉴定费人民币110000元，机动车交通事故责任强制保险限额已赔偿完毕。

原告就二次住院期间产生的各项损失向法院提起诉讼。

法院判决（节选）：

各被告应赔偿原告二次住院的各项损失（含误工费）××元。

法院裁判理由及结果：

原告要求赔偿误工费662.55元的诉请意见，误工时间根据受害人接受治疗的医疗机构出具的证明确定，受害人的后续医疗所产生的误工费，应认定为原告治疗的延续。因此，原告的误工费损失应为662.55元（94.5元/天×7天），本院予以确认。

案例46：（2018）闽0426民初2369号

［已赔付残疾赔偿金，二次住院期间的误工损失能否得到支持］

案情简介：

2016年1月1日13时10分许，林某某驾驶闽F×××××号小型轿车由尤溪县坂面镇街面村往坂面镇方向行驶，行经事故路段车辆失控滑行到对向车道，与正常行驶由纪某1驾驶的闽G×××××号普通摩托车（后载纪某2）发生碰撞，造成纪某1、纪某2受伤及两车损坏的交通事故。经尤溪县公安局交通管理大队认定，林某某负本起事故的全部责任。2016年4月5日，纪某1经鉴定构成九级伤残。2016年9月1日，纪某1就本起交通事故的损害赔偿事宜向法院提起诉讼，法院于2016年12月1日作出民事判决书，判决××保险公司在保险责任限额范围内赔偿纪某1医疗费、误工费、护理费、交通费、住院伙食补助费、营养费、残疾赔偿金与被扶养人生活费、精神损害抚慰金、鉴定费、住宿费等各项经济损失共计261604.03元（其中交强险60000元，第三者责任险201604.03元）。

后原告就二次住院期间产生的各项损失向法院提起诉讼。

法院判决（节选）：

驳回原告纪某1要求各被告赔偿误工费的诉讼请求。

法院裁判理由及结果：

纪某1在（2016）闽0426民初2087号案件中已获得20年的残疾赔偿金，纪某1再次主张误工费属于重复主张，不应予以支持。

四、办理丧葬事宜

案例 47：（2017）闽 0424 民初 282 号

［近亲属办理丧葬事宜误工费的认定］

案情简介：

2016 年 10 月 21 日凌晨 1 时 30 分许，谢某某驾驶无牌号“本田”普通二轮摩托车从宁化县城区经翠华小区往西大路方向行驶，途经（翠华路）宁化县翠华小区往西大路 1 千米路段时，碰撞雷某某停放在路口的闽 G×××××号轻型厢式货车造成谢某某受伤经抢救无效死亡及两车受损的道路交通事故。宁化县公安局交通警察大队认定，谢某某、雷某某负事故的同等责任。

谢某某近亲属就事故造成的损失起诉至法院要求各被告赔偿。

法院判决（节选）：

各被告应赔偿原告各项损失（含近亲属办理丧葬事宜的误工费 3761. 4 元）××元。

法院裁判理由及结果：

根据《最高人民法院关于审理人身损害赔偿案件适用法律若干问题的解释》第十七条第三款，受害人死亡的，赔偿义务人除应当根据抢救治疗情况赔偿本条第一款规定的相关费用外，还应当赔偿丧葬费、被扶养人生活费、死亡补偿费以及受害人亲属办理丧葬事宜支出的交通费、住宿费和误工损失等其他合理费用。受害人亲属处理交通事故及办理丧葬事宜的误工费损失确定为 10 天 ×3 人 ×125. 38 元/天 =1253. 8 元（此处应为 3761. 4 元——编者注），交通费本院酌定为 1000 元，住宿费原告未提供证据，本院不予以确认。本院据实确定误工费 1253. 8 元，交通费 1000 元，合计 2253. 8 元。

五、其他情形

案例 48：（2015）明民初字第 342 号

［受害人事故受伤后被刑事拘留，误工天数的确定］

案情简介：

2013年5月15日，被告汪某某驾驶闽G×××××号小型轿车由明溪县林业总公司往环岛方向行驶，行至汇能车业路口路段时，与在人行横道上行走的原告王某某发生碰撞，造成原告王某某受伤的交通事故。2013年6月17日，明溪县公安局交通管理大队作出道路交通事故认定书，认定被告汪某某承担本起事故的全部责任。事故发生后，原告王某某先后在明溪县医院、三明市第二医院住院治疗，后在福建医科大学附属第一医院门诊治疗，共花费医疗费39115.39元，该费用除原告王某某支付3000元外，被告××保险公司垫付10000元，余款由被告汪某某支付。2013年8月7日，原告王某某因涉嫌诈骗罪被公安机关刑事拘留。原告王某某向法院起诉后，依法向法院申请对其伤情进行伤残等级评定，经各方当事人同意，法院委托福建警察学院司法鉴定中心依法作出司法鉴定意见书，认定原告王某某已构成道路交通事故十级伤残。

诉讼中，各方就原告王某某误工费计算天数产生争议。

法院判决（节选）：

各被告应赔偿原告因交通事故造成的各项损失××元（含受伤之日至被拘留前一天的误工费）。

法院裁判理由及结果：

在误工费、护理费、住院伙食补助费中，原告王某某提出的住院时间应以医院出具的证明为准，本案认定住院时间73天，误工费时间算至原告王某某被拘留前，即判决书认定的2013年8月7日，应认定为83天。

律师睿见：

法定退休年龄是国家为维护职工合法权益和劳动权利而作出的规定。我国劳动法规定，达到退休年龄后继续从事劳动的，按照劳务关系处理。从现实情况来看，现阶段我国的社会保障体系尚未健全，农民没有退休待遇，达到法定退休年龄后在耕种土地的同时，外出务工大量存在；在城镇，也有大量退休人员被返聘或者从事一定工作。因此，片面地以法定退休年龄作为劳动能力丧失的依据，既无明确的法律规定，也与现阶段我国的实际用工状况不符[1]。金融保险团队认为：男性年满六十周岁，女性年满五十五周岁，确实有参加劳动的人员，可根据受害人的身体状况酌情支持误工费（与被扶养人生活费赔付条件有些许差别）。

伤残经重新鉴定的，以法院采纳的鉴定意见书确定受害人构成伤残等级的前一日，作为因伤致残持续误工的截止日。

残疾赔偿金是对误工收入减少的一种补偿，受害人取得该项赔偿并不意味着后半生不参加劳动可以衣食无忧。因此，赔付残疾赔偿金后二次住院期间的误工损失也应予赔偿。否则，扶养费来源就变成受害人因伤致残取得的残疾赔偿金，而不是受害人劳动付出所得。

对于电影演员、歌手等特种职业者或者律师、会计师等自由职业者来说，其收入往往较一般劳动者高，出现这种状况的原因，除了其个人的劳动力价值之外，也有许多外在的因素。因此，在计算其收入额时，应当仅计算其劳动代价部分。但是，由于此类劳动者的收入纯粹依赖个人的特殊才能或技能取得，其劳动收入在总收入额中所占比率，应较一般劳动者的标准为高。域外司法实践的做法一般是，以受害人的总收入扣除其为获得该收入所支出的必要经费（如电影演员的经纪费、服装费、化妆费等），进而确认其收入额。至于必要经费所占比例，一般界定在20%—40%，我国目前对此尚无明确规定，但可以借鉴其做法，充分考虑相关因素[2]。

其他情形误工费根据案件的实际情况结合受害人提交的证据确定。

法条链接：

《最高人民法院关于审理人身损害赔偿案件适用法律若干问题的解释》

第二十条 误工费根据受害人的误工时间和收入状况确定。

误工时间根据受害人接受治疗的医疗机构出具的证明确定。受害人因伤致残持续误工的，误工时间可以计算至定残日前一天。

---

[1] 郭鹏、荣明潇：《超过法定退休年龄的人员因交通事故造成人身损害的，其主张的误工费损失应如何认定》，载国家法官学院案例开发研究中心编：《中国法院2016年度案例（道路交通纠纷）》，中国法制出版社2016年版，第125页。

[2] 郭明伟：《电影演员等特种职业者因交通事故受伤可以主张较一般劳动者高的误工费》，载国家法官学院案例开发研究中心编：《中国法院2014年度案例（道路交通纠纷）》，中国法制出版社2014年版，第149页。

受害人有固定收入的，误工费按照实际减少的收入计算。受害人无固定收入的，按照其最近三年的平均收入计算；受害人不能举证证明其最近三年的平均收入状况的，可以参照受诉法院所在地相同或者相近行业上一年度职工的平均工资计算。

第四节 护理费

一、护理人数

案例49：（2017）闽0421民初456号

［特殊情形能否主张两人护理］

案情简介：

2017年1月31日14时6分，梁某某在过公路时与杨某驾驶的闽C×××××号小型汽车发生刮擦，造成梁某某受伤的交通事故。事故发生后，梁某某当即被送往明溪县医院治疗，至2017年3月21日出院。经医生确诊，交通事故造成梁某某椎体压缩性骨折以及左下肢软组织挫伤等严重后果。

诉讼中，各方就原告住院期间按1人还是2人护理产生争议。

法院判决（节选）：

原告住院期间护理费按2人计算。

法院裁判理由及结果：

依照《最高人民法院关于审理人身损害赔偿案件适用法律若干问题的解释》第二十一条的规定：护理费根据护理人员的收入状况和护理人数、护理期限确定。本案中，梁某某提出因所受伤情无法移动及自身体重等原因，在住院期间需请一护工与其子女共计2人共同护理，护理费标准统一按当地护理人员行业标准每日125元、时间为住院49天计算，住院期间护理费为12250元。本院认可梁某某提出的当地护理行业标准为每人每日125元的主张，同时，考虑梁某某系椎体压缩性骨折需要完全护理，且其自身体重较大，随时需2人护理的实际情况，对其主张的住院期间护理费按12250元计算的主张，予以支持。

2017年3月21日，明溪县医院于梁某某的出院记录中认定“病情好转，要求出院，予以办理”，同时出具了一份疾病诊断证明书，建议“休息贰个月”。本案考虑梁某某病情，确认梁某某出院后护理期为60天，护理人员认定为1人，护理人员的收入按行业标准认定为每人每天125元，故梁某某出院后护理费认定为7500元。

二、鉴定机构护理期意见

案例50：(2015)永民初字第4183号

［鉴定机构认定的护理期是否包含住院期间的护理天数］

案情简介：

2015年5月22日14时23分，黄某某驾驶闽G×××××号摩托车，由永安市巴溪大道往石门路方向行驶，行至事故路段时，与池某某驾驶的闽A×××××号车发生碰撞，致黄某某受伤、两车受损的交通事故。经永安市公安局交通管理大队认定，黄某某负事故主要责任，池某某负次要责任。

事故发生后，原告于2015年5月22日被送往永安市立医院救治，于2015年6月13日出院，共住院治疗22天。

诉前原告委托福建新时代司法鉴定所进行鉴定，于2015年9月5日出具的鉴定结论认为：(1)建议伤者黄某某误工期为捌个月时间，护理期为肆个月时间。(2)建议伤者黄某某二期手术费用为7000元。(3)伤者黄某某伤残等级评定为十级伤残一处。诉讼中，因××保险公司对原告的伤残等级有异议，申请重新鉴定。经本院委托福建中博司法鉴定中心鉴定，于2015年11月18日出具鉴定结论：黄某某伤残程度符合十级伤残。

诉讼中，各方就鉴定机构出具的原告需护理四个月是否包含住院期间22天产生争议。

法院判决（节选）：

被告应赔偿原告因交通事故造成的各项损失××元（含护理费7100元）。

法院裁判理由及结果：

护理费7100元。原告因伤情住院期间确实需要人员护理，福建新时代司法鉴定所鉴定原告护理时限为4个月（120天）的鉴定意见，因被告未申请重新鉴定，本院予以采纳。原告事故后住院治疗22天，住院期间均由其妻子护理，原告并未提供其妻子收入状况及工资实际减少证明，原告主张护理费按 160 元/天计算，本院不予支持。住院期间护理费 2200 元（22 天 ×100 元/天 =2200 元）。原告出院后并未提交证据证明其需要完全护理，本院酌定按部分护理依赖 50% 计算，出院后的护理费计算为 4900 元（98 天 ×100 元/天 ×50% =4900 元）。护理费综合计算为 7100 元（2200 元 + 4900 元 =7100 元），超出部分，不予支持。

三、未成年护理期限

案例 51：（2017）闽 0427 民初 880 号

［未成年受伤护理期限的确定］

案情简介：

见本书第四章第一节“医疗费”案例 41。

法院判决（节选）：

各被告应赔偿原告因本起交通事故造成的各项损失 ×× 元（含护理费 7200 元）。

法院裁判理由及结果：

毛某 2 的护理期经鉴定机构鉴定为 60 天，毛某 2 要求护理费按每天 120 元计算，并不违反法律规定，本院予以支持。

四、道路交通事故与工伤护理依赖赔付比例

人身损害护理依赖程度评定（GB/T 31147—2014）（节选）

3.3.1　护理依赖程度等级

由低到高分以下三级：

a）部分护理依赖；

b）大部分护理依赖；

c）完全护理依赖。

3.3.2　护理依赖赔付比例

护理依赖赔付比例，参见附录 B。

附录 B

（资料性附录）

护理依赖赔付比例

护理依赖赔付比例是指各护理依赖程度等级所需护理费用的比例，分为以下三等：

a）完全护理依赖：按 100% 的比例计算；

b）大部分护理依赖：按完全护理依赖费用 80% 计算；

c）部分护理依赖：按完全护理依赖费用 50% 计算。

人身损害护理依赖赔付比例分三档，分别为 100%、80%、50%；工伤护理依赖赔付比例分三档，分别为 50%、40%、30%。

五、后续护理费给付时间与方式

案例 52：（2015）沙民初字第 251 号

［出院后护理费的给付方式］

案情简介：

见本书第二章第九节“车主存在过错”案例 20。

（2015）沙民初字第 251 号法院判决（节选）：

二、被告杨某某赔偿原告黄某某定残后的护理费人民币 248925.6 元，付款方式：由被告杨某某于判决生效后十日内支付 68925.6 元，于 2020 年 1 月 19 日前支付 60000 元，于 2025 年 1 月 19 日前支付 60000 元，于 2030 年 1 月 19 日前支付 60000 元。

四、被告吴某某赔偿原告黄某某定残后的护理费人民币 55316.8 元，付款方式：被告吴某某于判决生效后十日内支付 16316.8 元，于 2020 年 1 月 19 日前支付 13000 元，于 2025 年 1 月 19 日前支付 13000 元，于 2030 年 1 月 19 日前支付 13000 元。

裁判理由及结果：

原告因交通事故致残，经鉴定，其护理依赖程度为大部分护理依赖；护理期限应计算至受害人恢复生活自理能力时止，受害人因残疾不能恢复生活自理能力的，可以根据其年龄、健康状况等因素确定合理的护理期限，但最长不超过二十年。本院确定原告的护理期限为 20 年；护理人员工资按照居民服务和其他服务 39512 元/年计算。故定残后护理费为 39512 元/年×20 年×70%（按法律规定此处应乘以 80%——编者注）=553186 元。

律师睿见：

住院期间护理费的计算以一人护理为原则，特殊情形需要两人护理的，需有明确医嘱或鉴定机构出具的鉴定意见；鉴定机构出具护理天数的意见未特别说明是护理的总天数还是出院后护理天数，则指出院后的护理天数；鉴定机构出具的护理天数的意见未评定护理依赖程度，按部分护理依赖（50%）计算。

人身损害与工伤护理依赖赔付比例和适用场景有所区别，应予以区分。

在受害人需要长期护理的情形下，案例 52 判决确定的护理费支付方式、方法更具公平性，同时可避免诉累。

法条链接：

《最高人民法院关于审理人身损害赔偿案件适用法律若干问题的解释》

第二十一条 护理费根据护理人员的收入状况和护理人数、护理期限确定。护理人员有收入的，参照误工费的规定计算；护理人员没有收入或者雇佣护工的，参照当地护工从事同等级别护理的劳务报酬标准计算。护理人员原则上为一人，但医疗机构或者鉴定机构有明确意见的，可以参照确定护理人员人数。

护理期限应计算至受害人恢复生活自理能力时止。受害人因残疾不能恢复生活自理能力的，可以根据其年龄、健康状况等因素确定合理的护理期限，但最长不超过二十年。

受害人定残后的护理，应当根据其护理依赖程度并结合配制残疾辅助器具的情况确定护理级别。

第五节 残疾与死亡赔偿金

一、城镇、农村标准适用

案例 53：（2018）闽 0423 刑初 118 号

［同起事故一人按城镇标准计算死亡赔偿金，其余受害人能否按城镇标

准主张死亡赔偿金或残疾赔偿金]

案情简介：

2018年8月24日14时51分许，被告人廖某某驾驶闽D×××××号小型普通客车（核载7人，实载9人，其中两名幼童年龄分别为2岁和6岁），沿泉南高速清流往明溪方向行驶，行至泉南高速（闽）B248千米（石壁前隧道），碰撞由蒋某某驾驶的闽G×××××号重型半挂牵引车牵引闽G××××挂号重型普通半挂车，造成闽D×××××号小型普通客车乘车人罗某某、孙某某现场死亡，陈某某送至医院抢救无效死亡，巫某某于2018年9月17日经清流县总医院抢救无效死亡及驾驶人廖某某、乘车人沈某某、张某某受伤（其中廖某某、沈某某轻伤二级）和两车辆损坏、路产损失的道路交通事故。经福建省公安厅交警总队三明高速公路支队五大队道路交通事故认定书认定，廖某某负本起事故的主要责任，蒋某某负本起事故次要责任，罗某某、孙某某、陈某某、巫某某、沈某某、张某某无责任。各原告就事故造成的损失向清流县人民法院提起刑事附带民事诉讼。另查明，2018年厦门市城镇居民人均可支配收入为54401元，2018年福建省城镇居民人均生活消费支出为28145元。

法院判决（节选）：

各原告死亡（残疾）赔偿金按厦门城镇标准计算。

法院裁判理由及结果：

原告主张被害人陈某某在厦门学习、生活，应当按照2018年厦门市城镇居民人均可支配收入为54401元计算。因厦门市是经济特区和计划单列市，故其死亡赔偿金应当按照2018年厦门市城镇居民人均可支配收入54401元计算，为54401元/年×20年=1088020元。

其他受害人死亡赔偿金，原告近亲属虽未有在厦门工作、生活的证据，但因该起交通事故的另一受害人陈某某采用厦门标准，故原告主张以厦门标准计算死亡赔偿金1088020元，予以支持。

其他受害人残疾赔偿金，赔偿标准按2018年度厦门市城镇居民人均可支配收入54401元计算。

案例54：（2019）闽0423刑初18号、（2019）闽04刑终162号

［受害人工作在城镇，居住在农村，能否按城镇标准主张死亡赔偿金］

案情简介：

2018年11月1日下午，被告人魏某4在机动车驾驶证被暂扣期间，驾驶闽G×××××轻型货车，由清流县嵩口镇大元村往和元村方向行驶。当天15时许，魏某4驾驶车辆行经东石县385千米+950米路段超越被害人陈某某驾驶的无牌普通二轮摩托车时，货车车身右后侧与陈某某驾驶的摩托车左侧刮碰，因而发生交通事故，造成陈某某当场死亡。事故经清流县公安局交通警察大队认定，魏某4负本案交通事故全部责任。

受害人近亲属就赔偿问题向清流县人民法院提出刑事附带民事诉讼，一审判决死亡赔偿金按农村标准计算，受害人近亲属提起上诉。

（2019）闽04刑终162号法院判决（节选）：

改判死亡赔偿金按城镇标准计算。

（2019）闽04刑终162号法院裁判理由及结果：

上诉人范某某、邹某某、魏某1、魏某2、魏某3及其委托代理人提出，陈某某死亡赔偿金应当按照城镇标准计算。在其他赔偿金额与一审相同的情形下，判令保险公司在交强险和机动车第三者险限额内承担赔偿责任，不足部分由魏某4承担的意见。经查：

1. 根据2006年5月20日最高人民法院民事审判第一庭给云南省高级人民法院关于《经常居住在城镇的农村居民因交通事故如何计算赔偿费用的复函》（以下简称《复函》），“人身损害赔偿案件中，残疾赔偿金、死亡赔偿金和被扶养人生活费的计算，应当根据案件的实际情况，结合受害人住所地、经常居住地等因素，确定适用城镇居民人均可支配收入（人均消费性支出）或者农村居民人均纯收入（人均年生活消费支出）的标准”。该《复函》虽明确了受害人“经常居住地和主要收入来源地为城镇”的情形，但对于受害人经常居住地和主要收入来源地不一致的情形未予以规定。本案被害人陈某某经常居住地在农村，主要收入来源地为城镇，不属于上述《复函》规定的情形。因此，保险公司委托代理人提出只有满足经常居住地和收入来源地均为城镇才能适用城镇标准赔偿的意见不适用于本案。

2. 虽被害人陈某某生前居住在清流县嵩口镇围埔村，但其生前在××有限公司工作，该公司所在地的国家统计局编制的城乡规划代码为121，系镇中心区，被害人陈某某事故发生一年前已连续在××有限公司工作，根据陈某某的工资账户对账单可以证实其经济主要来源于城镇工资收入而非来源于农业收入。

3. 死亡赔偿金性质是对被害人未来收入损失的补偿，而居住在何地涉及的是被害人生活成本支出，与死亡赔偿金所填补的损失并非同一内容。福建省统计局公布的2018年福建省城镇居民人均可支配收入39001.4元/年，而被害人陈某某死亡前一年在××有限公司劳动工资总收入为41744.06元，高于福建省2018年城镇人均可支配收入。

综上，上诉人范某某、邹某某、魏某1、魏某2、魏某3及其委托代理人提出，陈某某在其他赔偿金额不变的情况下，死亡赔偿金应当按照城镇标准计算的主张符合法律规定，本院予以采纳。

案例55：（2018）闽0403民初1887号

［工作和生活地均在农村的务工人员能否按城镇标准主张死亡赔偿金］

案情简介：

2019年4月11日12时35分，陈某驾驶××物流公司名下车牌号为闽G×××××重型半挂牵引车牵引闽G××××挂号重型普通半挂车至大田县省道秀里线216千米+90米路中划有中心单实线的右转弯下坡行驶，适遇郑某某驾驶闽GA××××号二轮摩托车在己道内相向驶来，两车交会时，因陈某驾车越过道路中心线行驶，致闽G××××挂号重型普通半挂车左后侧碰刮路左水泥防护栏及郑某某驾驶的闽GA××××号二轮摩托车，造成郑某某当场死亡和两车损坏的道路交通事故。事故经认定，陈某负事故全部责任，郑某某无责。郑某某近亲属就郑某某因事故造成的损失向法院提起诉讼，并要求按城镇标准赔偿死亡赔偿金。

法院判决（节选）：

确认郑某某因该起交通事故造成的死亡赔偿金为842420元。

法院裁判理由及结果：

郑某某提供的大田县人力资源和社会保障局作出的工伤认定决定书及

工伤保险缴费明细表，足以证明郑某某生前与××建材有限公司存在劳动关系，且劳动关系达一年以上。死亡赔偿金的赔付标准，在本省确实存在城镇与农村之分，主要取决于受害者的生活来源及社会保障。对于农民来说，土地的耕种收入是其主要生活来源和保障。对于郑某某来说，虽然其身份为农民，但其与××建材有限公司建立了劳动关系，其主要收入来源于企业工资，其身份性质已发生质的改变，即不属于传统意义上的农民。所以死亡赔偿金应按城镇标准给予赔偿。

二、城镇、农村划分方法

《最高人民法院关于审理人身损害赔偿案件适用法律若干问题的解释》第三十五条规定："本解释所称'城镇居民人均可支配收入'、'农村居民人均纯收入'、'城镇居民人均消费性支出'、'农村居民人均年生活消费支出'、'职工平均工资'"，按照政府统计部门公布的各省、自治区、直辖市以及经济特区和计划单列市上一年度相关统计数据确定。'上一年度'，是指一审法庭辩论终结时的上一统计年度。"

可见，该司法解释中"城镇居民人均可支配收入""农村居民人均纯收入""城镇居民人均消费性支出""农村居民人均年生活消费支出""职工平均工资"等系统计学术语。因此，城镇、农村需按统计上的划分方法而不是以政府规划部门的红线图区分。

三、国务院关于统计上划分城乡规定的批复

统计局、民政部、住房城乡建设部、公安部、财政部、国土资源部、农业部：

你们《关于报请国务院批转统计上划分城乡规定的请示》（国统字［2008］19号）收悉。现批复如下：

一、原则同意《统计上划分城乡的规定》，请认真组织实施。

二、科学制定城乡划分统计标准是准确评价我国城镇化水平、合理规划城乡布局、统筹城乡发展的一项基础性工作，是国家制定和修订有关城乡发展法律法规、规划和政策的重要参考依据。统计局要会同有关部门认真组织指导实施工作，做好城乡地域库的建设和管理，促进信息共享。各地区、各有关部门要高度重视，依法配合统计部门抓好组织实施，确保统

计上划分城乡的各项工作顺利进行。

附件：统计上划分城乡的规定

二〇〇八年七月十二日

四、《统计上划分城乡的规定》

一、为了科学、真实地反映我国现阶段城乡人口、社会和经济发展情况，准确评价我国的城镇化水平，制定本规定。

二、本规定作为统计上划分城乡的依据，不改变现有的行政区划、隶属关系、管理权限和机构编制，以及土地规划、城乡规划等有关规定。

三、本规定以我国的行政区划为基础，以民政部门确认的居民委员会和村民委员会辖区为划分对象，以实际建设为划分依据，将我国的地域划分为城镇和乡村。

实际建设是指已建成或在建的公共设施、居住设施和其他设施。

四、城镇包括城区和镇区。城区是指在市辖区和不设区的市，区、市政府驻地的实际建设连接到的居民委员会和其他区域。镇区是指在城区以外的县人民政府驻地和其他镇，政府驻地的实际建设连接到的居民委员会和其他区域。

与政府驻地的实际建设不连接，且常住人口在3000人以上的独立的工矿区、开发区、科研单位、大专院校等特殊区域及农场、林场的场部驻地视为镇区。

五、乡村是指本规定划定的城镇以外的区域。

六、本规定由国家统计部门负责解释。

七、本规定自2008年8月1日起施行。

五、统计用区划代码和统计用城乡划分代码（节选）

统计用区划代码和统计用城乡划分代码已经于2010年5月20日国家统计局第五次常务会议通过，现予公布，自公布之日起实施。

（一）统计用区划代码的结构

统计用区划代码的结构采用五层12位数字表示。按层次分别表示：省级（省、自治区、直辖市），地级（地级市、地区），县级（县、县级市、市辖区），乡级（乡、镇、街道、类似乡级单位），村级（村民委员会、居民委员会、类似村民委员会、类似居民委员会）。各层代码由左起表示：

1	2	3	4	5	6	7	8	9	10	11	12
□	□	□	□	□	□	□	□	□	□	□	□
第一层		第二层		第三层		第四层			第五层		

第1—2位，表示省级码段；

第3—4位，表示地级码段；

第5—6位，表示县级码段；

第7—9位，表示乡级码段；

第10—12位，表示村级码段。

（二）统计用城乡划分代码的结构

统计用城乡划分代码由统计用区划代码和城乡分类代码两部分组成，共15位数字。左起1—12位表示统计用区划代码，13—15位表示城乡分类代码。城乡分类代码的结构为：

1	2	3	4	5	6	7	8	9	10	11	12	13	14	15
□	□	□	□	□	□	□	□	□	□	□	□—	□	□	□
统计用区划代码												城乡分类代码		

111 表示主城区

112 表示城乡结合区

121 表示镇中心区

122 表示镇乡结合区

123 表示特殊区域

210 表示乡中心区

220 表示村庄

城乡分类代码第13位为1，表示城镇；第13位为2，表示乡村。

律师睿见：

20世纪八九十年代，伴随着改革开放出现了“南下打工潮”，大量农民工进城务工，我国城乡二元户籍制度弊端逐步显露，在道路交通事故人身损害赔偿案件中关于残疾与死亡赔偿金城镇、农村标准适用上体现得尤为明显。

为此，国家通过制定法律（《中华人民共和国侵权责任法》第十七条），最高人民法院出台《司法解释》《答复》，编写《审判参考》，下发《会议纪要》，进行司法审判改革等一系列措施，为消除残疾与死亡赔偿标准适用差异而努力。

2019年9月2日，最高人民法院授权各省、自治区、直辖市高级人民法院，新疆维吾尔自治区生产建设兵团分院开展人身损害赔偿标准城乡统一试点，此后，各地试点工作陆续开展。案例53、案例54、案例55在判决认定残疾或死亡赔偿金适用城镇标准时对证据的把握逐渐放宽体现的正是这一趋势。

法条链接：

《中华人民共和国侵权责任法》

第十六条[1] 侵害他人造成人身损害的，应当赔偿医疗费、护理费、交通费等为治疗和康复支出的合理费用，以及因误工减少的收入。造成残疾的，还应当赔偿残疾生活辅助具费和残疾赔偿金。造成死亡的，还应当赔偿丧葬费和死亡赔偿金。

第十七条 因同一侵权行为造成多人死亡的，可以以相同数额确定死亡赔偿金。

《最高人民法院关于审理人身损害赔偿案件适用法律若干问题的解释》

第二十五条 残疾赔偿金根据受害人丧失劳动能力程度或者伤残等级，按照受诉法院所在地上一年度城镇居民人均可支配收入或者农村居民人均纯收入标准，自定残之日起按二十年计算。但六十周岁以上的，年龄每增加一岁减少一年；七十五周岁以上的，按五年计算。

受害人因伤致残但实际收入没有减少，或者伤残等级较轻但造成职业妨害严重影响其劳动就业的，可以对残疾赔偿金作相应调整。

第二十九条 死亡赔偿金按照受诉法院所在地上一年度城镇居民人均可支配收入或者农村居民人均纯收入标准，按二十年计算。但六十周岁以上的，年龄每增加一岁减少一年；七十五周岁以上的，按五年计算。

第三十五条 本解释所称“城镇居民人均可支配收入”、“农村居民人均纯收入”、“城镇居民人均消费性支出”、“农村居民人均年生活消费支

---

〔1〕此处第十六条、第十七条在《中华人民共和国法典》中规定为第七编“侵权责任”第一千一百七十九条、第一千一百八十条。

出”、“职工平均工资”，按照政府统计部门公布的各省、自治区、直辖市以及经济特区和计划单列市上一年度相关统计数据确定。

“上一年度”，是指一审法庭辩论终结时的上一统计年度。

《最高人民法院民一庭关于经常居住地在城镇的农村居民因交通事故伤亡如何计算赔偿费用的复函》(2005) 民他字第25号[1]

云南省高级人民法院:

你院《关于罗金会等五人与云南昭通交通运输集团公司旅客运输合同纠纷一案所涉法律理解及适用问题的请示》收悉。经研究，答复如下：人身损害赔偿案件中，残疾赔偿金、死亡赔偿金和被扶养人生活费的计算，应当根据案件的实际情况，结合受害人住所地、经常居住地等因素，确定适用城镇居民人均可支配收入（人均消费性支出）或者农村居民人均纯收入（人均年生活消费支出）的标准。本案中，受害人唐顺亮虽然是农村户口，但在城市经商、居住，其经常居住地和主要收入来源地均为城市，有关损害赔偿费用应当根据当地城镇居民的相关标准计算。

最高人民法院《关于授权开展人身损害赔偿标准城乡统一试点的通知》[法明传（2019）513号]

一、授权各省、自治区、直辖市高级人民法院及新疆维吾尔自治区建设兵团分院根据各省具体情况在辖区内开展人身损害赔偿纠纷案件统一城乡居民赔偿标准试点工作。试点工作应于今年内启动。

第六节 被扶养人生活费

一、认定标准

案例56：(2017) 闽0421民初237号

[达到退休年龄的务农人员被扶养人生活费的认定]

案情简介：

2016年8月28日9时许，姜某某驾驶闽F×××××号轻型自卸货车

---

[1] 2006年5月27日，最高人民法院民事审判第一庭印发该复函予全国各地高级法院，参照适用。

由明溪往三明方向行驶，行至秀里线341千米+570米路段时，被告张某某驾驶的闽G××××1号重型半挂牵引车牵引闽G××××挂号重型普通半挂车途经事故路段遗洒、飘散载运物至路上，导致闽F×××××号轻型自卸货车侧滑，并与相向行驶的闽G××××2大型客车相撞，致使闽G××××2号客车上的乘客陈某2当场死亡。经明溪县公安局交通警察大队作出事故责任认定，认定姜某某承担本起事故的主要责任，张某某承担事故的次要责任。

各方就陈某2生前抚养的近亲属戴某某、陈某1被扶养人生活费应否赔偿产生争议。

法院判决（节选）：

支持原告戴某某被扶养人生活费，驳回要求被告赔偿原告陈某1被扶养人生活费的诉讼请求。

法院裁判理由及结果：

经查原告陈某1、戴某某原为农民，现投靠子女到三明市区生活，无固定职业，依据《国务院关于工人退休、退职的暂行办法》，全民所有制企业、事业单位和党政机关、群众团体的工人，男年满六十周岁，女年满五十周岁，连续工龄满十年的，应该退休，原告陈某1、戴某某因不属于该类岗位工人不适用该退休年龄规定。但依据《关于完善城镇职工基本养老保险政策有关问题的通知》（劳社部发〔2005〕20号）关于城镇个体工商户等自谋职业者以及采取各种灵活方式就业的人员，在其参加养老保险后，男年满60周岁、女年满55周岁时，累计缴费年满15年的，可按规定领取基本养老金的有关规定，城镇个体工商户等自谋职业者以及采取各种灵活方式就业的人员，男年满60周岁、女年满55周岁，可视为达到退休年龄或视为无劳动能力年龄，应有相应的养老金或赡养费保障生活。本案原告陈某1、戴某某属该类劳动就业人员，故原告陈某1因未满60周岁不能主张被扶养人生活费、原告戴某某已超过55周岁可依法主张被扶养人生活费。

二、受害人死亡情形下被扶养人生活费总额

案例 57：（2015）大民初字第 3347 号

［受害人死亡，被扶养人生活费总额的确定］

案情简介：

2015 年 8 月 7 日 22 时 42 分许，许某 2 驾驶闽 C××××× 号重型半挂牵引车牵引闽 C×××× 挂号重型罐式半挂车由泉州往三明方向行驶，行驶至泉南高速（闽）A 道 142 千米 +200 米（初坑四桥）路段，碰撞前方同车道内由徐某某驾驶的浙 H××××× 号重型半挂牵引车牵引浙 H×××× 挂号重型普通半挂车尾部，造成闽 C××××× 号重型半挂牵引车牵引闽 C×××× 挂号重型罐式半挂车驾驶人许某 2 死亡，两车不同程度损坏及路产损失的道路交通故。事故经福建省公安厅交警总队三明高速公路支队三大队作出的道路交通事故认定书认定，许某 2 承担事故主要责任，被告徐某某承担事故次要责任。

另查明，许某 2 于 1972 年 10 月 29 日出生，生前与其妻子陈某某育有一子许某 3（2001 年 1 月 23 日出生），原告许某 1（系死者许某 2 父亲）于 1939 年 9 月 24 日出生，原告赵某（系死者许某 2 母亲）于 1942 年 9 月 7 日出生，原告许某 1 与赵某共育有三个孩子，即许某 2、许某 4、许某 5。

诉讼中，各方就原告主张的被扶养人生活费总额产生争议。

（2015）大民初字第 3347 号判决（节选）：

支持原告被扶养人生活费 58964. 8 元。

（2015）大民初字第 3347 号法院裁判理由及结果：

1. 德化县龙浔镇浔东社区居委会以及德化县龙浔镇流动人口服务管理所并非户籍主管机构，其所出具的证据流动人口信息表无法证明许某 1 的经常居住地在德化县城区（龙浔镇），也无法提供居住、主要收入与消费地在德化县城区，被告对该证据不予认可，因而证据不足，许某 1 无法认定为城镇居民，仅能以农村居民来认定。

2. 原告主张的被扶养人生活费的计算年限，即许某 3 四年、许某 1 五年、赵某七年符合法律规定，本院予以支持。被扶养人有数人的，年赔偿

总额应累计不超过上一年度农村居民人均年生活消费支出额。前四年每年的被扶养人生活费为11055.9元，第五年计算许某2父母的被赡养人生活费为7370.6元，第六年、第七年计算许某2母亲的被赡养人生活费分别为3685.3元，合计被扶养人生活费58964.8元。

三、受害人残疾情形下被扶养人生活费总额

案例58：(2017) 闽0427民初1848号

[受害人伤残，被扶养人生活费总额的确定]

案情简介：

2016年12月10日18时10分，兰某某驾驶苏E×××××轿车在沙县青州镇涌溪村大桥桥面与驾驶电动车的乐某2发生碰撞，造成乐某2及乐某4受伤的交通事故。同日，福建省沙县公安局交通警察大队作出道路交通事故认定书，认定兰某某负事故全部责任。

另查明，本起事故另一伤者乐某4，出生于2011年2月27日，系乐某2长子，本案庭审过程中，乐某2当庭表示乐某4受伤较轻，不要求兰某某赔偿，符合法律规定，予以准许。乐某2长女乐某3，出生于2017年2月4日，系事故发生后出生；乐某2父亲乐某1，出生于1954年8月11日，乐某2母亲沈某某，出生于1956年1月17日，乐某1与沈某某共生育一子一女，二人现生活在沙县青州镇涌溪村。

诉讼中，各方就原告主张的被扶养人生活费总额产生争议。

(2017) 闽0427民初1848号法院判决（节选）：

各被告应赔偿原告因本起交通事故造成的各项损失××元（含被扶养人生活费60747元）。

(2017) 闽0427民初1848号法院裁判理由及结果：

残疾赔偿金：乐某2主张残疾赔偿金134068元（含被扶养人生活费62039.9元）。重新鉴定后，乐某2的伤残等级为一处拾级。结合乐某2事发前与丈夫在外经营沙县小吃店、居住情况等因素，本院确定按照福建省2016年度城镇居民人均可支配收入36014.19元/年的标准计算其残疾赔偿金为72028元（36014.19元/年×20年×10%）。确定按福建省2016年度城镇居民

人均消费支出25005.5元/年的标准计算被扶养人乐某4的生活费为15003元（25005.5元/年×12年×10%/2人）；被扶养人乐某1的生活费为22505元（25005.5元/年×18年×10%/2人）；按福建省2016年度农村居民人均生活消费支出12910.8元/年的标准计算被扶养人沈某某的生活费为12265元（12910.5元/年×19年×10%/2人）；被扶养人乐某3的生活费为10974元（12910.5元/年×17年×10%/2人），以上被扶养人生活费共计60747元。综上，乐某2的残疾赔偿金为132775元（含被扶养人生活费60747元）。

四、胎儿被扶养人生活费的认定

案例59：（2011）尤民初字第200号、（2012）三民终字第358号

[胎儿被扶养人生活费认定的时间节点]

案情简介：

2007年11月3日17时20分许，被告张某某驾驶闽D×××××号轿车沿尤溪县城关镇七五路中心实线控制路段由东往西逆向行驶，与原告胡某2驾驶的闽G×××××号二轮摩托车发生事故，造成原告受伤及车辆损坏的后果，尤溪县公安局交通警察大队于2007年11月23日作出道路交通事故认定书，认定被告张某某负本起事故的全部责任。2011年4月6日，原告经福建鼎力司法鉴定中心评定为十级伤残，另查明，原告的儿子胡某3于2008年12月2日出生。

诉讼中，各方就原告主张的胡某3被扶养人生活费赔偿产生争议。

（2011）尤民初字第200号法院判决（节选）：

各被告应赔偿原告因本起交通事故造成的损失共计××元（含胡某3的被扶养人生活费）。

（2011）尤民初字第200号法院裁判理由及结果：

经本院审查，原告有兄妹三人，其母亲陈某某在原告定残时未满60周岁，其父亲胡某1已满64周岁，其儿子胡某3在原告定残时已满2周岁，且已经由原告实际抚养。故对原告主张其母亲被扶养人生活费的诉讼请求不予支持，对原告主张其父亲和儿子被扶养人生活费的诉讼请求予以支持；但原告未提供其父亲在尤溪县城区生活的证据，故其被扶养人生活费应按农村居

民标准计算，即5498.33元/年×16年×10%/3=2932.44元，其儿子胡某3被扶养人生活费为14750元/年×16年×10%=11800元，上述共计14732.44元。

(2012)三民终字第358号判决(节选)：

改判驳回要求各被告赔偿原告主张胡某3被扶养人生活费的诉讼请求。

(2012)三民终字第358号法院裁判理由及结果：

综上，原审认定基本事实清楚，但对胡某3被扶养人生活费11800元认定有误，本院依法予以纠正。

律师睿见：

男性年满六十周岁、女性年满五十五周岁，丧失劳动能力并无生活来源即应给付被扶养人生活费(与误工费赔付条件有些许差别)。

当年赔付的扶养费总额不论受害人死亡或伤残，以上一年度城镇居民人均消费性支出额或者农村居民人均年生活消费支出额为限。即便在受害人只构成伤残，被扶养人有多人的情形下，只要最终计算出的扶养费总额不超过上一年度城镇居民人均消费性支出额或者农村居民人均年生活消费支出额即可，而不是按计算出的被扶养人生活费总额再乘以伤残等级对应的赔偿指数计算；同一案件被扶养人生活费分别按城镇、农村标准计算的，每年赔付的被扶养人生活费总额应按“就高不就低”原则进行认定，即有一人按城镇标准计算被扶养人生活费，则总额以不超过上一年度城镇居民人均消费性支出额为限。

胎儿被扶养人生活费认定应以事故发生日胎儿是否受孕为时间节点，而不是以伤残等级确定之日胎儿是否受孕或出生为时间节点。

法条链接：

《最高人民法院关于审理人身损害赔偿案件适用法律若干问题的解释》

第二十八条 被扶养人生活费根据扶养人丧失劳动能力程度，按照受诉法院所在地上一年度城镇居民人均消费性支出和农村居民人均年生活消费支出标准计算。被扶养人为未成年人的，计算至十八周岁；被扶养人无劳动能力又无其他生活来源的，计算二十年。但六十周岁以上的，年龄每增加一岁减少一年；七十五周岁以上的，按五年计算。

被扶养人是指受害人依法应当承担扶养义务的未成年人或者丧失劳动

能力又无其他生活来源的成年近亲属。被扶养人还有其他扶养人的，赔偿义务人只赔偿受害人依法应当负担的部分。被扶养人有数人的，年赔偿总额累计不超过上一年度城镇居民人均消费性支出额或者农村居民人均年生活消费支出额。

第七节　残疾辅助器具及相关费用

一、残疾辅助器具种类

（1）辅助残肢者行走的器具，如假肢及其零部件、义眼、假鼻、矫形器、矫形鞋、非机动助行器、代步工具、生活自助器等。

（2）视力残疾者使用的盲杖、导盲镜、助视器、盲人阅读器。

（3）语言听力残疾者使用的语言训练器、助听器。

（4）智力残疾者使用的行为训练器、生活能力训练用品。

二、赔偿项目清单

案例 60：（2019）闽 0423 民初 1451 号

［残疾辅助器具及相关费用清单］

案情简介（康复器具装配意见）：

患者黄某某属右大腿截肢（致残），经 × 公司假肢矫形技师诊断，根据假肢（矫形器）分级规则系统的适配原则，装配普通适用性假肢。品名：组件式大腿假肢，人民币 38000 元，假肢（矫形器）使用年限约 3 年；品名：大小腿假肢硅（凝）胶套，人民币 9000 元，使用年限 1 年；品名：大小腿假肢凝胶套锁具，人民币 4600 元，使用年限 3 年。合计金额为人民币 51600 元。

因儿童处于成长时期，18 岁前每两年更换一次假肢，每年按假肢价格收取 10% 的维修费，首次装配假肢（矫形器）需 30 天，需陪护 1 人，每次更换维护时间约 15 天，需陪护 1 人。

假肢更换费用和期间所产生的费用：

按黄某某年龄 6 周岁，女性人均寿命 80 岁，成年之前假肢每两年一换，成年后假肢每三年一换，锁具每三年一换，硅胶套每年一换计算。

（一）成年之前假肢费用：

6 周岁—成年，间隔 12 年，需：安装 1 次、更换 5 次假肢，安装锁具 1 次、更换 4 次，安装硅胶套 1 次、更换 12 次。

1. 假肢：38000 元 ×6 次 =228000 元

2. 锁具：4600 元 ×5 次 =23000 元

3. 硅胶套：9000 元 ×13 次 =117000 元

4. 维修费：38000 元 ×（12 −6）次 ×10% =22800 元

5. 装配期间陪护人员误工费：60174 元/年 ÷365 天 ×（30 +15 ×5 次）天 =17310.33 元

6. 装配期间住院伙食补助费：60 元/天 ×（30 +15 ×5 次）天 =6300 元

7. 装配期间营养费：

60 元/天 ×（30 +15 ×5 次）天 =6300 元

8. 装配期间交通费：

500 元/人次 ×6 次 ×2 人 =6000 元

9. 装配期间住宿费：

200 元/天 ×（30 +15 ×5 次）天 =21000 元

以上费用小计：447710.33 元

（二）成年之后假肢费用：人均寿命为 80 岁

18 周岁至 80 岁中间间隔 62 年需更换假肢 21 次，更换锁具 21 次，安装硅胶套 62 次。

1. 假肢：38000 元 ×21 次 =798000 元

2. 锁具：4600 元 ×21 次 =96600 元

3. 硅胶套：9000 元 ×62 次 =558000 元

4. 维修费：38000 元 ×（62 −21）次 ×10% =155800 元

5. 装配期间陪护人员误工费：60174 元/年 ÷365 天 ×（15 ×21 次）天 =51930.99 元

6. 装配期间住院伙食补助费：60 元/天 ×（15 ×21 次）天 =18900 元

7. 装配期间营养费：60 元/天 ×（15 ×21 次）天 =18900 元

8. 装配期间交通费：500 元/人次 ×21 次 ×2 人 =21000 元

9. 装配期间住宿费：200 元/天 ×（15 ×21 次）天 =63000 元

以上费用总计：1782130.99 元

三、给付方式和期限

案例 61：（2018）闽 0403 民初 1839 号、（2019）闽 04 民终 1310 号

［残疾辅助器具及相关费用的给付方式、期限］

案情简介：

2018 年 3 月 16 日 7 时 12 分许，邓某某驾驶其母亲刘某某所有的闽 H×××××号车行驶至三明市三元区江滨南路南方大酒店红绿灯处时，为避让黄某某所有并驾驶的闽 GJ××××号车而驶入逆行车道，被郑某某驾驶的罗某某所有的闽 G×××××号车撞到。事故经认定，郑某某、黄某某负事故的同等责任，邓某某无责任。事故造成邓某某伤残七级一处，伤残八级一处，伤残十级三处，并需要安装假肢。

一审法院判决残疾辅助器具及相关费用先行赔付 18 年，后续残疾辅助器具及相关费用另行主张，原告提起上诉。

（2019）闽 04 民终 1310 号判决（节选）：

判决残疾辅助器具及相关费用一次性支付。

（2019）闽 04 民终 1310 号法院裁判理由及结果：

对于如何主张残疾辅助器具使用年限，法律并无明确规定。残疾辅助器具是对现有利益之积极减少的补偿，功能是辅助恢复受害残疾者因伤致残所造成的身体活动能力及生活质量之必然降低，与人的生存利益密切相关。且残疾辅助器具与残疾赔偿金、死亡赔偿金的性质和计赔方式明显不同。因此，残疾辅助器具一次性计算符合实际情况和通行标准，本院予以支持。

原审法院分段赔偿残疾辅助器具及相关费用的处理不太妥当，这种计算方式既增加了当事人的诉累，也加大了因侵权人死亡或法人注销等原因导致权利人无法继续主张权利的风险。按平均寿命确认残疾辅助器具既考虑了各地的生活水平，也考虑了个体生理的发展规律，规避了受害人的后期风险，体现了公平正义和同情弱者的道德追求。故本院对一审法院分段赔偿残疾辅助器具及相关费用的计算方式予以纠正。

律师睿见：

残疾辅助器具及相关费用可参考案例60的赔偿清单，并结合案件的实际情况予以调整。

残疾辅助器具及相关费用支付方式，应主要考虑受害人本人的意愿，而不是裁判者主观感受（从同情弱者或未成年受害人不能支配赔偿款考虑），分期支付在一定程度上可以防止赔偿款被受害人或其监护人挥霍；但在受害人系成年人并主张一次性给付，且肇事车辆保额充足的情况下，一次性给付比分期给付更为适合（理由见案例61二审法院论述）。

对于残疾辅助器具费用与出院后护理费能否一并主张的问题，金融保险团队认为：安装残疾辅助器具主要是帮助受害人提升行走、看（阅读）、听等方面的能力和提升智力残疾者行为（活动）方面的能力。而护理依赖指躯体伤残或精神障碍者在治疗终结后，仍需他人帮助、护理才能维系正常日常生活［包括人在正常思维支配的情况下，自我料理个人日常生活的能力（进食、修饰、更衣、整理个人卫生、大小便、外出行走、使用日常生活工具、乘坐交通工具等能力）和躯体移动能力（人体自主在床上移动，上、下床，室内或室外行走，上、下楼梯等能力）］。另外，护理依赖程度按总分值确定，总分值在60—41分，为部分护理依赖；总分值在40—21分，为大部分护理依赖；总分值在20分以下，为完全护理依赖，且在分值计算表中有一项为借助残疾辅助器具（康复辅助器具）或其他工具才能完成，并对应相应的分值。因此，结合《最高人民法院关于审理人身损害赔偿案件适用法律若干问题的解释》第二十一条“受害人定残后的护理，应当根据其护理依赖程度并结合配制残疾辅助器具的情况确定护理级别”之规定，对于残疾辅助器具费用和出院后护理费能否同时主张的问题，应当根据鉴定机构出具的鉴定意见进行认定，鉴定意见认为安装残疾辅助器具后仍需护理的，受害人可同时主张残疾辅助器具及相关费用和后续护理费，但此时，受害人因安装了残疾辅助器具，护理依赖程度会相应地降低（护理依赖程度和期限以鉴定机构出具的鉴定意见为准）。

法条链接：

《中华人民共和国侵权责任法》

第二十五条[1]　损害发生后，当事人可以协商赔偿费用的支付方式。协商不一致的，赔偿费用应当一次性支付；一次性支付确有困难的，可以分期支付，但应当提供相应的担保。

《最高人民法院关于审理人身损害赔偿案件适用法律若干问题的解释》

第二十一条　护理费根据护理人员的收入状况和护理人数、护理期限确定。

护理人员有收入的，参照误工费的规定计算；护理人员没有收入或者雇佣护工的，参照当地护工从事同等级别护理的劳务报酬标准计算。护理人员原则上为一人，但医疗机构或者鉴定机构有明确意见的，可以参照确定护理人员人数。

护理期限应计算至受害人恢复生活自理能力时止。受害人因残疾不能恢复生活自理能力的，可以根据其年龄、健康状况等因素确定合理的护理期限，但最长不超过二十年。

受害人定残后的护理，应当根据其护理依赖程度并结合配制残疾辅助器具的情况确定护理级别。

第二十六条　残疾辅助器具费按照普通适用器具的合理标准计算。伤情有特殊需要的，可以参照辅助器具配制机构的意见确定相应的合理费用标准。辅助器具的更换周期和赔偿期限参照配置机构的意见确认。

第三十一条　人民法院应当按照民法通则第一百三十一条以及本解释第二条的规定，确定第十九条至第二十九条各项财产损失的实际赔偿金额。

前款确定的物质损害赔偿金与按照第十八条第一款规定确定的精神损害抚慰金，原则上应当一次性给付。

第三十二条　超过确定的护理期限、辅助器具费给付年限或者残疾赔偿金给付年限，赔偿权利人向人民法院起诉请求继续给付护理费、辅助器具费或者残疾赔偿金的，人民法院应予受理。赔偿权利人确需继续护理、配制辅助器具，或者没有劳动能力和生活来源的，人民法院应当判令赔偿义务人继续给付相关费用五至十年。

第三十三条　赔偿义务人请求以定期金方式给付残疾赔偿金、被扶养

---

〔1〕《中华人民共和国民法典》规定为第七编“侵权责任”第一千一百八十七条。

人生活费、残疾辅助器具费的，应当提供相应的担保。人民法院可以根据赔偿义务人的给付能力和提供担保的情况，确定以定期金方式给付相关费用。但一审法庭辩论终结前已经发生的费用、死亡赔偿金以及精神损害抚慰金，应当一次性给付。

第三十四条 人民法院应当在法律文书中明确定期金的给付时间、方式以及每期给付标准。执行期间有关统计数据发生变化的，给付金额应当适时进行相应调整。

定期金按照赔偿权利人的实际生存年限给付，不受本解释有关赔偿期限的限制。

第八节 交通费、住宿费

一、交通费

受害人和必要的陪护人员就医、转院，安装残疾辅助器具等产生的交通费，根据必要性和合理性原则，并审查是否与就医地点、时间、次数、人数相吻合予以确定。

受害人近亲属办理丧葬事宜产生的交通费，或经公证和认证的受害人近亲属回国办理丧葬事宜产生的交通费，侵权人应予赔偿，公证和认证费用过高的，可由法院酌情认定。

亲朋好友探望支出的交通费，侵权人不予赔偿。

二、住宿费

为事故支付必要、合理的住宿费，侵权人应予赔偿。

法条链接：

《最高人民法院关于审理人身损害赔偿案件适用法律若干问题的解释》

第二十二条 交通费根据受害人及其必要的陪护人员因就医或者转院治疗实际发生的费用计算。交通费应当以正式票据为凭；有关凭据应当与就医地点、时间、人数、次数相符合。

第二十三条 住院伙食补助费可以参照当地国家机关一般工作人员的

出差伙食补助标准予以确定。

受害人确有必要到外地治疗，因客观原因不能住院，受害人本人及其陪护人员实际发生的住宿费和伙食费，其合理部分应予赔偿。

第九节　丧葬费

丧葬费的赔偿采取定额法，按照受诉法院所在地上一年度职工月平均工资标准，以六个月总额计算。

“上一年度”指一审法庭辩论终结时的上一统计年度。

法条链接：

《最高人民法院关于审理人身损害赔偿案件适用法律若干问题的解释》

第二十七条　丧葬费按照受诉法院所在地上一年度职工月平均工资标准，以六个月总额计算。

第三十五条　……

“上一年度”指一审法庭辩论终结时的上一统计年度。

第十节　精神损害抚慰金

一、刑事附带民事诉讼与单独提起民事诉讼的区别

案例62：（2017）闽0427民初879号、（2017）闽04民终1410号

［交通肇事案件受害人近亲属单独提起民事诉讼，精神损害抚慰金能否得到支持］

案情简介：

受害人王某2自2014年起与其丈夫毛某及女儿毛某3在贵州省黔东南苗族侗族自治州榕江县古洲镇丰乐社区工作和生活，王某2死亡时已怀孕5个月。2017年2月12日，王某2在抚州市殡葬管理处火化。彭某某驾驶的闽GP××××小型轿车在××保险公司投保了机动车交通事故责任强制保险、机动车第三者责任保险100万元及不计免赔险，事故发生在保险期内。彭

某某因犯交通肇事罪已被依法追究刑事责任。

各方就被告是否应赔偿原告精神损害抚慰金产生争议。

（2017）闽0427民初879号判决（节选）：

驳回毛某某等人要求各被告赔偿精神损害抚慰金的诉讼请求。

（2017）闽0427民初879号法院裁判理由及结果：

彭某某因犯交通肇事罪被依法追究刑事责任，根据《最高人民法院关于适用〈中华人民共和国刑事诉讼法〉的解释》第一百三十八条、第一百五十五条的规定，对毛某某等人主张的精神损害抚慰金，本院不予支持。

（2017）闽04民终1410号判决（节选）：

××保险公司应于本判决生效后十日内在机动车第三者责任保险限额内赔偿毛某某等人精神损害抚慰金70000元，不足部分由彭某某承担。

（2017）闽04民终1410号法院裁判理由及结果：

《中华人民共和国侵权责任法》第四条第一款规定："侵权人因同一行为应当承担行政责任或者刑事责任的，不影响依法承担侵权责任。"第二十二条规定："侵害他人人身权益，造成他人严重精神损害的，被侵权人可以请求精神损害赔偿。"《最高人民法院关于审理人身损害赔偿案件适用法律若干问题的解释》的相关规定也赋予了受害人或者死者近亲属作为赔偿权利人主张赔偿精神损害抚慰金的权利。《机动车交通事故责任强制保险条款》第八条规定，被保险人在使用被保险机动车过程中发生交通事故，致使受害人遭受人身伤亡或者财产损失，保险人承担的保险责任包含精神损害抚慰金。相关保险条款并无肇事司机被追究刑事责任则保险人可以免予赔偿精神损害抚慰金的约定。王某2作为乘车人因涉案交通事故死亡且在事故中不承担责任，毛某某等人作为其近亲属，依法有权提出精神损害赔偿。结合本案事实，依据受害人王某2的年龄、居住地生活水平，本院酌定精神损害抚慰金为70000元。因本案事故涉及的相关生效判决中，经济损失总额已超出涉案机动车交通事故责任强制保险的赔付限额，故，精神损害抚慰金70000元应由××保险公司在涉案机动车第三者责任险限额内赔偿，不足部分，由彭某某予以赔偿。

二、受害人过错程度

案例63：（2015）永民初字第4571号

［交通事故案件中受害人自身需承担事故责任，确定精神损害抚慰金数额时是否需考虑自身过错程度］

案情简介：

2015年8月5日13时20分，刘某某驾驶普通摩托车，由永安市往加福方向行驶，行经事故路段时，未靠右行驶，与相对方向由邱某某驾驶的无牌号小车（新车）发生碰撞，造成刘某某受伤和车辆损坏的交通事故。经交警大队认定，刘某某负主要责任，邱某某负次要责任。2015年11月4日，原告的伤情经福建恒正司法鉴定所鉴定，其伤残程度被评定为十级伤残。

各方就精神损害抚慰金数额的确定及其他赔偿项目标准产生争议。

法院判决（节选）：

各被告应赔偿原告因本起事故造成的各项经济损失××元（含2000元精神损害抚慰金）。

法院裁判理由及结果：

从本案事故发生双方的过错程度、侵害行为方式及当地生活水平考虑，精神损害抚慰金应以2000元为宜，此项请求，予以支持。

律师睿见：

交通肇事等刑事案件，提起刑事附带民事诉讼和单独提起民事诉讼主张精神损害抚慰金将产生不一样的结果（案例62原告单独提起民事诉讼时法院判决支持精神损害抚慰金）。

受害人在诉讼中请求精神损害抚慰金在交强险限额内优先赔偿的，人民法院应当予以支持。

机动车交通事故责任纠纷案件，超出交强险限额的损失需乘以事故责任比例（过错大小）。因此，确定精神损害抚慰金数额时前期如需考虑受害人自身过错，相当于对受害人的过错进行了两次评价。

以受害人承担事故主要责任，伤情达到十级伤残，侵权人承担事故次要责任，每级可支持的精神损害抚慰金按5000元计算为例。

如前面考虑受害人过错，则计算出精神损害抚慰金的金额为5000元×30%（侵权方过错）=1500元，因超过交强险120000元限额的损失，商业险赔偿部分需乘以30%，则精神损害抚慰金最终的金额为1500元×30%=450元，此计算方法明显对受害人不公平。

受害人自身存在过错的交通事故案件，受害人超出交强险限额的损失需乘以事故责任比例，《最高人民法院关于确定民事侵权精神损害赔偿责任若干问题的解释》第十条对此情形也做了类似规定，即确定精神损害抚慰金数额时，需考虑侵权人（受害人）过错程度，法律另有规定的除外（《中华人民共和国道路交通安全法》第七十六条）。因此，金融保险团队认为：在交通事故案件中，在前期确定精神损害抚慰金赔偿数额时，不应考虑受害人的过错，否则会对受害人的过错在法律上进行两次评判。

法条链接：

《中华人民共和国侵权责任法》

第二十二条[1] 侵害他人人身权益，造成他人严重精神损害的，被侵权人可以请求精神损害赔偿。

《最高人民法院关于审理人身损害赔偿案件适用法律若干问题的解释》

第十八条 受害人或者死者近亲属遭受精神损害，赔偿权利人向人民法院请求赔偿精神损害抚慰金的，适用《最高人民法院关于确定民事侵权精神损害赔偿责任若干问题的解释》予以确定。

精神损害抚慰金的请求权，不得让与或者继承。但赔偿义务人已经以书面方式承诺给予金钱赔偿，或者赔偿权利人已经向人民法院起诉的除外。

《最高人民法院关于确定民事侵权精神损害赔偿责任若干问题的解释》（内容略）

---

〔1〕《中华人民共和国民法典》规定为第七编“侵权责任”第一千一百八十三条，表述为：侵害自然人人身权益，造成他人严重精神损害的，被侵权人可以请求精神损害赔偿。

第十一节　法律没有明文规定的损失

案例64：（2018）闽0402民初263号

（受害人住院期间支付的补课费，侵权人是否应当赔偿）

案情简介（节选）：

2017年10月19日7时46分，沈某某驾驶闽G×××××号小型客车沿三明市梅列区新市北路由北向南行使至闽中汽车城门口时，与通过人行横道的黄某某发生碰撞，造成黄某某受伤的后果。当日，三明市公安局交通警察支队梅列大队作出道路交通事故认定：沈某某承担事故的全部责任，黄某某不承担责任。

2017年12月，黄某某父亲聘请三明学院罗某作为黄某某家教老师对其进行补课，至2018年1月14日结束时，一共补课33节，每节课60元，共支付补课费1980元。

诉讼中，各方就原告主张的补课费是否需赔偿产生争议。

法院判决（节选）：

各被告应赔偿原告因本起事故造成的各项损失××元（含补课费1980元）。

法院裁判理由及结果：

黄某某系小学生，因受伤住院、休养而耽误学习，为跟上学习进度，聘请他人补课，并由此支出补课费1980元，属合理的费用支出；该损失与成年人因误工减少收入的性质相同，且从保障未成年人合法权益出发，××保险公司亦应对黄某某的该项损失承担赔偿责任，其对该损失不承担赔偿责任的辩解，理由不能成立，本院不予采纳。

律师睿见：

未成年没有参加社会工作，无所谓误工损失，但未成年接受义务教育既是其义务也是其权利，在此期间最大“收益”是通过正常学校教育获得充分的知识储备，为进入社会打下基础，此类收益无法通过一定的标准加以衡量[1]，但住院期间为跟上学习进度支付的补课费是由交通事故引起，从公平角度考虑，该项损失应由侵权人承担，亦符合侵权责任法的“填平原则”。

---

〔1〕 施忆:《未成年人受伤害的交通事故案件中，休学（补课费）损失应当予以考虑》，载国家法官学院案例开发研究中心编:《中国法院 2015 年度案例（道路交通纠纷）》，中国法制出版社 2015 年版，第 175 页。

第五章　财产损失

第一节　车辆维修费、车辆所载物品的损失、车辆施救费用

一、车辆维修费

轻微事故，由双方对事故造成的车辆损失协商确定更为便捷；无法协商则按实际维修金额确定，但维修必要性和合理性容易产生争议；受损的配件是更换还是维修，其线路、传感器等是否受损，在定损时需结合受损的部件、车辆整体性能综合判断；也可委托第三方对损失进行评估，但存在案件处理（诉讼）周期长、鉴定不规范等问题。因此，当事人应根据案件具体情况综合分析，并选择合适的方式确定事故车辆造成的损失。

维修期间，依法从事货物运输、旅客运输等经营性活动的车辆，可主张合理的停运损失，非经营性车辆可主张通常替代性交通工具的合理费用。

二、车辆所载物品的损失

结合货运单或托运单，买卖合同、税票，过磅单，事故现场照片等认定车辆所载物品的损失；也可委托第三方对车辆所载物品的损失进行评估。

未载入道路交通事故认定书的随身携带或者随车的物品，因缺乏损失与事故之间存在因果关系的证明材料，该损失难以认定。

三、车辆施救费用

《中华人民共和国保险法》第五十七条规定，被保险人为防止或者减少保险标的的损失所支付的必要的、合理的费用，保险人在保险限额内对保

险标的损失和施救费用承担保险责任。

未超出各地发展改革委公布的收费标准支付的车辆施救费用，保险公司应在承保的机动车损失保险或机动车第三者责任险保险限额内予以赔付；超出各地发展改革委公布的收费标准支付的车辆施救费用（天价施救费），由被保险人通过其他途径解决，不应将不公平、不合理的收费转嫁给保险公司承担，否则容易导致双方权利义务失衡，最终不利于保险行业的健康发展。

随着国家发展和改革委员会、交通运输部《关于规范高速公路车辆救援服务收费有关问题的通知》（发改价格〔2010〕2204 号）的出台及其各地的落实，“天价施救费”这一不合理的现象将逐步减少。

法条链接：

《中华人民共和国保险法》

第五十七条 保险事故发生后，被保险人为防止或者减少保险标的的损失所支付的必要的、合理的费用，由保险人承担；保险人所承担的费用数额在保险标的损失赔偿金额以外另行计算，最高不超过保险金额的数额。

《最高人民法院关于审理道路交通事故损害赔偿案件适用法律若干问题的解释》

第十四条 道路交通安全法第七十六条规定的“财产损失”，是指因机动车发生交通事故侵害被侵权人的财产权益所造成的损失。

第十五条 因道路交通事故造成下列财产损失，当事人请求侵权人赔偿的，人民法院应予支持：

（一）维修被损坏车辆所支出的费用、车辆所载物品的损失、车辆施救费用；

……

第二节 车辆重置费用

案例 65：（2015）延民初字第 3956 号

［车辆发生全损时赔偿项目的确定］

案情简介：

2015年1月25日21时30分，被告张某某驾驶被告××汽车运输有限公司所有的闽G×××××号重型半挂牵引车牵引闽G××××挂车沿福银高速从福州往南平方向行驶，行至事故路段时（临时交通管制），碰撞前方车道内由方某某驾驶的闽A××××1号小型越野客车尾部，向前推移闽A××××1号小型越野客车碰撞前方车道内由吴某1驾驶的闽H×××××号重型厢式货车，致使闽H×××××号重型厢式货车车厢左侧分别刮碰前方车道内由吴某2驾驶的闽A××××2号小型普通客车和李某某驾驶的闽A××××7（赣H××××挂）号重型半挂牵引车，闽A××××2号小型普通客车向前滑行碰撞黎某某驾驶的闽AC××××号重型厢式货车，造成六车损坏的交通事故。本事故经交警认定张某某承担事故全部责任，方某某、吴某1、吴某2、李某某、黎某某无责任。经查，闽G×××××号重型半挂牵引车和闽G××××挂车在被告××保险股份有限公司三明中心支公司投保了交强险和第三者责任险。经被告××保险股份有限公司三明中心支公司和张某某共同查验，对原告所有的闽A××××1号小型越野客车推定为全损后将该车残值卖给第三方（残值金额244500元），由第三方代替被告××保险股份有限公司三明中心支公司支付给原告244500元，后因各方对具体赔偿问题一直无法达成一致意见，原告向闽A××××1号小型越野客车所投保的“人保公司”申请先予赔付，“人保公司”先予赔付原告514100元，原告共收到理赔款748600元，并将该款（748600元）的追偿权转移给“人保公司”。本事故原告除收到两保险公司的理赔款748600元外，还造成原告车辆损失151291.76元，其他损失80238元，合计231530元。原告诉至法院要求被告××汽车运输公司和张某某连带赔偿原告损失人民币231530元（含通常替代性交通工具等费用）。

法院判决：

一、被告××汽车运输有限公司应于本判决生效之日起十日内一次性给付原告吴某某通常替代性交通工具的合理费用人民币20000元。

二、驳回原告吴某某的其他诉讼请求。

法院裁判理由及结果：

1. 原告吴某某主张购车价损失39400元（原车价款788000元，已收到案外人赔偿款748600元）。本院认为：首先，原告并未举证证明闽A××××1号车因本事故造成的实际损失为788000元；其次，闽A××××1号车系原告于

2014 年 7 月 15 日购买的车辆，而机动车辆通常会随着使用时间的增加而产生一定的车辆贬值情况，原告并未举证证明该车至本事故发生时的价值仍相当于原车价款 788000 元，故原告在已收到案外人支付的车损赔偿款 748600 元的情况下，并未举证证明闽 A××××1 号车仍存在 39400 元的损失，原告应对其举证不能承担相应的不利后果。对原告的该项主张，本院不予支持。

2. 关于原告主张车辆购置税 67350 元、车船税 1700 元、上牌费 3000 元、4S 店手续费 16128 元、保险损失 11713.5 元、4S 店拆解费 12000 元，均没有法律依据，本院不予支持。

3. 关于原告主张租车费即租用通常替代性交通工具的合理费用，符合法律规定，应予支持。但租车天数及租车费标准应有一定合理范围，原告主张租车费人民币 67800 元偏高，原告提交的租车费收款收据也非正式票据，本院酌定该项费用为人民币 20000 元。

4. 关于原告主张事故处理费用 6998 元（含油费及过路费等），原告并未举证证明其提交的高速公路通行费票据、油费票据与本案有关，且该项主张也没有法律依据，本院不予支持。

5. 关于原告主张误工费 2520 元，原告并未举证证明存在该项损失，且该项主张也没有法律依据，本院不予支持。

6. 关于原告主张住宿费 1120 元，原告并未举证证明其提交的住宿费票据与本案有关，且该项主张也没有法律依据，本院不予支持。

7. 关于原告主张伙食补贴费用 1800 元，没有法律依据，本院不予支持。

律师睿见：

主张车辆购置税需以车辆造成全部损失为前提。

推定全损最早产生于海运中，在海商法中规定，随着保险业的发展，后来也适用于其他财产或责任保险中，其与实际全损相对，是指受损物残值如加上对该物施救、整理、修复等费用之和超过其现有价值，保险公司视该物为全损。亦指标的物受损后并未完全丧失其物质形态，是可以修复或可以回收的，但所花的费用将超过其获救后的现有价值。

推定全损与实际全损是全损的两个分支，其实质的效果都是保险公司对受损物按照全损的价值进行赔偿。

车辆所有人缴付的车辆购置税，是国家依照税法对购车人强制性征收的一种税费，是购车人购车时必须支出的费用，是一份直接支出，属于车辆价值的一部分。责任保险的赔偿原则是直接或实际损失补偿原则，是指在保险事故发生后，保险人在保险责任限额内应赔偿被保险人因事故发生所应支付给事故受害人的直接经济损失。该损失是以第三者的实际损失为计算标准的[1]。故在车辆全损后，原告主张的车辆购置税是其直接、实际损失，各侵权人应当赔偿。使用一定年限的车辆购置税赔偿，可按车辆实际使用年限/车辆可使用年限（一般计15年）×车辆购置税公式计算。

因车辆实际全损或推定全损后可申请退还相应的保险费，原告未退保则属于因其自身原因，系扩大的损失。因此，保险费损失不应由侵权人赔偿。

车辆拆解费在车辆实际全损或推定全损情形下属于不必要的支出，不应由侵权人赔偿。

案例65中的上牌费、4S店手续费、误工费等损失没有法律依据。

《机动车综合商业保险示范条款（2014版）》

释义

[全部损失]是指被保险机动车发生事故后灭失，或者受到严重损坏完全失去原有形体、效用，或者不能再归被保险人所拥有的，为实际全损；或被保险机动车发生事故后，认为实际全损已经不可避免，或者为避免发生实际全损所需支付的费用超过实际价值的，为推定全损。

法条链接：

《最高人民法院关于审理道路交通事故损害赔偿案件适用法律若干问题的解释》

第十四条 道路交通安全法第七十六条规定的“财产损失”，是指因机动车发生交通事故侵害被侵权人的财产权益所造成的损失。

第十五条 因道路交通事故造成下列财产损失，当事人请求侵权人赔偿的，人民法院应予支持：

……

---

〔1〕张魁：《推定全损，受害人能否主张车辆购车税损失》，载国家法官学院案例开发研究中心编：《中国法院2015年度案例（道路交通纠纷）》，中国法制出版社2015年版，第168页。

（二）因车辆灭失或者无法修复，为购买交通事故发生时与被损坏车辆价值相当的车辆重置费用；

……

第三节 停运损失

管理较为规范的行业，可根据公司财务报表（运营成本、近期平均利润）、运营能力、纳税证明等材料确定停运损失；实际损失难以和营业额区分的，法院可根据市场行情酌情确定，此办法更为经济、便捷，但会出现酌定金额过低对受害人不公的现象；也可委托第三方对损失进行评估，但存在案件处理（诉讼）周期长、鉴定不规范等问题。

因此，当事人应根据案件具体情况综合分析，并选择合适的方式确定事故造成的停运损失。

法条链接：

《最高人民法院关于审理道路交通事故损害赔偿案件适用法律若干问题的解释》

第十四条 道路交通安全法第七十六条规定的“财产损失”，是指因机动车发生交通事故侵害被侵权人的财产权益所造成的损失。

第十五条 因道路交通事故造成下列财产损失，当事人请求侵权人赔偿的，人民法院应予支持：

……

（三）依法从事货物运输、旅客运输等经营性活动的车辆，因无法从事相应经营活动所产生的合理停运损失；

……

第四节 通常替代性交通工具的合理费用

通常替代性交通工具的合理费用不能以被侵权人实际支出的替代性交通工具的费用作为认定损失的依据，要以诚实信用为基础，遵循必要性、合理性原则，根据事故车辆本身的价值大小和一般使用用途来确定。实践中，一般车辆都是作为出行的代步工具使用的，因此，可以根据日常出行的情况，以实际支出的出租车费用作为计算损失的依据。但对于有特殊需要的车辆，当事人如果能举证证明其需要是实际合理的，也可以租车等作为“通常替代性交通工具”[1]。

车辆维修时间较短的事故，可由法院酌情确定通常替代性交通工具的合理费用，此方法诉讼成本低，也更为便捷。

对于不合理的修理期间，不予计算通常替代性交通工具的费用。

法条链接：

《最高人民法院关于审理道路交通事故损害赔偿案件适用法律若干问题的解释》

第十四条　道路交通安全法第七十六条规定的“财产损失”，是指因机动车发生交通事故侵害被侵权人的财产权益所造成的损失。

第十五条　因道路交通事故造成下列财产损失，当事人请求侵权人赔偿的，人民法院应予支持：

……

（四）非经营性车辆因无法继续使用，所产生的通常替代性交通工具的合理费用。

---

〔1〕最高人民法院民事审判第一庭编：《最高人民法院关于道路交通损害赔偿司法解释理解与适用》，人民法院出版社2012年版，第198、199页。

下　篇

保险理赔

第六章　保险责任与权利义务主体

第一节　保险责任

案例 66：（2015）梅民初字第 2296 号

［保险公司承担保险责任的条件］

案情简介：

××银行与××公司 1 签订一份保理合同，约定在××公司 1 将商务合同项下应收账款转让给××银行的基础上，××银行按应收账款的 80% 向其发放保理预付款，××公司 2、××公司 3、××公司 4 与××银行签订最高额保证合同一份，对××公司 1 因保理合同形成的借款提供最高额连带责任保证，后××保险公司开立国内短期贸易信用保险保险单一份，为××公司 1 的上述应收账款提供保险。合同签订后，××银行陆续向××公司 1 预付保理款 19500000 元，但××公司 1 未按约定偿还本息，××银行起诉要求××公司 1 偿还保理预付款本金 19500000 元及其利息 2327414.28 元，××公司 2、××公司 3、××公司 4 对上述款项承担连带责任，××保险公司承担保险责任，支付保险金 19500000 元。

法院判决：

驳回××银行对××保险公司的诉讼请求。

法院裁判理由及结果：

保险合同约定需承担保险责任的事由并未发生，××银行要求××保险公司承担保险责任的诉讼请求，缺乏事实及法律依据。

律师睿见：

《中华人民共和国保险法》第二条规定，保险人对于合同约定的可能发生的事故因其发生所造成的财产损失承担保险责任。案例66中的保险公司承担保险责任的前提为，××公司1款项不能收回经过生效判决确认并经执行仍不能追回，而原告并未提供相关证据，且实际上也未出现保险合同约定保险公司需承担保险责任的事由。因此，××保险公司无须承担保险责任。

法条链接：

《中华人民共和国保险法》

第六十五条　保险人对责任保险的被保险人给第三者造成的损害，可以依照法律的规定或者合同的约定，直接向该第三者赔偿保险金。

责任保险的被保险人给第三者造成损害，被保险人对第三者应负的赔偿责任确定的，根据被保险人的请求，保险人应当直接向该第三者赔偿保险金。被保险人怠于请求的，第三者有权就其应获赔偿部分直接向保险人请求赔偿保险金。

责任保险的被保险人给第三者造成损害，被保险人未向该第三者赔偿的，保险人不得向被保险人赔偿保险金。

责任保险是指以被保险人对第三者依法应负的赔偿责任为保险标的的保险。

第二节　交强险与机动车第三者责任险

根据《中华人民共和国保险法》第六十五条、《机动车交通事故责任强制保险条例》第三十一条、《最高人民法院关于审理道路交通事故损害赔偿案件适用法律若干问题的解释》第十六条、《最高人民法院关于适用〈中华人民共和国保险法〉若干问题的解释（四）》第十九条、第二十条规定，交强险和机动车第三者责任险保险金请求权主体分三种情形。

第一种情形，以受害人或其近亲属为原告起诉侵权人和保险公司要求保险公司在交强险和机动车第三者责任险限额内承担保险责任。

机动车未依法投保交强险的，受害人或其近亲属起诉投保义务人在交强险责任限额范围内予以赔偿。投保义务人和侵权人不是同一人的，投保义务人和侵权人应在交强险责任限额内承担连带责任。

第二种情形，被保险人就第三者的损害与受害人或者近亲属达成调解协议并履行完毕后，以自己的名义提起诉讼要求保险公司在交强险和机动车第三者责任险限额内承担保险责任。

被保险人签订调解协议未经保险人认可，则保险人有权对保险责任范围以及赔偿数额重新核定。

第三种情形，保险人在被保险人向第三者赔偿之前向被保险人赔偿保险金，第三者依法行使保险金请求权时，保险人以其已向被保险人赔偿为由拒绝赔偿保险金的，人民法院不予支持。但保险人向第三者赔偿后可要求被保险人返还相应保险金。

责任保险的根本（终极）目的在于保障受害人第三者的合法权益，若允许保险人以其已支付被保险人保险金为由对抗第三者请求赔付的权利，有悖责任保险的第三者性，也与当前各国立法趋势不符〔1〕。

《最高人民法院关于适用〈中华人民共和国保险法〉若干问题的解释（四）》第二十条规定，优先保障第三者的利益，同时要求保险人在向被保险人支付保险金时应尽谨慎审核义务。

法条链接：

《中华人民共和国保险法》

第六十五条　保险人对责任保险的被保险人给第三者造成的损害，可以依照法律的规定或者合同的约定，直接向该第三者赔偿保险金。

责任保险的被保险人给第三者造成损害，被保险人对第三者应负的赔偿责任确定的，根据被保险人的请求，保险人应当直接向该第三者赔偿保险金。被保险人怠于请求的，第三者有权就其应获赔偿部分直接向保险人请求赔偿保险金。

责任保险的被保险人给第三者造成损害，被保险人未向该第三者赔偿的，保险人不得向被保险人赔偿保险金。

---

〔1〕 最高人民法院民事审判第二庭编：《最高人民法院关于保险法司法解释（四）理解与适用》，人民法院出版社 2018 年版，第 410—411 页。

责任保险是指以被保险人对第三者依法应负的赔偿责任为保险标的的保险。

《机动车交通事故责任强制保险条例》

第三十一条 保险公司可以向被保险人赔偿保险金，也可以直接向受害人赔偿保险金。但是，因抢救受伤人员需要保险公司支付或者垫付抢救费用的，保险公司在接到公安机关交通管理部门通知后，经核对应当及时向医疗机构支付或者垫付抢救费用。

因抢救受伤人员需要救助基金管理机构垫付抢救费用的，救助基金管理机构在接到公安机关交通管理部门通知后，经核对应当及时向医疗机构垫付抢救费用。

《最高人民法院关于适用〈中华人民共和国保险法〉若干问题的解释(四)》

第十九条 责任保险的被保险人与第三者就被保险人的赔偿责任达成和解协议且经保险人认可，被保险人主张保险人在保险合同范围内依据和解协议承担保险责任的，人民法院应予支持。

被保险人与第三者就被保险人的赔偿责任达成和解协议，未经保险人认可，保险人主张对保险责任范围以及赔偿数额重新予以核定的，人民法院应予支持。

第二十条 责任保险的保险人在被保险人向第三者赔偿之前向被保险人赔偿保险金，第三者依照保险法第六十五条第二款的规定行使保险金请求权时，保险人以其已向被保险人赔偿为由拒绝赔偿保险金的，人民法院不予支持。保险人向第三者赔偿后，请求被保险人返还相应保险金的，人民法院应予支持。

《最高人民法院关于审理道路交通事故损害赔偿案件适用法律若干问题的解释》

第十六条 同时投保机动车第三者责任强制保险（以下简称“交强险”）和第三者责任商业保险（以下简称“商业三者险”）的机动车发生交通事故造成损害，当事人同时起诉侵权人和保险公司的，人民法院应当按照下列规则确定赔偿责任：

（一）先由承保交强险的保险公司在责任限额范围内予以赔偿；

（二）不足部分，由承保商业三者险的保险公司根据保险合同予以赔偿；

（三）仍有不足的，依照道路交通安全法和侵权责任法的相关规定由侵权人予以赔偿。

被侵权人或者其近亲属请求承保交强险的保险公司优先赔偿精神损害的，人民法院应予支持。

《机动车交通事故责任强制保险条款》

第十八条　被保险机动车发生交通事故的，由被保险人向保险人申请赔偿保险金。被保险人索赔时，应当向保险人提供以下材料：

（一）交强险的保险单；

（二）被保险人出具的索赔申请书；

（三）被保险人和受害人的有效身份证明、被保险机动车行驶证和驾驶人的驾驶证；

（四）公安机关交通管理部门出具的事故证明，或者人民法院等机构出具的有关法律文书及其他证明；

（五）被保险人根据有关法律法规规定选择自行协商方式处理交通事故的，应当提供依照《交通事故处理程序规定》规定的记录交通事故情况的协议书；

（六）受害人财产损失程度证明、人身伤残程度证明、相关医疗证明以及有关损失清单和费用单据；

（七）其他与确认保险事故的性质、原因、损失程度等有关的证明和资料。

第三节　意外伤害险、安全生产责任险、雇主责任险、车上人员责任险、机动车第三者责任险

一、个人意外伤害险

案例67：（2018）闽0423民初710号

［个人意外伤害险保险金请求权主体］

案情简介：

2015年11月2日，原告通过被告“兄弟”机构福建省分公司下属三明

市分公司展业人员花费100元向被告购买“新版善之力保险钻石卡”一张，在展业人员的操作下该卡得以激活。保险期限从2015年11月2日至2016年11月1日止，保险责任：意外伤害保障（含自驾车）10万元，意外伤害医疗保障1万元。

2015年12月30日12时27分，原告驾驶闽G×××××号机动车与谭某某驾驶的豫R×××××半挂货车牵引豫R××××挂车在三明市三元区三化厂内发生碰撞，造成原告受伤的交通事故。事故经认定，谭某某负本起事故的主要责任。原告负本起事故的次要责任。事故发生后，原告被送往三明市中西医结合医院诊治，共住院93天，花费医疗费183408.43元，出院后伤残等级经评定为一处五级伤残，一处十级伤残。原告的损失经（2016）闽0403民初868号民事判决书、（2017）闽04民终299号民事判决书确定为1170888.53元。

原告起诉被告××保险公司要求支付110000元保险理赔款。

案件处理结果：

被告××保险公司同意在30日内支付保险理赔款50000元给原告。

二、团体人身意外伤害保险

案例68：（2018）闽0481民初839号

［团体人身意外伤害险保险金请求权能否转让］

案情简介：

××公司2原名称为××公司1，其作为投保人与××保险公司签订意外伤害保险和健康保险投保单（团体）。

2016年3月3日，××公司2作为甲方，黄某2作为乙方签订工伤死亡赔偿协议书，协议书主要约定：为妥善解决黄某1死亡善后事宜，经双方自愿协商达成协议；甲方支付乙方各项赔偿金共计64万元，该费用包含《工伤保险条例》应支付的全部费用，除上述费用外，乙方不得再向甲方主张任何赔偿或补偿费用；（黄某1尸体）火化后甲方应支付全部费用，转入黄某2信用社账户；乙方确认其为黄某1直系亲属，已就协议所涉及的法律问题及其他问题咨询相关专业人士并清楚明白，双方在自愿的基础上签订本协议。××公司2在协议上盖章，梁某某作为项目承包人、黄某2、黄某3作为乙方在协议上签字捺印。同日，黄某2出具收到现金64万元的收条一份。2016年3月4日，上述赔偿款通过信用社全部支付给黄某2。此前死者黄某1亲属的食宿费也已另行支付。

黄某1未婚，其父为黄某2。黄某2住永定县抚市镇华丰村××号，其妻阙某某已故，共生育二子，长子黄某3，次子黄某1。事故发生后，黄某3作为授权人、××公司2作为代理人申请理赔，××保险公司认为不符合理赔条件拒赔，黄某2出具证明："黄某1赔偿款（包括保险金）已由××公司2全部垫付给本人黄某2，本人黄某2同意将保险理赔款全部转让给××公司2享有，并由××公司2直接向保险公司主张。"龙岩市永定区抚市镇华丰村村民委员会在证明上签署"情况属实"并加盖村委会公章。

法院判决（节选）：

××保险公司应于本判决生效后十日内支付给××公司2保险金300000元。

法院裁判理由及结果：

××公司2原名称为××公司1，该公司作为投保人与保险人××保险公司签订意外伤害保险和健康保险投保单（团体），××公司2为其承包的永安北高速口匝道西侧粮库、正大铜料厂等地块拆除项目的工人订立团体人身意外伤害保险，经协商双方对各自权利义务进行了约定，××保险公司经审核出具短期健康保险和意外伤害保险保险单，双方保险合同未违反法律、行政法规禁止性规定，为有效合同。保险合同未指定受益人，黄某1作为涉案拆除工程的工作人员即被保险人，其因保险事故死亡后，保险金作为其遗产，由××保险公司依照《中华人民共和国继承法》的规定履行给付保险金的义务。黄某1未婚，其母亲阙某某已故，故其法定继承人为父亲黄某2，可以主张本案保险金。事故发生后，××公司2与黄某2就其死亡达成了工伤死亡赔偿协议，该协议约定的赔偿款已履行完毕。黄某2已年近80周岁，其出具的龙岩市永定区抚市镇华丰村村民委员会盖章的证明亦可证实××公司2已将黄某1死亡赔偿款（包括保险金）全部支付，同意将保险理赔款全部转让给××公司2享有，并由该公司直接向保险公司主张。《最高人民法院关于适用〈中华人民共和国保险法〉若干问题的解释（三）》第十三条规定："保险事故发生后，受益人将与本次保险事故相对应的全部或者部分保险金请求权转让给第三人，当事人主张该转让行为有效的，人民法院应予支持，但根据合同性质、当事人约定或者法律规定不得转让的除外”，黄某2保险金请求权属于债权请求权，××公司2提供了黄某2签名捺印的理赔申请书、授权委托书等足以证实黄某2取得保险金请求权的依据。因此，从法律规定的精神和节约司法资源，减轻当事人诉累而言，××公司2主张本案保险金，本院予以支持。

××公司1更名为××公司2后，××公司1合同权利义务由××公司2承担。其与保险公司所订立的意外伤害保险和健康保险投保单（团体）、短期健康保险和意外伤害保险保险单合法有效，双方均应按合同约定全面履行各自义务。××公司2为降低生产经营风险进行投保，事故发生后与死者法定继承人黄某2达成赔偿协议并履行完毕，因保险合同未约定被保险人因保险事故身故后的受益人，应按法定继承处理本案保险金。黄某2将保险金请求权转让给××公司2，由××公司2向保险公司索赔系其真实意思表示，未损害他人合法权益，有利于纠纷的解决，提高司法效率、节约司法资源。××公司2要求按合同约定意外伤害身故赔偿金额300000元支付保险金，符合法律规定和合同约定，本院予以支持。

三、车上人员责任险

案例69：（2017）闽0402民初86号、（2017）闽04民终1385号

［车上人员责任险保险金请求权主体］

案情简介：

2013年7月29日，张某1作为闽G×××××号重型厢式货车的车主为该车向××保险公司三明公司投保机动车商业险，其中第三者责任险限额1000000元，车上人员责任险（驾驶员）限额100000元，并投保了不计免赔特约险，保险期间自2013年7月30日0时起至2014年7月29日24时止。同日，因车辆过户，张某1与××保险公司三明公司同意自2013年12月13日0时起将原被保险人及行驶证车主张某1变更为张某1的丈夫洪某某，2013年7月30日，张某1将车辆过户给洪某某。2013年8月4日，驾驶员张某2驾驶被保险车辆至三明市三元区，在整理货车篷布时从车顶部摔落地面，导致双腿受伤。事故发生后，张某1向××保险公司三明公司报案。张某2经两次住院治疗，共计住院72天，花费医疗费61483.24元，均由张某1支付。2015年6月24日，经三明市劳动能力鉴定委员会鉴定，张某2的劳动能力功能障碍8级。2015年8月31日，××公司通过张某1的账户赔偿张某2工伤损失（不包含医疗费）147000元。2015年9月，张某1支付张某2误工费、护理费、生活费共计30000元。因张某2的此次工伤事故，工伤保险基金向××公司支付128104.59元（46925.8元+81178.79元）。2015年12月2日，经福建中博司法鉴定中心鉴定，张某2因高处坠落致两处十级伤残。

双方就保险公司是否需要承担车上人员责任险保险责任进行诉讼。

（2017）闽0402民初86号法院判决：

驳回张某1的诉讼请求。

（2017）闽0402民初86号法院裁判理由及结果：

张某1与××保险公司约定被保险人及车主变更为洪某某的时间为2013年12月13日，而涉案事故发生在2013年8月4日，故张某1作为被保险车辆的被保险人有权向法院提起诉讼。张某1起诉的是车上人员责任险，应当以张某1给受害人张某2造成损害，即张某1对受害人张某2依法负有赔偿责任为前提。涉案事故导致受害人张某2受伤已被认定为工伤，应由用人单位××公司而非张某1承担相应的赔偿责任。在没有法定赔偿责任的情况下，张某1自行向受害人张某2支付的91483.24元（医疗费61483.24元+误工费、护理费、生活费30000元）无权要××保险公司赔偿，张某1要求××保险公司在车上人员责任险限额内赔偿100000元的诉讼请求，没有法律依据，不予支持。

（2017）闽04民终1385号判决（节选）：

一、撤销福建省三明市梅列区人民法院（2017）闽0402民初86号民事判决；

二、××保险公司应于本判决生效之日起五日内向张某1赔偿车上人员责任保险金10万元。

（2017）闽04民终1385号法院裁判理由及结果：

二审中，张某1向本院提交新的证据材料：证人××公司的证言，证明受害人张某2工伤损害赔偿扣除三明市梅列区社会劳动保险管理中心赔偿之后，不足部分应当依法依事实由张某 1 个人来承担。××公司应赔偿受害人张某 2147000 元（不包含已垫付医疗费 61483. 24 元），另支付误工费、护理费、生活费 30000 元，扣除社会劳动保险已赔付 128104. 59 元，共 110378. 65 元均是由张某 1 个人承担履行的。××保险公司质证认为对××公司证言的真实性及证明内容有异议，一审法院裁决依法有据，××公司与受害人张某 2 有雇佣关系，张某 1 与受害人张某 2 的雇佣关系不能认定为工伤。原审第三人即受害人张某 2 质证认为，对××公司证言没有意见。本院认证认为：××保险公司对××公司证据的真实性及证明内容虽有异议，但未能提供相应证据予以证实。经审核，张某 1 提交的证人××公司证言符合证据的真实性、合法性、关联性特征，本院予以采信，可以作为本案的定案根据。

张某 1 与××保险公司签订的涉案保险合同成立并生效，双方应当按照合同约定履行义务。《机动车车上人员责任险条款》第四条约定，保险期间内，被保险人或其允许的合法驾驶人在使用被保险机动车过程中发生意外事故，致车上人员遭受人身伤亡，依法应当由被保险人承担的损害赔偿任，保险人依照本保险合同的约定负责赔偿。《不计免赔率特约条款》第一条约定，经特别约定，保险事故发生后，按照对应投保的险种规定的免赔率计算的，应当由被保险人自行承担的免赔金额部分，保险人负责赔偿。在投保时，××保险公司明知涉案保险车辆由张某 1 过户给其丈夫洪某某，因此，受害人张某 2 作为涉案保险车辆的驾驶员在使用被保险机动车辆过程中发生意外事故，属于保险人赔偿范围。本案保险事故发生后，张某 1 支付受害人张某 2 医疗费用 61483. 24 元以及误工费、护理费、生活费 30000 元，扣除社会劳动保险已赔付 128104. 59 元，张某 1 支付受害人张某 2 工伤损失赔偿差额为 18895. 41 元；上述合计 110378. 65 元已由张某 1 个人负担。因此，张某 1 在其投保期间向××保险公司主张按机动车商业保险合同约定的车上人员责任险限额 10 万元承担保险责任，不违反保险合同约定，本院予以支持。

案例 70：（2014）永民初字第 1926 号

［车上人员责任险保险金请求权主体］

案情简介：

2013年9月30日18时20分许，邓某1驾驶车牌号为闽G×××××号的自卸货车，从永安市安砂镇原福天轻钙厂往水南村方向行驶，行驶至事故路段时，后车厢与路中水泥柱上的水泥横梁发生碰撞，落下的水泥横梁砸中驾驶室车顶，造成司机邓某1当场死亡的重大交通事故。2013年10月9日，永安市公安局物证鉴定室作出法医学尸体检验分析意见书："根据现场勘查、调查访问、尸表检验，分析死者邓某1系因交通事故，水泥横梁砸中驾驶室车顶导致邓某1颅骨骨折、颅脑损伤而死亡。"2013年11月1日，陈某1的弟弟陈某3（甲方）与原告（乙方）签订调解协议书，该协议第一条约定："甲方同意一次性赔偿乙方500000元，以上赔偿款由甲方在本协议签订之日一次性向乙方付清。"第二条约定："甲方履行付款义务后，此事的处理即告终结，甲方不再因此事承担任何法律责任。乙方就此保证死者的供养亲属不再以任何形式、任何理由就邓某1意外死亡一事向甲方要求其他任何费用。"同日，陈某3通过永安市安砂镇经济服务中心将500000元赔偿款转账给原告。另查明，闽G×××××号重型自卸货车的行驶证登记车主为陈某1。2013年5月9日，投保人陈某1向××保险公司投保车上人员责任险（司机），保险期间为2013年5月29日0时至2014年5月28日24时。机动车辆保险证上载明被保险人为陈某1。2014年3月5日，××保险公司将车上人员责任险（司机）50000元赔偿款支付给陈某1。该款用于填补陈某1已赔给原告500000元的损失。

（2014）永民初字第1926号判决：

驳回原告邓某2、陈某2、林某某、邓某3的诉讼请求。

（2014）永民初字第1926号法院裁判理由及结果：

投保人陈某1向××保险公司投保了车上人员责任险（司机），陈某1与××保险公司之间形成保险合同关系。保险合同是基于保险人与被保险人之间的合意形成，其权利与义务由双方约定而产生。机动车辆保险证上载明被保险人为陈某1，符合《中华人民共和国保险法》（以下简称《保险法》）"投保人可以为被保险人"的规定。车上人员责任险（司机）属责任险，同时也属财产险。根据《保险法》规定，"责任保险是指以被保险人对第三者依法应负的赔偿责任为保险标的的保险。财产保险的被保险人在保险事故发生时，对保险标的应当具有保险利益。被保险人是指其财产或者人身受保险合同保障，享有保险金请求权的人。保险利益是指投保人或被保险人对保险标的具有法律上承认的利益”。在财产保险中，从发挥保险利益的功能角度考虑，保险利益归属于何人的制度应当与保险金请求权属于何人的制度保持协调，无保险利益即无所谓损害，就不应当获得保险赔偿请求权。本案中，陈某1作为投保人和被保险人，根据《保险法》的规定，对车上人员具有保险利益，享有保险金的请求赔偿权，原告因本起交通事故已得到500000元赔偿款，而车上人员责任险（司机）是以被保险人陈某1对保险事故应负的损害赔偿责任为保险标的。由此决定该保险是以填补负担损害赔偿责任后的实际财产损失为目的，而第三人××保险公司支付的50000元保险金并未超过原告已获得的500000元赔偿款，因此车上人员责任险（司机）的赔偿金应归被告陈某1所有。为此，原告主张车上人员责任险保险赔偿金的请求，依据不足，理由不能成立，不予支持。

律师睿见：

现实中，投保人往往不能很好地区分各险种的保险金请求权主体，无法精准投保自身所需险种，金融保险团队将常见险种保险金请求权主体进行列表说明。

表6　常见险种保险金请求权主体

<table>
<tr><th>险种</th><th>保险金请求权主体</th><th>保险公司承担
保险责任前提</th></tr>
<tr><td>个人意外伤害险</td><td>受害人或其法定继承人（合同有特别约定的以约定为准）</td><td>发生保险事故</td></tr>
<tr><td>团体人身意外伤害险</td><td>受害人或其法定继承人（合同有特别约定的以约定为准）</td><td>发生保险事故</td></tr>
<tr><td>安全生产责任险（主险）</td><td>用人单位</td><td rowspan="3">发生保险或责任事故并已支付受害人或其近亲属赔偿款</td></tr>
<tr><td>雇主责任险/建筑施工企业雇主责任险</td><td>雇主</td></tr>
<tr><td>车上人员责任险</td><td>车主或其他赔偿义务人</td></tr>
<tr><td>机动车第三者责任险</td><td>第三者或者承担赔偿责任的被保险人（车主）</td><td>被保险人（车主）为请求权主体时需已支付第三者或其近亲属赔偿款</td></tr>
</table>

根据表6，雇主为雇员投保个人意外伤害险、团体人身意外伤害险、建筑施工企业雇主责任险等险种时，应了解所投险种的受益人（被保险人）是雇主还是雇员本人，以免事故发生时，所投保的险种不能起到规避自身风险的作用。

案例68中，法院裁判认为保险金请求权可以转让的理论依据为：保险事故发生前，受益权是依附于人身关系的期待权，不能随便转让；保险事故发生后，受益权就转化为保险金给付请求权，该权利与普通民法债权没有本质区别，禁止其转让缺乏法律依据，除非存在《合同法》第七十九条规定的不得转让的情形[1]。

法条链接：

《中华人民共和国保险法》

第三十九条　人身保险的受益人由被保险人或者投保人指定。

投保人指定受益人时须经被保险人同意。投保人为与其有劳动关系的劳动者投保人身保险，不得指定被保险人及其近亲属以外的人为受益人。

被保险人为无民事行为能力人或者限制民事行为能力人的，可以由其监护人指定受益人。

第四十条　被保险人或者投保人可以指定一人或者数人为受益人。

受益人为数人的，被保险人或者投保人可以确定受益顺序和受益份额；未确定受益份额的，受益人按照相等份额享有受益权。

第四十一条　被保险人或者投保人可以变更受益人并书面通知保险人。保险人收到变更受益人的书面通知后，应当在保险单或者其他保险凭证上批注或者附贴批单。

投保人变更受益人时须经被保险人同意。

第四十二条　被保险人死亡后，有下列情形之一的，保险金作为被保险人的遗产，由保险人依照《中华人民共和国继承法》的规定履行给付保险金的义务：

（一）没有指定受益人，或者受益人指定不明无法确定的；

（二）受益人先于被保险人死亡，没有其他受益人的；

---

〔1〕最高人民法院民事审判第二庭编：《最高人民法院关于保险法司法解释（三）理解与适用》，人民法院出版社2015年版，第355—356页。

（三）受益人依法丧失受益权或者放弃受益权，没有其他受益人的。

受益人与被保险人在同一事件中死亡，且不能确定死亡先后顺序的，推定受益人死亡在先。

第四十八条 保险事故发生时，被保险人对保险标的不具有保险利益的，不得向保险人请求赔偿保险金。

《最高人民法院关于适用〈中华人民共和国保险法〉若干问题的解释（三）》

第九条 投保人指定受益人未经被保险人同意的，人民法院应认定指定行为无效。

当事人对保险合同约定的受益人存在争议，除投保人、被保险人在保险合同之外另有约定外，按照以下情形分别处理：

（一）受益人约定为“法定”或者“法定继承人”的，以继承法规定的法定继承人为受益人；

（二）受益人仅约定为身份关系，投保人与被保险人为同一主体的，根据保险事故发生时与被保险人的身份关系确定受益人；投保人与被保险人为不同主体的，根据保险合同成立时与被保险人的身份关系确定受益人；

（三）受益人的约定包括姓名和身份关系，保险事故发生时身份关系发生变化的，认定为未指定受益人。

第十条 投保人或者被保险人变更受益人，当事人主张变更行为自变更意思表示发出时生效的，人民法院应予支持。

投保人或者被保险人变更受益人未通知保险人，保险人主张变更对其不发生效力的，人民法院应予支持。

投保人变更受益人未经被保险人同意的，人民法院应认定变更行为无效。

第十一条 投保人或者被保险人在保险事故发生后变更受益人，变更后的受益人请求保险人给付保险金的，人民法院不予支持。

第十二条 投保人或者被保险人指定数人为受益人，部分受益人在保险事故发生前死亡、放弃受益权或者依法丧失受益权的，该受益人应得的受益份额按照保险合同的约定处理；保险合同没有约定或者约定不明的，该受益人应得的受益份额按照以下情形分别处理：

（一）未约定受益顺序和受益份额的，由其他受益人平均享有；

（二）未约定受益顺序但约定受益份额的，由其他受益人按照相应比例享有；

（三）约定受益顺序但未约定受益份额的，由同顺序的其他受益人平均享有；同一顺序没有其他受益人的，由后一顺序的受益人平均享有；

（四）约定受益顺序和受益份额的，由同顺序的其他受益人按照相应比例享有；同一顺序没有其他受益人的，由后一顺序的受益人按照相应比例享有。

第十三条　保险事故发生后，受益人将与本次保险事故相对应的全部或者部分保险金请求权转让给第三人，当事人主张该转让行为有效的，人民法院应予支持，但根据合同性质、当事人约定或者法律规定不得转让的除外。

第十四条　保险金根据保险法第四十二条规定作为被保险人的遗产，被保险人的继承人要求保险人给付保险金，保险人以其已向持有保险单的被保险人的其他继承人给付保险金为由抗辩的，人民法院应予支持。

第十五条　受益人与被保险人存在继承关系，在同一事件中死亡且不能确定死亡先后顺序的，人民法院应根据保险法第四十二条第二款的规定推定受益人死亡在先，并按照保险法及本解释的相关规定确定保险金归属。

第四节　无名氏

案例71：（2019）粤0514民初677号

[受害人系无名氏案件的处理]

案情简介：

闽G×××××号重型仓栅式货车的登记所有人系原告刘某某，魏某某系原告雇用的司机。2014年1月6日5时15分左右，魏某某驾驶闽G×××××号重型仓栅式货车行经324国道572千米+260米处时，与一名行人相碰撞，发生了致该行人当场死亡的交通事故。2014年1月21日，汕头市公安局潮南分局交通警察大队作出道路交通事故认定书，认定魏某某与未知名行人承担事故同等责任。2014年2月9日，汕头市公安局潮南分局交通警察大队向魏某某发出内容为“……请你于2014年3月30日前将400470.8

元死亡赔偿金交由汕头市公安局道路交通事故社会救助基金管理机构代为保存”的道路交通事故处理通知书。原告将400470.8元死亡赔偿金存入通知规定的账户后，于2015年4月13日向永安市人民法院提起保险合同之诉，后于2016年1月11日撤回起诉。2016年7月8日，原告向汕头市潮阳区人民法院提起行政诉讼，潮阳区人民法院于2017年5月12日作出行政裁定书，裁定驳回原告起诉；汕头市中级人民法院于2017年9月25日作出行政裁定书，裁定驳回上诉，维持原判；广东省高级人民法院于2018年4月8日作出（2018）粤行申618号受理通知书（至今未有结果）。

原告于2019年5月27日再次起诉要求被告承担保险责任。

法院判决：

被告保险公司应于三十日内支付原告交强险保险金110000元，在机动车第三者责任险限额内支付原告保险金290470.80元。

法院裁判理由及结果：

本案系保险合同纠纷。原告与被告签订的保险合同是双方当事人自愿订立，意思表示真实，合同依法成立、有效。双方当事人依合同约定享有权利和承担义务。根据保险合同的约定，被保险人在使用被保险机动车过程中发生交通事故，致使受害人遭受人身伤亡或者财产损失，依法应当由被保险人承担的损害赔偿责任，保险公司应当在其责任限额内承担保险责任。《广东省道路交通安全条例》第四十七条第四款规定，“交通事故死亡人员身份无法确认的，其死亡赔偿金按照事故发生地的上一年度城镇居民人均可支配收入计算二十年，交由道路交通事故社会救助基金管理机构代为保存”。原告根据交通部门出具的道路交通事故处理通知书，向汕头市道路交通事故社会救助基金管理机构支付了无名氏的死亡赔偿金400470.80元，并无不当。该损失系其依照上述法规履行的义务，属于其因本案交通事故造成的合法损失。被告保险公司应当依照合同约定承担赔付责任。被告保险公司辩称原告支付的死亡赔偿金属于提存款，且金额明显高于其应承担的费用，理由依据不足，不予采纳。若道路交通事故社会救助基金管理机构代为保存的本案死亡赔偿金今后有返还或退还部分款项，被告可向有关机构或个人主张权利。因此，原告主张被告保险公司赔偿其支付的交通事故无名死者死亡赔偿金400470.80元，合法有据，可予支持，被告保险公司应在交强险限额内赔付原告保险金110000元，以及在第三者责任险责任限额内赔偿原告保险金 290470.80 元。

另查明，广东省 2013 年度人身损害赔偿计算标准中城镇居民人均可支配收入（汕头地区）为 20023.54 元。

律师睿见：

交警部门根据法律、司法解释和地方性法规要求被保险人将无名氏死亡赔偿金支付至道路交通事故社会救助基金管理机构，视为被保险人已承担机动车第三者责任险合同约定的赔偿责任，被保险人可以根据《中华人民共和国保险法》第二条规定请求保险公司在交强险和机动车第三者责任险限额内支付相应保险金。

无名氏近亲属出现后，在诉讼时效期间内向保险公司请求支付死亡赔偿金的，保险公司可以依据其与道路交通事故救助基金管理机构的约定，请求后者代付；或者保险公司赔偿后，再向道路交通事故救助基金管理机构请求返还。

保险公司可以对已产生的费用如医疗费、丧葬费按照交强险赔偿标准凭票据赔偿，其他项目原则上不应向无赔偿请求权的个人或机构赔偿，可以根据法律文书另行处理[1]。

法条链接：

《最高人民法院关于审理道路交通事故损害赔偿案件适用法律若干问题的解释》

第二十六条　被侵权人因道路交通事故死亡，无近亲属或者近亲属不明，未经法律授权的机关或者有关组织向人民法院起诉主张死亡赔偿金的，人民法院不予受理。

侵权人以已向未经法律授权的机关或者有关组织支付死亡赔偿金为理由，请求保险公司在交强险责任限额范围内予以赔偿的，人民法院不予支持。

被侵权人因道路交通事故死亡，无近亲属或者近亲属不明，支付被侵权人医疗费、丧葬费等合理费用的单位或者个人，请求保险公司在交强险责任限额范围内予以赔偿的，人民法院应予支持。

---

〔1〕 最高人民法院民事审判第一庭编：《最高人民法院关于道路交通损害赔偿司法解释理解与适用》，人民法院出版社 2012 年版，第 355 页。

第五节 追 偿

案例72：（2018）闽0403民初402号

［交强险承保公司承担垫付后追偿的对象和金额］

案情简介：

2016年11月30日，唐某某无证驾驶巫某某所有的闽G×××××号普通二轮摩托车，行驶至梅列区东新二路麦当劳门口斑马线路段时，与正在通过人行横道的徐某某相撞，造成徐某某受伤的交通事故。事故发生后，唐某某驾车逃离现场。经梅列交警认定，唐某某负事故全部责任。巫某某为闽G×××××摩托车在××保险公司投保交强险。徐某某因本次事故造成的损失向梅列区人民法院提起诉讼，要求保险公司在交强险责任限额内承担赔偿责任。梅列区人民法院作出判决，判决保险公司在判决生效后十日内在交强险限额内赔偿原告徐某某各项损失50462.86元。保险公司在履行期内将款项支付给受害人后向法院提起追偿诉讼。

法院判决（节选）：

唐某某返还保险公司垫付的交强险保险理赔款的70%计××元，巫某某返还保险公司垫付的交强险保险理赔款的30%计××元。

法院裁判理由及结果：

驾驶人未取得驾驶资格引发交通事故导致第三人人身损害，保险公司在交强险限额内对第三人负有赔偿义务，但其有权在承担责任后向侵权人追偿。本案中，唐某某在未取得驾驶资格的情况下，驾驶闽G×××××号普通二轮摩托车引发交通事故，导致第三人徐某某人身损害，××保险公司根据生效判决在交强险限额范围内向徐某某赔偿了医疗费等各项损失合计50462.86元，其有权在赔偿的50462.86元范围内向侵权人追偿。《道路交通安全法》第七十六条及《侵权责任法》第四十九条是对交通事故赔偿主体的规定，与《机动车交通事故责任强制保险条例》第二十二条规定的内容不同，不存在规定相冲突的问题，巫某某（车主）有关××保险公司不享有追偿权的辩解，于法无据，本院不予采纳。此外，从上述规定看，保险公司行使追偿权的对象不限于直接侵权人，即“驾驶人”，还包括“驾驶人”在内的其他具有过错的“侵权人”。巫某某作为车主，对机动车负有管理、注意义务，在没有审查唐某某是否具有驾驶资格的情况下，将其所有的机动车借给唐某某使用，导致发生本案交通事故并造成第三人人身损害，存在一定过错，对此应承担相应的民事赔偿责任。综合双方过错程度及本案实际情况，本院酌定唐某某承担70%的赔偿责任，巫某某承担30%的赔偿责任。

律师睿见：

《机动车交通事故责任强制保险条例》第二十二条中的致害人包括驾驶人和存在过错的车主，车主虽不是道路交通事故直接致害人，但其主观上对无证、醉酒的驾驶人驾驶机动车危险程度高于正常情形是明知的，却无视这种危险，仍将机动车交付无证、醉酒的人驾驶，并导致事故的发生，存在过错。因此，将其归入《机动车交通事故责任强制保险条例》第二十二条中的致害人符合立法原意。这从《机动车交通事故责任强制保险条例》第二十二条将其表述为致害人而不是驾驶人也可印证。

认定驾驶人和车主分别按比例承担返还责任，亦是对驾驶人和车主在该起事故中的过错进行法律上的评判。

保险公司垫付后有权要求致害人全额返还。《机动车交通事故责任强制保险条例》第二十二条规定保险公司在机动车交通事故责任强制保险责任限额范围内垫付抢救费用后，有权向致害人追偿就已经对驾驶人和车主的过错作出全面否定的评价，确定追偿数额时还需考虑致害人的过错程度无疑让保险公司承担本该由致害人承担的风险和责任，系对交强险的功能和《机动车交通事故责任强制保险条例》二十二条立法原意的曲解，也有失公平。

法条链接：

《机动车交通事故责任强制保险条例》

第二十二条　有下列情形之一的，保险公司在机动车交通事故责任强制保险责任限额范围内垫付抢救费用，并有权向致害人追偿：

（一）驾驶人未取得驾驶资格或者醉酒的；

（二）被保险机动车被盗抢期间肇事的；

（三）被保险人故意制造道路交通事故的。

有前款所列情形之一，发生道路交通事故的，造成受害人的财产损失，保险公司不承担赔偿责任。

《最高人民法院关于审理道路交通事故损害赔偿案件适用法律若干问题的解释》

第十八条 有下列情形之一导致第三人人身损害，当事人请求保险公司在交强险责任限额范围内予以赔偿，人民法院应予支持：

（一）驾驶人未取得驾驶资格或者未取得相应驾驶资格的；

（二）醉酒、服用国家管制的精神药品或者麻醉药品后驾驶机动车发生交通事故的；

（三）驾驶人故意制造交通事故的。

保险公司在赔偿范围内向侵权人主张追偿权的，人民法院应予支持。追偿权的诉讼时效期间自保险公司实际赔偿之日起计算。

第二十一条 多辆机动车发生交通事故造成第三人损害，其中部分机动车未投保交强险，当事人请求先由已承保交强险的保险公司在责任限额范围内予以赔偿的，人民法院应予支持。保险公司就超出其应承担的部分向未投保交强险的投保义务人或者侵权人行使追偿权的，人民法院应予支持。

第七章　保险赔偿

第一节　报案与查勘

案例73：（2016）闽0402民初823号、（2016）闽04民终741号

［保险事故发生后，被保险人与保险人的义务］

案情简介：

原告徐某某与被保险人刘某于1999年3月24日办理结婚登记，系夫妻关系；被保险人刘某系原告刘某1、唐某某的儿子，被保险人刘某与原告刘某2系父女关系。

原告徐某某于2014年7月4日为刘某在被告处投保“乐行无忧两全保险”。合同生效日为2014年7月5日，合同期满日为2044年7月4日24时。保险费为每年3340元，交费期间5年，原告徐某某已交费2年。2015年8月14日下午16时30分许，刘某在建宁县体育馆田径场进行体育锻炼时摔倒，后送建宁县医院抢救无效，于2015年8月14日18时许死亡。

2015年8月14日，原告徐某某向推销保险的××银行的工作人员杨某某报案，杨某某当天向××保险公司营销员谢某某打电话报案，刘某于2015年8月16日进行了火化。事后，杨某某通知原告徐某某再拨打955××报案，保险公司要派人来调查。

建宁县医院疾病证明、门诊病历记录单、居民死亡医学证明书、火化证、户口注销证明，证明被保险人刘某在送往医院的途中死亡，死亡原因：原因不明。

庭审中，被告××保险公司向法庭陈述，其公司已按保险合同第2页第2.3.2条，按实际交纳的保险费的1.1倍，将赔付款7348元转入原告徐某某账户。

双方就刘某某死亡原因产生争议并由此引发诉讼。

（2016）闽0402民初823号法院判决（节选）：

被告××保险公司应于本判决生效后十日内赔偿原告徐某某等四人保险赔偿金200000元。

（2016）闽0402民初823号法院裁判理由及结果：

被保险人刘某死亡后，原告徐某某于当日向投保方的经办人杨某某报案，杨某某当天向被告方营销员谢某某报案，原告已按保险合同履行了保险事故通知，被告未及时对该起保险事故的性质、原因进行处理或提出异议，且被告事后的调查材料也无法证明被保险人为疾病身故。因此，应认定被保险人的死亡属于一般意外伤害身故，原告要求被告按保险合同第2.3.6条一般意外伤害身故进行赔偿符合合同的约定，本院予以支持。

综上，原告徐某某向被告××保险公司投保“乐行无忧两全保险”，受益人为被保险人刘某的法定继承人，事实清楚，证据充分，本院予以认定。被保险人刘某死亡后，原告徐某某及时履行了报案的义务，被告××保险公司未及时处理，且对被保险人在进行体育锻炼时突然摔倒在地，经抢救无效死亡无异议，故被告××保险公司应按保险合同履行赔偿责任。被告××保险公司以原告未提供证据证明被保险人刘某的死亡系一般意外伤害身故而拒绝向原告支付相关保险金的理由不充分，本院不予采纳；被保险人刘某的死亡符合保险合同第2.3.6条一般意外伤害身故，被告应按保险合同规定的基本保险金额的2倍给付保险金（基本保险金额为100000元）。故原告要求被告××保险公司支付赔偿金200000元的请求，理由成立，本院予以支持。

（2016）闽04民终741号法院判决：

驳回上诉，维持原判。

（2016）闽04民终741号法院裁判理由及结果：

1. 杨某某的证言足以证实，涉案保险事故发生当天徐某某就向杨某某报案，杨某某也通过上级主管保险人员向××保险公司报告了此事故。同时，杨某某应上级主管要求，通知了徐某某在事故发生后的10天内再拨打955××电话报案。为此，徐某某又在死者刘某殡葬完毕之后（保险事故发生后的 10 日内）向保险人报案。这一事实表明，徐某某不仅在事故发生当天向保险人及时报案，而且还按照保险人口头要求在保险事故发生之日起 10 日内通过 955 ×× 电话向保险人报案。完全符合保险条款 4. 2 条关于保险事故通知的约定，即“您、被保险人或受益人应当在知道保险事故发生之日起 10 日内通知本公司，如您、被保险人或受益人故意或者因重大过失未及时通知本公司，致使保险事故的性质、原因、损失程度等难以确定的，本公司对无法确定的部分，不承担给付保险金的责任”，故造成被保险人刘某死亡原因不确定的责任在 ×× 保险公司，并不是徐某某未及时通知保险人。即便徐某某未在保险事故发生当天报案，也就是上述约定所指的“如您、被保险人或受益人故意或者因重大过失未及时通知本公司，致使保险事故的性质、原因、损失程度等难以确定的，本公司对无法确定的部分，不承担给付保险金的责任”，该约定也属于保险合同中免除保险人责任的条款，从杨某某的陈述可以看出，在订立保险合同时，代表保险人方的杨某某，并未对该条款的内容以书面或口头形式向投保人徐某某作出明确说明，故该免责条款不产生效力。

2. 从本案的案情来看，刘某在体育馆田径场进行体育锻炼时摔倒后死亡，死亡原因不明。结合 ×× 保险公司提交的刘某健康体检报告和理赔谈话记录来看，刘某生前体检时并无具体的疾病，单位同事反映刘某生前身体状况良好，是在跑步停下后摔倒死亡，×× 保险公司也没有提供证据证明刘某在此前已经患有疾病。因此，刘某死亡是在跑步后摔倒等特定条件下产生的结果，并没有证据显示刘某是因其固有的疾病死亡，且作为涉案保险合同的销售人杨某某至今仍然认为，“我通过了解也认为徐某某的丈夫是意外死亡，应该获得赔偿 20 万元”。在双方当事人对涉案保险条款第 6. 6 条约定的“意外伤害”有争议的情况下，根据《中华人民共和国保险法》第三十条规定，“采用保险人提供的格式条款订立的保险合同，保险人与投保人、被保险人或者受益人对合同条款有争议的，应当按照通常理解予以解释，对合同条款有两种以上解释的，人民法院或者仲裁机构应当作出有利于被保险人和受益人的解释”，本案该争议的条款应当作出有利于受益人徐某某等四人的解释。应认定被保险人刘某的死亡属于一般意外伤害身故，保险人 ×× 保险公司应按照保险条款第 2. 3. 6 条的约定，给付一般意外伤害身故的保险金。

律师睿见：

投保人、被保险人、受益人在保险事故发生后及时向保险人报案，保险人在知道或者应当知道保险事故发生后及时查勘确定是否属于保险责任和损失是保险合同双方各自应履行的合同义务。

投保人、被保险人、受益人未依照合同约定履行报案义务并导致事故原因和损失无法查明的，就无法查明部分的损失，保险人不承担保险责任。

案例73中投保人在合同约定的10日内履行了报案义务，而保险人在接到报案后未及时查明刘某的死亡原因，并因此导致刘某系自身疾病死亡还是意外死亡无法查清，法院根据固有证据并结合保险法规定和保险合同约定综合分析认定刘某死亡属于意外事故，并判决保险人应按保险合同约定承担保险责任。

法条链接：

《中华人民共和国保险法》

第二十一条 投保人、被保险人或者受益人知道保险事故发生后，应当及时通知保险人。故意或者因重大过失未及时通知，致使保险事故的性质、原因、损失程度等难以确定的，保险人对无法确定的部分，不承担赔偿或者给付保险金的责任，但保险人通过其他途径已经及时知道或者应当及时知道保险事故发生的除外。

第二十二条 保险事故发生后，按照保险合同请求保险人赔偿或者给付保险金时，投保人、被保险人或者受益人应当向保险人提供其所能提供的与确认保险事故的性质、原因、损失程度等有关的证明和资料。

保险人按照合同的约定，认为有关的证明和资料不完整的，应当及时一次性通知投保人、被保险人或者受益人补充提供。

第二十三条 保险人收到被保险人或者受益人的赔偿或者给付保险金的请求后，应当及时作出核定；情形复杂的，应当在三十日内作出核定，但合同另有约定的除外。保险人应当将核定结果通知被保险人或者受益人；对属于保险责任的，在与被保险人或者受益人达成赔偿或者给付保险金的协议后十日内，履行赔偿或者给付保险金义务。保险合同对赔偿或者给付保险金的期限有约定的，保险人应当按照约定履行赔偿或者给付保险金义务。

保险人未及时履行前款规定义务的，除支付保险金外，应当赔偿被保险人或者受益人因此受到的损失。

任何单位和个人不得非法干预保险人履行赔偿或者给付保险金的义务，也不得限制被保险人或者受益人取得保险金的权利。

第二节 车上人员与第三者

一、车上人员可以转化为第三者

案例74：(2015) 梅少民字第112号

[车上人员能否转化为第三者]

案情简介：

2015年4月15日中午，乐某某驾驶闽G×××××号重型自卸货车，车上载有重约46吨的石灰石，由大田县广平镇红狮水泥自备矿区2号林场（广平镇苏桥村）往广平方向行驶。13时40分许，该车行驶至广平镇红狮水泥自备矿区2号林场（广平镇苏桥村）一左转弯的下坡干燥沙土路面路段，因乐某某驾驶闽G×××××号重型自卸货车操控不当致车辆失控，乐某某跳出驾驶室欲避险，其身体躯干部位不慎被失控的闽G×××××号重型自卸货车左后轮碾压，造成乐某某当场死亡的道路交通事故。2015年5月28日，大田县公安交通警察大队对该事故作出道路交通事故认定书，认定乐某某承担事故的全部责任。

诉讼中，各方就乐某某属于车上人员还是第三者产生争议。

法院判决（节选）：

被告××保险公司应在机动车交通事故责任强制保险限额内赔付原告乐某某五名近亲属110000元。

法院裁判理由及结果：

《机动车交通事故责任强制保险条款》规定的交强险保险合同中的受害人是指因被保险机动车发生交通事故遭受人身伤亡或者财产损失的人，不包括被保险机动车本车车上人员、被保险人。判断因被保险车辆发生意外事故而受害的人属于“第三者”还是属于“车上人员”，必须以该人在事故发生当时这一特定的时间是否身处被保险车辆之上为依据。其中“车上人员”是指发生交通事故时处于被保险车辆之上的人员，“第三者”是指投保人、保险人和被保险人以外的，因被保险车辆发生意外事故遭受人身损害和财产损失的保险车辆之下的受害者，在车上即为“车上人员”，在车下即为“第三者”。由于机动车辆是一种交通工具，任何人都不可能永久地置身于机动车辆之上，故机动车辆保险合同中所涉及的“第三者”和“车上人员”均为在特定时空条件下的临时性身份，即“第三者”和“车上人员”均不是永久的、固定不变的身份，二者可以因特定时空条件的变化而转化。本案中，受害者乐某某系被肇事车辆碾压致死，其在发生事故的这一特定的时间范围内处于被保险车辆之下，其身份已临时由“车上人员”转变为“第三者”，故应认定为本案被保险车辆交强险的“第三者”，被告应在机动车交通事故责任强制保险的限额内赔偿五原告各项损失。

二、车上人员不能转化为第三者

案例75：（2017）闽0424民初1040号、（2018）闽04民终384号

［车上人员能否转化为第三者］

案情简介：

见本书第二章第七节“多次转让未办理转移登记”案例18。

（2017）闽0424民初1040号法院判决（节选）：

驳回原告要求被告保险公司在交强险和机动车第三者责任险限额内承担保险责任的诉讼请求。

（2017）闽0424民初1040号法院裁判理由及结果：

本院分析认证认为，根据交强险和机动车第三者责任险保险合同约定，保险合同的车上人员是指发生意外事故的瞬间，在被保险机动车车体内或车体上的人员，包括正在上下车的人员。本案中，张某某、夏某某为乘车人员，属交强险和机动车第三者责任险保险合同中的车上人员，不因张某某、夏某某跳车而由车上人员转化为第三者。

（2018）闽04民终384号法院判决（节选）：

驳回上诉人要求保险公司在机动车第三者责任险限额内承担保险责任

的诉讼请求。

（2018）闽04民终384号法院裁判理由及结果：

关于××保险公司在本案中是否应在交强险及机动车第三者责任险赔偿限额范围内承担赔偿责任的问题，《机动车交通事故责任强制保险条例》第二十一条规定，“被保险机动车发生交通事故造成本车人员、被保险人以外的受害人人身伤亡、财产损失的，由保险公司依法在机动车交通事故责任强制保险责任限额范围内予以赔偿”。从法律条文的字面解释来看，该条规定的“本车人员”应包括机动车的驾驶人和乘客。本案中，张某某、夏某某跳车时，被保险车辆处在事故发生的过程中，张某某、夏某某仍是“本车人员”，不存在因事故的发生脱离本车而转化为机动车第三者责任强制保险中的“第三者”，不能作为机动车第三者责任强制保险限额赔偿范围的理赔对象。

三、车上人员因特定身份不能转化为第三者

案例76：（2016）闽0481刑初438号

［具有特定身份的车上人员能否转化为第三者］

案情简介：

2016年7月29日凌晨2时25分许，被告人王某某驾驶鲁QM××××重型半挂引车牵引超过载重质量的鲁Q××××重型普通半挂车在泉南高速公路上行驶。当车辆行驶至泉南高速（闽）B道170千米+20米路段，王某某驾驶的车辆碰撞前方因故障停于应急车道内由被害人李某某驾驶的闽F×××××号中型厢式货车的尾部，并将闽F×××××号中型厢式货车向前推移，造成当时位于车外检修车辆的李某某当场死亡，两车不同程度损坏及路产损失的道路交通事故。经福建省公安厅交警总队三明高速公路支队交通事故责任认定，被告人王某某在过度疲劳的情况下仍继续驾驶机动车，负该起事故的主要责任；被害人李某某在停车排除车辆故障时，未在来车方向设置警告标志，负该起事故的次要责任。2016年7月29日事故发生后，被告人王某某主动拨打交通事故报警电话并在现场等候交警处理。2016年11月29日，本院以交通肇事罪判处被告人王某某有期徒刑八个月，缓刑

一年。

诉讼中，各方就李某某属于“车上人员”还是“第三者”产生争议。

法院判决（节选）：

驳回原告要求两被告保险公司分别在交强险和机动车第三者责任险限额为承担保险责任的诉讼请求。

法院裁判理由及结果：

根据《保险法》对责任保险及《机动车交通事故责任强制保险条例》对交强险概念的规定，交强险、第三者责任险均是以被保险人对第三者的赔偿责任为保险标的，以填补被保险人对第三者承担赔偿责任所受损失的保险。《机动车交通事故责任强制保险条例》《机动车第三者责任保险条款》亦分别规定，受害人是指因被保险机动车发生交通事故遭受人身伤亡或者财产损失的人，但不包括被保险人；第三者系因被保险机动车发生意外事故遭受人身伤亡或者财产损失的人，但不包括被保险人。交强险、第三者责任险条款的上述内容符合法律规定，并未免除己方责任、加重被保险人的责任、排除被保险人的主要权利，应属有效。对于被保险人而言，无论其身在何处，其身份均无法因空间、所处位置的变化而随之改变，不存在被保险人与第三者之间的身份转化问题。因此，被保险人自身无论何种情形均不构成责任险中的第三者。

律师睿见：

实务中关于车上人员与第三者身份的认定，主要有五种观点：

第一，“解释说”。中国保险行业协会对车上人员定义为“发生意外事故的瞬间，在保险车辆车体内的人员，包括正在上下车的人员”。

第二，“依附说”。车上人员必须依附于车辆本身，如果人员脱离车辆，则不再属于车上人员。

第三，“承运关系说”。只要承运人购买了附加车上人员责任险且承运合同成立，不论旅客受伤时处于车上还是车下，都应成为车上人员。

第四，“近因说”。以受害人受害的近因发生时受害人所处的位置来判断。

第五，“瞬间说”。判断事故受害人是否属于车上人员必须以该人员在事故发生时的特定时间是否处于被保险车辆上为依据，在车上为车上人员，在车下即为第三者。

金融保险团队通过对国家法官学院案例开发研究中心整理的中国法院2012—2019年度道路交通纠纷案例归纳梳理，将“车上人员”与“第三者”身份认定的判例以列表形式呈现：

表7 车上人员与第三者身份认定统计

案例	年度	案号	地区	死亡（受伤）原因	观点
1	2012	（2010）绍嵊民初第1119号	浙江嵊州	甩出车外并被车碾压	近因说、瞬间说
2	2012	（2010）玉中民三终字第223号	广西玉林	甩出车外并被车碾压	近因说、瞬间说
3	2012	（2010）宜中民一终第00473号	湖北宜昌	甩出掉到路边	瞬间说
4	2013	（2011）东兴民初字第722号	四川内江	甩出车外并被车碾压	近因说、瞬间说
5	2014	（2012）赣中民四终字第19号	江西赣州	碾压（受害人同时系被保险人身份）	近因说、瞬间说
6	2015	（2013）焦民二终字第431号	河南焦作	甩出车外并被车碾压	近因说、瞬间说
7	2015	（2013）嘉民一（民）初字第4986号	上海嘉定	受害人系投保人，交强险认定为第三者，机动车第三者责任险认定为车上人员	
8	2016	（2014）云罗法民初字第396号	广东罗定	跳车避险	瞬间说
9	2016	（2014）穗中法民一终字第5039号	广东广州	受害人系司机	近因说、瞬间说
10	2017	（2015）民初字第103号	河南南阳	甩出车外并被车挤压	近因说、瞬间说
11	2017	（2015）淄民三终字第640号	山东淄博	上车过程中被车门挤压后跌落地面受伤	近因说
12	2018	（2017）云03民终字第38号	云南曲靖	事故发生后被外力抛出车外，不能改变其作为本车人员身份（车上人员）	
13	2019	（2017）川0104民初第805号	四川成都	司机下车查看路况被自己的车碾扎，不属于第三者。“任何危险作业的直接操作者均不能构成此类侵权案件的受害人”〔1〕	

〔1〕 张新宝：《侵权责任法原理》，中国人民大学出版社2005年版，第327页。

表7中所列13个案例，案例1至案例5（案例5受害人同时系被保险人）、案例6、案例8、案例9（受害人系司机）、案例10、案例11受害人被认定为第三者；案例12、案例13（受害人同时系车主）认定为车上人员；案例7（受害人同时系投保人）交强险认定为第三者，商业险认定为车上人员。

金融保险团队认为：认定受害人属于车上人员还是第三者，应先审查受害人是否具有投保人、被保险人（车主）等特定身份；如具有特定身份，则按法律规定和保险合同约定对其身份进行认定和排除；如不具有上述特定身份，则根据案件的实际情况结合以上几种观点、学说进行综合判断，确定受害人属于车上人员还是第三者。

实践中，“姐妹车”相撞造成财产损失的保险赔偿，交强险和机动车第三者责任险保险条款将被保险人所有的财产排除在第三者赔偿范围之外，其目的是为防范被保险人故意制造保险事故（诱发道德风险）。然而现实生活中，对于名下有多辆机动车的出租车公司、客运公司、物流公司、家庭而言，如机动车相互发生碰撞，不区分驾驶员故意还是过失一概不予理赔的做法对被保险人不公。对此情形，驾驶人故意制造保险事故的，保险人可拒绝承担保险责任，驾驶人过失造成事故，如果保险公司拒绝承担保险责任，则不但保险的保障功能得不到体现，对被保险人也不公平。因此，应区分案件的实际情况对“姐妹车”相撞造成财产损失是否赔偿进行认定。

法条链接：

《机动车交通事故责任强制保险条例》

第三条　本条例所称机动车交通事故责任强制保险，是指由保险公司对被保险机动车发生道路交通事故造成本车人员、被保险人以外的受害人的人身伤亡、财产损失，在责任限额内予以赔偿的强制性责任保险。

第二十一条　被保险机动车发生道路交通事故造成本车人员、被保险人以外的受害人人身伤亡、财产损失的，由保险公司依法在机动车交通事故责任强制保险责任限额范围内予以赔偿。

道路交通事故的损失是由受害人故意造成的，保险公司不予赔偿。

第三节　《道路交通事故受伤人员伤残评定标准》《人身保险伤残评定标准及代码》《人身保险残疾程度与保险金给付比例表》的适用

案例77：(2018) 闽0402民初1036号

［意外伤害险意外身故或残疾赔偿是按100%还是按20%计算］

案情简介：

2017年4月14日，××公司为郭某某等55人购买团体意外伤害保险（H2014），意外身故或残疾，赔付比例为100%，保险金额为110000元。意外住院补贴保险金，赔付比例为100%，保险金额为80元/天。保险期间自2017年4月16日起至2018年4月15日止。

团体意外伤害保险（H2014）条款，意外身故或意外残疾保障规定："若被保险人遭受意外伤害事故，并因本次意外伤害直接导致被保险人在该意外伤害事故发生之日起180日内发生《人身保险伤残评定标准及代码》（中国保险监督管理委员会发布，保监发〔2014〕6号，标准编号JR/T 0083—2013）中所列的伤残条目，本公司依照该标准规定的评定原则进行评定，并按评定结果所对应该标准的比例乘以该被保险人对应的保险金额给付意外残疾保险金。如自意外伤害事故发生之日起180日治疗仍未结束的，则按事故发生之日起180日内的身体情况进行伤残鉴定，并据此给付意外伤残保险金"。

人身保险伤残评定标准及代码规定，……将人身保险伤残程度划分为一至十级，最重为第一级，最轻为第十级，与人身保险伤残程度等级相对应的保险金给付比例分为十档，伤残程度第一级对应的保险金给付比例为100%，伤残程度第十级对应的保险金给付比例为10%，每级相差10%。

郭某某受伤后，于2017年6月16日在三明市第一医院住院，2017年6月22日出院，住院天数6天。

2017年8月14日，三明市人力资源和社会保障局作出工伤认定决定书，郭某某受到的事故伤害，符合《工伤保险条例》第十四条第（一）项之规定，属于工伤认定范围，现依法认定为工伤。

2018年3月19日，郭某某经福建广信司法鉴定所鉴定，鉴定结论为九级伤残，鉴定费1000元。

法院判决（节选）：

一、××保险公司应于本判决生效之日起三日内赔付郭××意外伤残保险金22000元；

二、××保险公司应于本判决生效之日起三日内赔付郭××意外住院补贴保险金480元。

法院裁判理由及结果：

1. 保险人按××保险公司团体意外伤害保险（H2014）条款、附加团体住院补贴医疗保险（H2014）条款、《人身保险伤残评定标准及代码》对投保的险种、赔付标准进行了约定。同时，由于投保人××公司承认其在投保时，××保险公司已对赔偿条款尽了告知义务，故××保险公司主张的残疾保险金的计算方式按所列的给付比例乘以意外伤害保险金额，符合合同的约定，本院予以支持。郭某某要求××保险公司按团体意外伤害保险赔付意外住院补贴保险金的请求，符合合同的约定，本院予以支持。

2. 2017年4月14日，××公司以郭某某等55人为被保险人向××保险公司投保团体意外伤害保险，保单号为AFUZG14G9917B000001I，保险期间是2017年4月16日至2018年4月15日，该保险已生效。郭某某在工作过程中受伤，经福建广信司法鉴定所进行鉴定，结论为九级伤残，××保险公司应按团体意外伤害保险向郭某某赔付意外残疾保险金（意外残疾保险金110000元×20%＝22000元）及（意外住院补贴保险金6天×80元/天＝480元）。××公司认可××保险公司已尽到了告知义务，郭某某以××保险公司在投保时未对意外身故或残疾的赔偿尽到提示及明确说明义务的理由，证据不足，本院不予支持。××保险公司认为意外住院保险金郭某某已在劳动仲裁案件中得到了赔付，请求法庭予以驳回的请求，证据不足，本院不予以支持。

案例78：（2013）梅民初字第399号、（2013）三民终字第407号、（2015）闽民申字第2152号

［意外险伤残等级及其残疾赔偿金的认定］

案情简介：

2012年4月12日，原告向被告购买自助卡号码分别为0110478000055340、0110478000055341的××常盛卡（电子保单）两张，并于当日拨打电话激活该卡，经保险公司确认后，形成的保单号分别为19131113190010656431、19131113190010656926，保险期限为2012年4月13日0时至2013年4月12日24时，保单保额均为残疾赔偿金70000元、医疗费7000元、住院津贴25元/天。2012年4月13日上午，原告上班时被电锯锯伤左手指，被送往三明曙光医院治疗。原告的伤情经福建中博司法鉴定中心鉴定，评定为七级伤残。之后原告要求被告赔偿损失，被告却以不属于保险责任为由拒赔，双方由此引发诉讼。

（2013）梅民初字第399号法院判决（节选）：

被告××保险公司应支付70232元保险金给原告。

（2013）梅民初字第399号法院裁判理由及结果：

本院认为，保险人按《人身保险残疾程度与保险金给付比例表》所列给付比例乘以意外伤害保险金额给付残疾保险金的条款，减轻、限制保险公司对保险责任的承担，就其实质与功能而言，属于免除部分责任的条款。本案中，免责条款不生效，故被告主张的残疾保险金计算方式没有依据，本院不予支持。且被告向法庭提供的××常盛卡产品说明手册的保险金额条款中规定，“意外伤害身故或残疾保险金额70000元”，也未明确残疾保险金需按比例给付。原告主张的残疾保险金70232元未超过两份意外伤害保险的残疾保险金限额140000元，符合法律规定，本院予以支持。

（2013）三民终字第407号判决：

驳回上诉，维持原判。

（2013）三民终字第407号法院裁判理由及结果：

电子保单规定，“××保险公司对××常盛卡投保的保险仅提供电子保单”，说明本案保险人未向投保人提供《人身保险残疾程度与保险金给付比例表》。根据《最高人民法院关于适用〈中华人民共和国保险法〉若干问题的解释（二）》第九条第一款规定，“保险人提供的格式合同文本中的责任免除条款、免赔额、免赔率、比例赔付或者给付等免除或者减轻保险人责任的条款，可以认定为保险法第十七条第二款规定的免除保险人责任的条款”。涉案《人身保险残疾程度与保险金给付比例表》所列给付比例给付残疾保险金，减轻了保险人责任，属上述司法解释规定的“免除保险人责任的条款”，因保险人尽到明确说明义务，故《人身保险残疾程度与保险金给付比例表》对本案不产生效力，××保险公司主张《人身保险残疾程度与保险金给付比例表》属于部门规章，具有强制性效力，缺乏法律依据，本院不予采纳。由于××保险公司举证的××常盛卡产品说明手册的保险条款中规定，“意外伤害身故或残疾保险金额70000元”，电子保单所获保障也规定，“被保险人意外身故、残疾保险金额70000元”，且二者均未明确残疾保险金需按《人身保险残疾程度与保险金给付比例表》按比例给付。因此，郑某某主张的残疾保险金70232元未超过两份意外伤害保险的残疾保险金限额140000元，符合法律规定，一审据此支持郑某某的该项请求，并无不妥。

综上所述，原审判决认定事实清楚，适用法律正确，上诉人××保险公司上诉请求缺乏事实依据和法律依据，本院不予支持。

（2015）闽民申字第2152号法院裁定：

驳回××保险公司的再审申请。

（2015）闽民申字第2152号法院裁判理由及结果：

关于应否按照《人身保险残疾程度与保险金给付比例表》计算残疾保险金问题，1998年中国人民银行发布的《人身保险残疾程度与保险金给付比例表》与1999年中国保险监督管理委员会发布的《关于继续使用〈人身保险残疾程度与保险金给付比例表〉的通知》，发文对象是各类保险机构，主要规范保险机构的行为，如果对投保人适用该比例表，则降低了残疾保险金的赔付比例，减轻了保险人应承担的残疾保险金责任，实际上具有免责条款的性质。按照《中华人民共和国保险法》第十七条第二款规定，保险人亦应作出说明。该《人身保险残疾程度与保险金给付比例表》未在保单中体现，××保险公司也未能举证证明在订立保险合同时尽到说明义务，因此不能以《人身保险残疾程度与保险金给付比例表》计算本案的残疾赔偿金。人民法院根据郑某某的主张，判决××保险公司支付残疾赔偿金70232元，未超出两份意外伤害保险的残疾保险金限额140000元，并无不妥。

律师睿见：

司法实践中，案例77、案例78中保险合同约定根据伤残等级对应的指数计算残疾赔偿金的条款，多数被认定为免责条款，保险人需对投保人尽到明确说明义务，否则为无效条款；保险人需按《道路交通事故受伤人员伤残评定标准》评定的等级，依据人身损害赔偿标准计算出的损失在保险限额内承担保险责任。

保险人按赔付表中所列比例乘以保险金额给付残疾保险金不属于免责条款裁判观点：

保险条款约定将被保险人伤残程度的重与轻和保险人给付保险金的多与少相对应，是兼顾被保险人利益的同时合理分担各方权利义务的约定，并未在保险公司承担保险责任的范围内减轻或排除其应当承担的风险与损失，且经中国保监会备案，不属于《最高人民法院关于适用〈中华人民共和国保险法〉若干问题的解释（二）》第九条规定的“比例赔付或者给付”，不应当认定为免除保险人责任的条款，也不适用经提示、明确说明才生效的相关规定[1]。

第四节　机件不符合技术标准

案例79：（2013）梅民初字第1711号

［机件不符合技术标准的车辆发生事故，商业险能否免责］

案情简介：

2012年8月27日，原告将其自有的主车、挂车向被告投保机动车交强险、商业险，商业险中：主车的车辆损失险290000元且不计免赔，第三者责任险1000000元且不计免赔；挂车的车辆损失险90000元且不计免赔，第三者责任险500000元且不计免赔；保险期限自2012年9月8日至2013年9月7日。2013年4月19日18时，原告雇请的驾驶员宁某某驾驶涉案主车牵引的挂车，行驶至永安市城安线3千米+150米路段与相对方向罗某1驾驶的无牌号两轮摩托车相撞，造成罗某1当场死亡和两车损坏的后果。本起道路交通事故经永安市公安局交通管理大队作出责任认定：宁某某承担本起事故的全部责任，罗某1无责任。另外，经对闽G×××××号重型半挂

〔1〕 寿宝金：《保险法实务应用全书》，人民法院出版社2019年版，第173—174页。

牵引车、闽G××××挂号重型普通半挂车检验鉴定后认定：本次事故发生时，闽G×××××号重型半挂牵引车转向一轴左右盘式车轮制动器配合间隙均跳开无制动力，不符合国标GB 7258—2012《机动车运行安全技术条件》第7.2.3条款有关规定。各方就保险公司是否承担机动车第三者责任险保险责任引发诉讼。

法院判决（节选）：

被告需在交强险、机动车第三者责任险限额内赔偿原告××元，第三人××元。

法院裁判理由及结果：

原、被告特别约定，“本保险人不承担车辆改装件的保险责任”，但并未对“不承担车辆改装件的保险责任”进行解释。特别条款未尽事宜，以基本险条款或附加险条款为准，三者险、车辆损失险的保险条款的责任免除条款中均规定：被保险机动车存在“更换发动机、车身、车架中任意两项或两项以上的，未按国家有关规定进行变更登记并向保险人办理批改手续”情形的，保险人不负责赔偿。本案中被保险车辆虽被认定为机件不符合技术标准（主车转向一轴左右方式车轮制动器配合间隙均跳开无制动力、主车货箱左右侧面安全防护装置下缘离地高度大于国家标准、挂车后部左右缺白光倒车灯配置），但不存在更换发动机、车身、车架的情形，不符合上述保险条款中保险人不负赔偿责任的规定，被告不能据此免责。

律师睿见：

《中华人民共和国道路交通安全法》第二十一条规定：“驾驶人驾驶机动车上道路行驶前，应当对机动车的安全技术性能进行认真检查；不得驾驶安全设施不全或者机件不符合安全技术标准等具有安全隐患的机动车。”“机件不符”的情形在货车、改装的私家车中较为常见。

《机动车辆保险条款（2009版）》车辆损失险规定更换发动机、车身、车架中任意两项或两项以上的，未按国家有关规定进行变更登记并向保险人办理批改手续，由此造成保险车辆损失或者第三人人身或财产损失的，保险人不负责赔偿。因肇事车辆改装的部件不属于发动机、车身、车架中任意两项或两项以上，保险公司需承担保险责任。

而《机动车综合商业保险示范条款（2014版）》机动车损失保险和机

动车第三者责任保险条款规定：被保险机动车被转让、改装、加装或改变使用性质等，被保险人、受让人未及时通知保险人，且因转让、改装、加装或改变使用性质等导致被保险机动车危险程度显著增加，由此造成保险车辆损失或者第三人人身或财产损失的，保险人不负责赔偿。需要说明的是：（1）2014 版条款释义部分未对改装、加装进行解释。（2）2009 版条款强调的是改装、加装的行为，2014 版条款侧重的是改装、加装导致危险程度增加并由此引发的后果。

第五节　超载免赔率计算

案例 80：（2016）闽 0481 刑初 438 号

［车辆超载发生事故，机动车第三者责任险的计算］

案情简介：

见本书第七章第二节“车上人员与第三者”案例 76

法院判决（节选）：

××保险公司 2 机动车第三者责任险承担的份额为［（944978.13 元－112000 元）×70%×（1－10%）］＝524776.22 元。

法院裁判理由及结果：

经查，根据生效刑事判决及交警部门行政处罚决定书认定，事故发生时，王某某驾驶的肇事车辆确实存在超载的事实，保险公司对投保车辆违反安全装载规定，实行 10% 的绝对免赔率的条款已采取了加粗、加黑等特别提示标识进行了提示。王某某作为一名职业驾驶员，对车辆超载这一基本常识的含义及法律后果应当有清楚而明确的认识，可以推定××保险公司 2 已经尽到了提示及明确说明义务。××保险公司 2 主张超载增加 10% 绝对免赔率的意见，符合法律规定，本院予以采纳。

律师睿见：

违反安全装载规定发生事故，《机动车综合商业保险示范条款（2014 版）》将其作为免责事项，保险公司不负责赔偿；但违反安全装载规定不是事故发生直接原因的，增加10%的绝对免赔率。

机动车损失赔款计算方法：

（一）全部损失

赔款=（保险金额－被保险人已从第三方获得的赔偿金额）×（1－事故责任免赔率）×（1－绝对免赔率之和）－绝对免赔额

（二）部分损失

被保险机动车发生部分损失，保险人按实际修复费用在保险金额内赔偿：

赔款=（实际修复费用－被保险人已从第三方获得的赔偿金额）×（1－事故责任免赔率）×（1－绝对免赔率之和）－绝对免赔额

违反安全装载规定发生事故，《机动车综合商业保险示范条款（2014版）》机动车第三者责任保险对其实行10%的绝对免赔率。

赔款计算：

1. 当（依合同约定核定的第三者损失金额－机动车交通事故责任强制保险的分项赔偿限额）×事故责任比例等于或高于每次事故赔偿限额时：

赔款=每次事故赔偿限额×（1－事故责任免赔率）×（1－绝对免赔率之和）。

2. 当（依合同约定核定的第三者损失金额－机动车交通事故责任强制保险的分项赔偿限额）×事故责任比例低于每次事故赔偿限额时：

赔款=（依合同约定核定的第三者损失金额－机动车交通事故责任强制保险的分项赔偿限额）×事故责任比例×（1－事故责任免赔率）×（1－绝对免赔率之和）。

第六节　当事人自行达成调解协议的效力

案例81：（2016）闽0402民初3538号、（2017）闽04民终438号、（2017）闽0402民初1581号

［在保险合同纠纷中，当事人未经保险公司同意和追认，自行达成调解协议的效力］

案情简介：

2016年8月2日，周某某驾驶林某所有的闽D×××××小型越野车沿三明市梅列区205国道山深线2215千米+510米路段由北向南行使，至事故地点（三明市梅列区正宗平汽车修理中心）掉头时，与范某1驾驶的沿205国道由北向南行驶的闽G×××××普通二轮摩托车发生碰撞，造成范某1当场死亡及两车损坏的后果。三明市公安局交警支队梅列区交警大队认定周某某负事故全部责任，死者范某1不负事故责任。因本起交通事故，林某及周某某支付了死者家属许某某、范某2死亡赔偿金800000元、丧葬费30000元、精神抚慰金80000元共计910000元。林某同时还支付肇事车施救费750元、维修费106703元。原告林某要求被告××保险公司在机动车第三者责任险和机动车损失险限额内承担保险责任，被告以事故发生时车辆未年检为由拒绝承担保险责任。

（2016）闽0402民初3538号判决（节选）：

××保险公司应于本判决生效后十日内支付给林某保险理赔金800000元，施救费600元，车辆维修费106703元。

（2016）闽0402民初3538号法院裁判理由及结果：

肇事驾驶员周某某在法院主持下与死者家属达成赔偿协议，其行为不违反有关法律规定，且现有证据不能认定赔偿标准过高或存在其他不合法的行为，故对该份调解书本院予以确认。林某作为车主及被保险人，通过他人银行账户将赔偿款全额支付给死者家属，应为本案适格的原告，有权向保险人主张保险理赔金。故林某请求判令××保险公司支付保险理赔金800000元，施救费600元，车辆维修费106703元的诉讼请求，于法有据，予以支持。

（2017）闽04民终438号法院裁定：

撤销三明市梅列区人民法院（2016）闽0402民初3538号民事判决；本案发回三明市梅列区人民法院重审。

（2017）闽04民终438号法院裁判理由及结果：

一审判决未按机动车第三者责任险保险条款约定确定保险理赔金，认定的保险赔偿金数额事实不清，证据不足。

（2017）闽0402民初1581号处理结果：

双方在法院的主持下，达成调解协议。

律师睿见：

在涉嫌交通肇事罪的案件中，肇事司机为取得受害人或其近亲属谅解，往往以高于法定的赔偿标准与受害人或其近亲属达成调解并签订赔偿协议，并在将赔偿款支付给受害人或其近亲属后，以被保险人名义向法院提起诉讼，要求保险公司按赔偿协议的金额支付保险金。

但赔偿协议事先未征得保险人同意，事后也未取得保险人追认，基于合同相对性原理，协议的内容特别是赔偿金额对保险人不具有约束力，被保险人向保险人申请理赔时，保险人有权对受害人的损失重新核定，并可能导致全部或部分费用得不到赔偿。

被保险人未征得保险人同意与受害人或其近亲属签订调解协议时，应审查受害人或其近亲属主张各项费用的合法性和合理性，以免保险人对协议金额不予认可而出现保险人对第三者损失重新核定的情形。

同时，应充分预见由受害人提起机动车道路交通事故责任纠纷与被保险人提起保险合同纠纷的区别。如醉酒驾驶情形下，由受害人或其近亲属提起诉讼要求保险公司承担交强险 120000 元的垫付责任，保险公司在承担垫付责任后，再向肇事者追偿，此时肇事者需返还的数额可以和保险公司协商。而肇事者支付赔偿款后再由被保险人起诉保险公司要求其承担交强险 120000 元保险责任，因此时交强险所保障的第三者利益已经实现，该诉讼请求将面临被驳回的风险。

第七节　投保单、保险单、保险凭证与投保时间、缴费时间、出单时间、保险期间在诉讼中的作用和区别

案例 82：（2018）闽 0402 民初 1603 号、（2018）闽 04 民终 1157 号

[投保单、保险单、保险凭证与投保时间、缴费时间、出单时间、保险期间在诉讼中的作用和区别]

案情简介：

2015 年 10 月 11 日，原告陈某某雇主邓 ×× 向被告 ×× 保险公司投保国寿综合意外伤害保险（2013），共计花费 600 元，保险期间为 2015 年 10 月

11 日至 2016 年 10 月 10 日，保险金额 378000 元，保险人数 6 人，每人意外伤害保险金额 60000 元，意外医疗保险金额 3000 元。

2015 年 12 月 30 日 12 时 27 分，原告驾驶闽 G××××× 号机动车与谭某某驾驶的豫 R××××× 重型半挂货车牵引豫 R×××× 挂车在三元区三化厂内发生碰撞，造成原告受伤的交通事故，事故经认定，谭某某负本起事故的主要责任，原告负事故次要责任。事故发生后，原告被送往三明市中西医结合医院诊治，共住院 93 天，共计花费医疗费 183408.43 元，出院后伤残等级经评定为一处五级伤残，一处十级伤残。原告的损失经（2016）闽 0403 民初 868 号民事判决、（2017）闽 04 民终 299 号民事判决认定为 1170888.53 元。原告与被告就赔偿事宜引发诉讼。

（2018）闽 0402 民初 1603 号法院判决：

××保险公司应于本判决生效之日起五日内支付陈某某案涉《××综合意外伤害保险（2013 版）》项下保险理赔款 63000 元。

（2018）闽 0402 民初 1603 号法院裁判理由及结果：

保险人在与投保人签订保险合同之前或者签订保险合同之时，对于保险合同中所约定的免责条款，除了在保险单上提示投保人注意外，还应当对有关免责条款的概念内容及其法律后果等，以书面或者口头形式向投保人或其代理人作出解释，以使投保人明确该条款的真实含义。本案中，陈某某提供的被保险人清单注明保险合同生效日期：2015 年 10 月 11 日；汇交件承保通知书写明合同成立日期：2015 年 10 月 12 日 17 时 8 分；保费确认日期：2015 年 10 月 12 日 17 时 8 分，打印日期：2015 年 10 月 13 日。而××保险公司提供的汇交申请书（乙）汇交人声明上的申请日期为：2015 年 10 月 12 日。这也进一步说明本案诉争保险合同签订时间应为 2015 年 10 月 12 日，即××保险公司应在签订合同之前或之时（2015 年 10 月 12 日）将保险合同中约定的免责条款一并告知邓某某。现根据汇交件承保通知书注明的打印日期为 2015 年 10 月 13 日，通知书第四点保险责任项下写明“为了您及投保人充分了解保险保障权益及其他相关规定，请详阅所附条款”，××保险公司未能提供其他证据证实其在 2015 年 10 月 12 日之前即将免责事项告知邓某某，故应认定××保险公司系在 2015 年 10 月 13 日将汇交件承保通知书打印并将所附《××综合意外伤害保险（2013 版）》保险条款同时提交邓某某，迟于保险合同签订之日。保险公司将无证驾驶机动车的强制性规定作为免责条款时，应尽到一般的提示义务，但××保险公司在订立本案诉争保险合同之后才告知免责条款，不符合尽到一般提示义务的情形，该免责条款无效。关于陈某某认为其无证驾驶机动车在引发案涉事故中的三个原因中作用最轻微，不符合保险的近因原则的辩解意见，案涉道路交通事故认定书虽认定案外人谭某某的违法行为在该事故中所起作用以及过错的严重程度较之于陈某某大，但并未对陈某某无证驾驶机动车是否会引发案涉事故进行确认。在保险中，损害原因的确定决定了保险人是否应当承担保险合同所规定的保险责任，保险人对保险合同项下赔付责任的履行取决于在符合保险合同规定的前提下，承保风险与承保损害之间的因果关系。故陈某某的该辩解意见本院不予采纳。

综上所述，依法成立的合同受法律保护，邓某某为其雇员陈某某在××保险公司投保了××综合意外伤害保险，该保险合同是双方真实意思表示，合法有效，双方应按合同内容履行。本案诉争保险合同第五条系保险人免责条款，其中包括“被保险人酒后驾驶、无合法有效驾驶证驾驶或无有效行驶证驾驶的行为”，而保险公司所举证的证据仅能证实其向邓某某尽到提示和说明义务，无法证实提示和说明系在购买案涉保险之时或之前进行的。根据《最高人民法院关于适用〈中华人民共和国保险法〉若干问题的解释（二）》第十条之规定，保险人将法律、行政法规中的禁止性规定情形作为保险合同免责条款的免责事由的，保险人对该条款应进行提示。在保险合同中，保险合同的当事人处于一种明显的信息不对称境地，保险人与投保人相比处于绝对的信息优势地位，保险人应向投保人承担说明义务，弥补投保人在信息方面的弱势，实现双方的信息对等。本案中，无证驾驶机动车虽是法律禁止性行为，但根据《保险法》第十七条第二款的要求，保险人应对所有免除保险人责任的条款都承担提示和明确说明义务，对以禁止性规定情形作为免责事由的免责条款更应尽提示和说明义务，要求保险人就免责条款进行提示和明确说明有利于督促保险人根据诚实信用原则履行义务，故本案中该免责条款无效。陈某某的损失经（2016）闽0403民初868号民事判决、（2017）闽04民终299号民事判决认定为1170888.53元，高于本案诉争保险合同约定的意外伤害保险金额60000元及意外医疗保险金额3000元之和，故××保险公司应按保险合同约定支付保险金，陈某某要求××保险公司支付保险理赔金63000元的诉讼请求本院予以支持。

（2018）闽 04 民终 1157 号处理结果：

在审理过程中，经法院主持调解，当事人自愿达成如下协议，人民法院确认：××保险公司 2018 年 9 月 30 日前支付陈某某案涉《××综合意外伤害保险（2013 版）》项下保险理赔款 30000 元。陈某某不得就案涉《××综合意外伤害保险（2013 版）》再向××保险公司主张权利。

律师睿见：

保险合同纠纷中，有投保人签字或盖章的投保单可以作为证实保险人就免责条款向投保人尽到明确说明义务的证据，而保险单（副本）“特别提示”无此作用，但可作为保险公司已就法律、行政法规中的禁止性规定情形尽到提示义务的证据。

《中华人民共和国保险法》第十七条规定，保险人对免责条款的明确说明义务应在保险合同成立之时或之前履行。因此，在判断保险人是否有就免责条款尽到明确说明或提示义务时，应审查保险费缴纳时间、保单出单时间、保险合同成立和生效时间、投保人签署投保单时间、保险条款打印时间等进行综合分析认定。

法条链接：

同本书第八章“商业险免责条款明确说明与提示”。

第八节 保险法基本原则与解释规则

一、近因原则

案例 83：（2016）闽 0429 民初 327 号、（2016）闽 04 民终 1345 号

［保险合同纠纷中，能否直接引用保险法基本原则进行裁决］

案情简介：

2015 年 11 月 27 日，案外人肖某 1 驾驶无牌普通摩托车从上青乡往城关方向行驶至 205 省道 304 千米＋880 米路段时，碰到停放在非机动车道上由金湖城投公司工作人员范某某驾驶的原告所有的车号为闽 G××××× 轻型货车的尾部，造成案外人肖某1当场死亡。事故经泰宁县交通警察大队作出事故认定：肖某1驾驶无牌普通二轮摩托车行驶在非机动车道内，且未注意观察前方道路情况，确保安全行驶，是该事故发生的原因之一，负本起交通事故的主要责任；范某某未取得机动车驾驶证驾驶机动车的行为，与事故的发生没有因果关系，范某某驾驶车牌号为闽G×××××号轻型普通货车（载货超长），行驶至事故路段时，将车辆停放在非机动车道上影响其他车辆通行，是该事故发生的另一原因，负本起交通事故的次要责任。

事故发生后，在泰宁县交通警察大队主持下，金湖城投公司与案外人肖某2（肖某1的儿子）自愿达成损害赔偿协议，金湖城投公司一次性赔偿死亡赔偿金、丧葬费、赡养费、精神抚慰金合计339000元整，该款于2015年12月1日前一次性赔付，双方纠纷了结。

双方就范某某无证驾驶保险公司是否需要承担保险责任进行诉讼。

（2016）闽0429民初327号法院判决（节选）：

××保险公司应当依照保险合同的约定在保险赔偿限额内向金湖城投公司支付保险金××元。

（2016）闽0429民初327号法院裁判理由及结果：

近因原则系判断保险事故与保险标的损失之间的因果关系，从而确定保险赔偿责任的一项基本原则。所谓近因，是指导致保险损失最直接、最有效、起决定性作用的原因。如果近因属于承保风险，保险人应承担赔付责任；如果近因属于除外风险或未保风险，则保险人不承担赔付责任。通常来说，被保险人未取得驾驶证驾驶机动车的行为可能会使驾驶的危险程度明显增加从而引发交通事故，即保险事故的发生与无证驾驶之间存在因果关系。但就本案而言，泰宁县公安局交通管理大队对事故原因已经认定，“金湖城投公司工作人员范某某未取得机动车驾驶证驾驶机动车的行为与事故的发生没有因果关系”，即范某某无证驾驶的行为不是本案保险损失发生的近因。本次保险损失发生的近因系“肖某1驾驶摩托车行使在非机动车道内，且未注意观察前方道路情况，确保安全行使”和“范某某驾驶超载超长车辆停放在非机动车道上”，而该近因无疑属于本案《机动车交通事故责任强制保险条款》《机动车第三者责任条款》的承保范围，不在《机动车交通事故责任强制保险条款》第九条、第十条，《机动车第三者责任条款》第七条约定的责任免除条款的范围内。因此，金湖城投公司在向死者家属赔付后，××保险公司应当依照保险合同的约定在保险赔偿限额内向金湖城投公司支付保险金。

（2016）闽04民终1345号判决：

驳回上诉，维持原判。

（2016）闽04民终1345号法院裁判理由及结果：

上诉人责任免除的前提是：交通事故的发生与无证驾驶之间存在因果关系。本案中，金湖城投公司工作人员范某某虽未取得机动车驾驶证驾驶机动车，但根据泰宁县公安局交通管理大队的道路交通事故认定：事故系因范某某驾驶超载超长车辆停放在非机动车道上及肖某某驾驶摩托车行驶在非机动车道内且未注意观察前方道路情况，范某某未取得机动车驾驶证驾驶机动车的行为与事故的发生没有因果关系，故不属于《机动车交通事故责任强制保险条款》第九、第十条，《机动车第三者责任条款》第七条约定的责任免除条款的范围，对于上述免责条款是否尽到“明确说明”义务已没有必要讨论。上诉人以此拒赔，理由不能成立。

二、不利解释

案例84：（2013）梅民初字第113号、（2013）三民终字第399号

［保险合同纠纷中，不利解释规则适用前提］

案情简介：

2011年6月28日，××公司就其所有的机器设备向被告××保险公司投保财产综合险，总保险金额为25155200元（评估价值），总保险费为15093.12元，保险期间为2011年6月29日至2012年6月28日，其中1400轧机的保险金额为2208000元。合同签订后，××公司向××保险公司缴纳了保费，××保险公司向××公司出具财产综合险保险单一份。2011年10月5日，××公司轧机车间发生火灾事故，烧毁1400轧机设备部分零件。因本起事故××公司花费1400轧机修复费用487196元。事故发生后，三明市梅列区公安消防大队对本起事故作出火灾事故认定书，认定起火原因为1400轧机设备前轧辊处从西至东第一根轧辊北侧滚珠轴承发生故障飞溅火星引燃轧制液MOA－82，灾害成因为××公司员工（肖某某）脱岗，未及时处置故障和发现火灾，并且扑救初期措施不当。××公司向××保险公司申请理赔时，××保险公司以××公司代表存在重大过失为由拒绝承担保险责任。

（2013）梅民初字第113号法院判决（节选）：

一、××保险公司应于判决生效之日起三日内向××公司支付1400轧机损失保险金487196元；

二、××保险公司应于判决生效之日起三日内向××公司支付逾期付款利息（该逾期付款利息以487196元为基数，按银行同期贷款利率从2012年9月21日起计算至判决确定的还款之日）。

（2013）梅民初字第113号法院裁判理由及结果（节选）：

一、原告的员工肖某某在本起事故中不能认定为故意或重大过失。

二、肖某某不属于“投保人、被保险人及其代表的故意或者重大过失行为”中的代表。

三、被保险人理解的代表为公司的董事长、总经理或者控股股东（对财产享有权益的人），显然普通员工不符合代表的含义。当被保险人的理解与保险人的理解不一致时，应根据《中华人民共和国保险法》第三十条的规定，作出有利于被保险人和受益人的解释。

（2013）三民终字第399号法院处理结果：

一、上诉人××保险公司应于本调解协议签字之日起一个月内支付给被上诉人××公司保险赔偿款44万元，被上诉人××公司放弃其他诉讼请求。

二、上诉人××保险公司如未按上述约定期限付清44万元，双方当事人同意按照一审判决执行。

律师睿见：

案例83中，范某某未取得驾驶证，其交通安全意识低于经过正规培训并取得驾驶证的驾驶人，其对超载超长车辆停放在非机动车道上的危险未能充分预见，由此导致事故的发生，属于保险法上的近因。法院和交警均认定事故的发生与范某某无证驾驶没有因果关系有失偏颇，系对保险法近因原则的曲解。

实践中，依据近因原则对人身保险合同纠纷案件被保险人的损失是由承保事故还是非承保事故、免责事由造成难以确定，在此情形下，当事人按照相应比例请求保险人给付保险金的，人民法院可以根据案件的实际情况作出认定。

案例84中，当被保险人和保险人对“公司代表”存在重大过失的理解发生争议时，应根据《中华人民共和国合同法》第四十一条、《中华人民共和国保险法》第三十条之规定作出不利于保险人（有利于被保险人）的解释。

法条链接：

《中华人民共和国合同法》

第四十一条[1]　对格式条款的理解发生争议的，应当按照通常理解予以解释。对格式条款有两种以上解释的，应当作出不利于提供格式条款一方的解释。格式条款和非格式条款不一致的，应当采用非格式条款。

《中华人民共和国保险法》

第三十条　采用保险人提供的格式条款订立的保险合同，保险人与投保人、被保险人或者受益人对合同条款有争议的，应当按照通常理解予以解释。对合同条款有两种以上解释的，人民法院或者仲裁机构应当作出有利于被保险人和受益人的解释。

---

〔1〕《中华人民共和国民法典》规定为第三编“合同”第四百九十八条。

第八章　商业险免责条款明确说明与提示

第一节　无从业资格证

案例 85：（2018）闽 0403 民初 1839 号

［驾驶人无从业资格证驾驶车辆发生事故，商业险能否免责］

案件简介：

见本书第四章第七节“残疾辅助器具及其相关费用”案例 16。

法院判决（节选）：

××保险公司应在交强险和机动车第三者责任险限额内赔偿原告 532264.38 元，应于本判决生效之日起三十日内付清。

法院裁判理由及结果：

本案在审理过程中，罗某某对 ××保险公司提供的机动车综合商业保险投保单中“保险人已明确说明免除保险人责任条款的内容及法律后果”及投保人签章处“罗某某”的字迹真实性有异议，要求对该字迹是否是罗某某本人书写予以鉴定。经本院委托，福建正泰司法鉴定中心于 2019 年 2 月 28 日出具福建正泰司法鉴定中心司法鉴定意见书，载明：倾向认为检材落款日期为 2017 年 11 月 1 日投保人声明中“保险人已明确说明免除保险人责任条款的内容及法律后果”以及投保人签章处“罗某某”的字迹与本院所提供的样本字迹不是同一人书写。本院认为，××保险公司辩称郑某某没有上岗证，不承担机动车第三者责任险的赔偿责任，但其未能提供证据证明已就该免责条款对投保人作出明确说明，故对该主张不予采纳。

驾驶人无从业资格证驾驶车辆发生事故商业险能否免责裁判观点集锦：

一、保险人不承担保险责任

1. 保险人已就免责条款尽到明确说明义务。

2. 从构建和谐社会，加强社会综合治理的角度考虑，无从业资格证商业险免赔有利于增强对营运性车辆的规范管理，促进道路运输行业的自我完善，从而保障道路运输安全[1]。

二、保险人承担保险责任

1. 保险人未尽到免责条款的明确说明义务，无从业资格证免责条款无效。

2. 《道路运输从业人员管理规定》第六条第二款规定，从业资格是对从业人员所从事的特定岗位职业素质的基本评价，其不涉及对驾驶员驾驶能力的考核。驾驶资格按通常意义理解指的应是驾驶机动车的能力或资格。因此，从业资格的有无与能否驾驶机动车无必然联系，也与是否发生交通事故没有必然联系，取得机动车驾驶证后即使无从业资格证也可驾驶与准驾车型相符的机动车[2]。

3. 保险合同未具体明确交通运输部门核发的“许可证或其他必备证书”的名称，在被保险人提出异议的情况下，应当作出不利于保险格式条款制定者保险公司的解释。

第二节　无证驾驶

案例 86：（2016）闽 0426 刑初 408 号

［驾驶人无证驾驶车辆发生事故，商业险能否免责］

案情简介：

见本书第二章第九节“车主存在过错”案例 22。

---

〔1〕李翠梅：《保险公司以驾驶员无从业资格证拒赔商业三者险的免责条款不当然无效》，载国家法官学院案例开发研究中心编：《中国法院 2019 年度案例（道路交通纠纷）》，中国法制出版社 2019 年版，第 142 页。

〔2〕姜霖：《保险公司能否以车主雇佣的司机没有营运资格证为由拒绝在商业险范围内赔偿》，载国家法官学院案例开发研究中心编：《中国法院 2018 年度案例（道路交通纠纷）》，中国法制出版社 2018 年版，第 214 页。

法院判决（节选）：

一、附带民事诉讼被告人××保险公司应于本判决生效之日起十日内向附带民事诉讼原告人洪某某、肖某某分别先行赔付人民币60203.22元、59796.78元（已分别垫付5000元），××保险公司赔付后享有依法向被告人吴某1追偿的权利。

三、驳回附带民事诉讼原告人洪某某、肖某某的其他诉讼请求。

法院裁判理由及结果：

被告人吴某1吸食冰毒后无驾驶资格驾驶机动车，在行驶中违反道路交通安全管理法规，导致事故发生，致使二人重伤，并负事故全部责任。吴某1对因其肇事行为造成附带民事诉讼原告人的经济损失依法应承担民事赔偿责任。附带民事诉讼被告人××保险公司作为肇事车的交强险承保单位，应承担相应的赔偿责任，附带民事诉讼被告人××保险公司作为肇事车的商业险承保单位，已经对于无证驾驶行为的免责条款向投保人陈某某尽到提示义务，故××保险公司不承担赔偿责任。

案例87：（2014）梅民初字第1316号、（2014）三民终字第627号

（驾驶证在计分周期内被记12分驾驶车辆发生事故，商业险能否免责）

案情简介：

2014年1月11日17时45分左右，原告驾驶闽G×××××号小型客车在省道206线114千米+550米处路段与闽C05-×××××号拖拉机发生碰撞，该交通事故导致原告车辆损坏的后果。经德化县公安交警大队认定，原告承担该起事故全部责任，原告为此支付维修费80977元。另查明，原告驾驶证在事故发生时已被记12分。

（2014）梅民初字第1316号判决：

被告××保险公司应于本判决生效后十日内赔偿原告潘某某车辆维修费80977元。

（2014）梅民初字第1316号法院裁判理由及结果：

原告发生交通事故时，其持有的机动车驾驶证在一个记分周期内因交通违法行为被记12分，但并未因此丧失驾驶资格，其驾驶证也未被交警部门扣留。因此，原告驾驶证被记 12 分仍驾驶机动车与无证驾驶机动车有着本质的区别。因涉诉保险合同保险条款赫然约定，若驾驶人被记 12 分，其驾驶被保险车辆发生意外事故则保险公司不承担赔偿责任。该条款极易让人误解为驾驶人如果驾驶证被记 12 分仍驾驶机动车等同于无证驾驶，混淆了原告驾驶证被记 12 分的行为性质，其实质是免除了保险人依法应承担的义务或者加重投保人、被保险人的责任。况且，上述保险条款属于保险人提供的格式条款，根据《中华人民共和国保险法》的立法精神，应认定为无效条款，不能成为被告不承担保险赔偿责任的合同依据。

（2014）三民终字第 627 号法院判决：

驳回上诉，维持原判。

（2014）三民终字第 627 号法院裁判理由及结果：

经庭审调查，××保险公司确认其提供的××保险公司机动车辆保险投保单上的投保人签字并非林某某本人签名，××保险公司主张是林某某妻子代为签字，并没有提供相应证据证实，××保险公司亦未能提供其他证据证明已就涉案保险合同免责条款向林某某本人履行过明确说明和提示义务，故该免责条款不生效。

无证驾驶发生事故商业险裁判观点集锦：

一、保险人不承担保险责任

无证驾驶、实习期驾驶机动车牵引挂车、实习期上高速发生事故

1. 属于法律、行政法规禁止性规定，保险公司就免责条款尽到提示义务，不承担保险责任。

2. 实习期上高速，不属于合法驾驶人。

二、保险人承担保险责任

（一）实习期驾驶机动车、未持有特种作业操作证操作特种作业车发生事故

1. 保险公司未尽到免责条款的明确说明义务。

2. 《中华人民共和国道路交通安全法实施条例》与《机动车驾驶证申领和使用规定》对实习期的不同规定，导致现实生活中对实习期的理解存

在歧义，应作出不利于保险人的解释[1]。

（二）军人持军队驾驶证驾驶民用车辆发生事故

根据《公安部交通管理局对交通管理工作中两个问题请示的复函》（公交管〔1991〕第35号）规定，军人持军队驾驶证驾驶民用车辆属于无证驾驶行为。但由于上述复函系公安部作出，其位阶层次较低，社会的认知度亦较低，保险公司免责具有一定的不合理性[2]。

（三）驾驶证逾期未换证、驾驶证逾期年审、驾驶人逾期体检、驾驶证过期但未超过一年、驾驶证在一个计分周期内累计达到12分发生事故

1. 驾驶证逾期未换证，但主管部门仍保留该驾驶员的资格，只要驾驶证未被注销，就应认定驾驶人具有驾驶资格，且保险公司未就免责条款尽到明确说明义务[3]。

2. 驾驶证逾期年审不等于无效或被吊销，保险公司加重投保人、被保险人责任的保险条款属无效条款，且逾期年审与本起事故没有因果关系[4]。

3. 驾驶人逾期体检事后通过。

4. 驾驶证过期但未超过一年，不属于无证驾驶。

5. 在一个计分周期内累计达到12分，驾驶人未按照相关规定接受相关学习和考试的，并不会产生驾驶证自动吊销的法律后果，也不会产生无证驾驶的后果[5]。

（四）驾驶员冒用他人姓名及身份证取得驾驶证发生事故

驾驶员采用欺骗等不正当手段向行政机关申请驾驶机动车并取得许可，依法应当撤销，撤销是对非法取得行政许可所作出的终止驾驶资格的处理

---

〔1〕 柳学生：《对增驾实习期内驾驶牵引挂车机动车的保险公司可否免赔》，载国家法官学院案例开发研究中心编：《中国法院2019年度案例（道路交通纠纷）》，中国法制出版社2019年版，第174页。

〔2〕 王志刚：《军人持军队驾驶证驾驶民用车辆是否属于无证驾驶行为》，载国家法官学院案例开发研究中心编：《中国法院2015年度案例（道路交通纠纷）》，中国法制出版社2015年版，第84页。

〔3〕 叶秀清、林逸群：《超期驾驶证的驾驶资格认定》，载国家法官学院案例开发研究中心编：《中国法院2017年度案例（道路交通纠纷）》，中国法制出版社2017年版，第27页。

〔4〕 杨达、郭东武：《驾驶证逾期未审验，保险公司能否免赔》，载国家法官学院案例开发研究中心编：《中国法院2018年度案例（道路交通纠纷）》，中国法制出版社2018年版，第31页。

〔5〕 顾佰成、胡芯瑜：《机动车驾驶人驾驶证被累计扣满12分不属于保险人免责事由的认定》，载国家法官学院案例开发研究中心编：《中国法院2019年度案例（道路交通纠纷）》，中国法制出版社2019年版，第82页。

决定，而不是确认行政许可自始无效，终止自撤销决定作出并生效之日起发生法律效力。投保人依法审查驾驶员的证件，已尽应有的注意义务，不存在过错[1]。

第三节　酒后驾驶

案例88：（2017）闽0421民初637号、（2018）闽04民终206号

［驾驶人酒后驾驶车辆发生事故，商业险能否免责］

案情简介：

2017年5月23日19时7分许，陈某某驾驶赣F×××××号重型厢式货车（车主为××汽车物流配送有限公司）由明溪县盖洋往明溪县城关方向行驶，行至明溪县省道秀里线371千米+450米（王桥）路段时与对向驶来由潘某1驾驶的鄂C×××××号重型自卸货车发生碰撞，造成陈某某、潘某1当场死亡，鄂C×××××号重型自卸货车乘车人潘某2受伤，两车不同程度损坏的交通事故。2017年6月20日，明溪县公安局交通警察大队对事故作出道路交通事故认定书，认定两车辆各项性能均无异常，陈某某饮酒后驾车越过单虚线的违法行为是导致本起事故的直接原因，应负本起事故的全部责任。

各方就驾驶人酒后驾驶机动车发生事故，保险公司是否需承担机动车第三者责任险保险责任产生争议。

（2017）闽0421民初637号法院判决（节选）：

驳回五原告要求××保险公司在机动车第三者责任险限额内承担保险责任的请求。

（2017）闽0421民初637号法院裁判理由及结果：

根据《中华人民共和国道路交通安全法》第二十二条第二款的规定："饮酒、服用国家管制的精神药品或者麻醉药品，或者患有妨碍安全驾驶机

[1] 高宪伟：《冒用他人名字考取驾驶证驾驶车辆对保险事故产生的影响》，载国家法官学院案例开发研究中心编：《中国法院2018年度案例（道路交通纠纷）》，中国法制出版社2018年版，第39页。

动车的疾病，或者过度疲劳影响安全驾驶的，不得驾驶机动车。”《最高人民法院关于适用〈中华人民共和国保险法〉若干问题的解释（二）》第十条的规定：“保险人将法律、行政法规中的禁止性规定情形作为保险合同免责条款的免责事由，保险人对该条款作出提示后，投保人、被保险人或者受益人以保险人未履行明确说明义务为由主张该条款不生效的，人民法院不予支持。”本案中，××保险公司提供证据证实了已向××汽车物流配送有限公司作出提示，该投保人在确认收到条款及机动车综合商业保险免除责任事项说明书后，在投保人签章处加盖公司印章。各当事人认为仅加盖公司印章无经办人签名不符合规定，且在说明的内容材料及时间上均不合常理，故不能视作保险人已尽到提示义务。本院认为，公司行为应以是否加盖公司印章为准，而不应以经办人签名为准，同时考虑车辆投保的实际操作流程，本案中赣F×××××号车辆投保人已接受保险人的提示属实，应予认定。据此，五原告要求××保险公司在商业险范围内承担赔偿责任的主张，不能成立。

（2018）闽04民终206号法院判决：

驳回上诉，维持原判。

（2018）闽04民终206号法院裁判理由及结果：

本案是因驾驶员饮酒后开车引发的机动车交通事故责任纠纷，根据《中华人民共和国保险法》第十七条规定，“订立保险合同，采用保险人提供的格式条款的，保险人向投保人提供的投保单应当附格式条款，保险人应当向投保人说明合同的内容。对保险合同中免除保险人责任的条款，保险人在订立合同时应当在投保单、保险单或者其他保险凭证上作出足以引起投保人注意的提示，并对该条款的内容以书面或者口头形式向投保人作出明确说明；未作提示或者明确说明的，该条款不产生效力”。《最高人民法院关于适用〈中华人民共和国保险法〉若干问题的解释（二）》第十条规定，“保险人将法律、行政法规中的禁止性规定情形作为保险合同免责条款的免责事由，保险人对该条款作出提示后，投保人、被保险人或者受益人以保险人未履行明确说明义务为由主张该条款不生效的，人民法院不予支持”。因此，保险人如将法律、行政法规禁止性规定作为免责条款的免责事由的，仍应向投保人进行提示和说明，但可减轻或免除保险人的明确说明义务，而保险人仍应按照《最高人民法院关于适用〈中华人民共和国保险法〉若干问题的解释（二）》第十一条的要求，对相应禁止性规定作为免责事由的免责条款进行提示。本案中，××汽车物流配送有限公司作为被保险人就其赣F×××××号车在××保险公司投保了交强险、机动车第三者责任险。从一、二审查明的事实和在案证据看，××保险公司在商业险和交强险保险单上重要提示栏，分别提示“请详细阅读承保险种对应的保险条款，特别是责任免除和赔偿处理”“请详细阅读保险条款，特别是责任免除和投保人、被保险人义务”。因此，从投保单记载来看，××保险公司已在保险单上对有关免责条款作出能够足以引起投保人注意的提示，已就有关免责条款的内容向投保人作出明确说明，已经履行了法定义务。另外，作为投保人的××汽车物流配送有限公司在投保单投保人声明栏中盖章确认××保险公司向其明确说明免责条款的行为，应当视为××保险公司已向××汽车物流配送有限公司履行了免责条款的明确说明义务。因此，上诉人的该项上诉请求不能成立，本院不予支持。

案例89：（2018）闽0428民初1677号

［驾驶人无证酒后驾驶车辆发生事故，商业险能否免责］

案情简介：

2017年11月11日0时25分许，被告肖某某无证酒后驾驶被告饶某某向案外人××汽车租赁服务部租赁的闽K×××××号小型轿车自日照东门方向往华山公园方向行驶至夏华商厦路段右转弯时，与自华山公园方向往农贸市场方向行驶由原告郑某某驾驶的将乐×××××号三轮车相撞，造成两车不同程度损坏及原告受伤的后果，被告肖某某逃离现场。2017年12月29日将乐县公安局交通警察大队按照简易程序作出了道路交通事故认定书，认定被告肖某某负事故的全部责任。

法院判决（节选）：

××保险公司应于本判决生效后的三十日内，在机动车交通事故责任强制保险死亡伤残赔偿限额内赔偿郑某某各项费用合计110000元。驳回郑某某要求保险公司承担机动车第三者责任险的诉讼请求。

法院裁判理由及结果：

因肖某某系无证且酒后驾驶，属于第三者责任保险免赔情形，故不足部分由肖某某赔偿郑某某各项损失38217.76元。

驾驶人酒后驾驶车辆发生事故商业险免责裁判观点：

保险人不承担保险责任

1. 保险公司就酒驾免责条款尽到明确说明义务。

2. 酒驾属于严重违法行为，如果对这种违法行为由保险公司赔付商业三者险，行为人因违法行为获得利益，客观上纵容了违法行为的发生。从个案来看，可能给受害人给予了保护，但从整个社会来看，却会引导错误的价值取向，有违保险制度设立的初衷，有违公序良俗[1]。

第四节 交通肇事逃逸

案例90：(2016) 闽0481民初1813号、(2017) 闽04民终278号

[驾驶人肇事逃逸，商业险能否免责]

案情简介：

见本书第一章第二节“交通肇事逃逸”案例8。

(2016) 闽0481民初1813号法院判决（节选）：

被告××保险公司应在机动车第三者责任险保险限额内对原告郑某某等人的损失承担保险责任。

(2016) 闽0481民初1813号法院裁判理由及结果：

1. ××保险公司提供的机动车辆保险条款第四条第八项规定，“发生意外事故时，驾驶人有以下情形之一的，保险人不负赔偿责任：事故发生后，被保险人或驾驶人在未依法采取措施的情况下驾驶保险车辆或者遗弃保险车辆逃离事故现场或故意破坏、伪造现场、毁灭证据的”。本案中，事故认定书认定过错原因为“舒某某指示该车乘车人叶某某冒名顶替为该车驾驶员”，并不属于条款规定的情形。

---

〔1〕 袁园：《委托配偶签订投保合同应认定对投保人本人履行提示说明义务》，载国家法官学院案例开发研究中心编：《中国法院2019年度案例（道路交通纠纷）》，中国法制出版社2019年版，第207页。

2. “弃车逃逸”属于法律禁止性规定情形，××保险公司将其纳入免责条款的拒赔理由后，虽不承担该条款的明确说明义务，但无法免除特别提示义务。根据《中华人民共和国保险法》第十七条规定，“对保险合同中免除保险人责任的条款，保险人在订立合同时应当在投保单、保险单或者其他保险凭证上作出足以引起投保人注意的提示”。保险法关于提示义务的履行方式的规定系强制性规范，而非倡导性规范，××保险公司应对本案争议的免责条款采用足以引起投保人注意的文字、字体、符号等明显标志进行提示。本案中，××保险公司提供的证据为投保人声明处有“高某某”签字的投保单，但该声明的免责条款内容中没有争议条款，更没有对争议条款的具体内容作出明确解释。从××保险公司提交的保险凭证的形式外观看，××保险公司既没有按照保监会《关于加强机动车辆商业保险条款费率管理的通知》第二条第（三）项要求的在投保单首页最显著的位置，用红色四号以上字体增加“责任免除特别提示”下手书，保险条款中的免责条款与其他条款均为同一小号字体，排列密集紧凑，对于相关免责条款仅稍加黑加粗，并未对免责条款进行单列提示，根本达不到足以引起投保人注意的程度。因此舒某某指示该车乘车人叶某某冒名顶替为该车驾驶员并不属于××保险公司提供的机动车辆保险条款第四条第八项规定的情形。且××保险公司未能就交通肇事逃逸的条款对投保人尽到特别提示义务，××保险公司提供的“弃车逃逸”免责条款不发生效力，××保险公司作为肇事车辆的承保人应在保险责任限额内承担赔偿责任。

（2017）闽04民终278号判决：

驳回上诉，维持原判。

案例91：（2015）永民初字第4894号、（2016）闽04民终935号

［驾驶人肇事逃逸，商业险能否免责］

案情简介：

2015年5月5日，余某1酒后驾驶闽G×××××号轿车，行经事故路段时，与余某2驾驶的电动三轮车发生碰撞，造成余某2受伤和车辆损坏的交通事故，且余某1肇事后逃逸。经交警大队认定，余某1负主要责任，余某2负次要责任。

（2015）永民初字第4894号法院判决（节选）：

××保险公司应在所承保的机动车第三者责任保险的责任限额内承担保险责任。

（2015）永民初字第4894号法院裁判理由及结果：

被告××保险公司提交的投保单上“余某1”签章部位的签名非余某1本人所写，提交的投保单亦为电话营销专用机动车辆保险单，以上证据均不能证明被告××保险公司尽到了明确的告知义务，其辩称的被告酒驾肇事逃逸保险不予赔偿的理由不能成立。

（2016）闽04民终935号法院判决：

驳回上诉，维持原判。

（2016）闽04民终935号法院裁判理由及结果：

被上诉人余某1就涉案闽G×××××号轿车向上诉人××保险公司投保交强险、商业险及不计免赔险，涉案事故发生在保险期间，××保险公司应依法依约承担保险责任。被上诉人余某1酒后驾车且在肇事后逃逸，属法律、行政法规中的禁止性规定情形，如该情形被作为保险合同免责条款的免责事由，根据《中华人民共和国保险法》第十七条，《最高人民法院关于适用〈中华人民共和国保险法〉若干问题的解释（二）》第十条、第十一条第一款的规定，保险人虽无须履行明确说明义务，但仍应在投保单或者保险单等其他保险凭证上，对保险合同中免除保险人责任的条款，以足以引起投保人注意的文字、字体、符号或者其他明显标志作出提示。本案中，涉案投保单上被上诉人余某1的签名经鉴定并非其本人所写，上诉人××保险公司未能就其已对有关免责条款尽到提示义务的主张尽到举证证明责任，有关免责条款不产生效力。

案例92：（2016）闽0425民初629号

［驾驶人肇事逃逸，商业险能否免责］

案情简介：

见本书第二章第十节“挂靠”案例23。

法院判决（节选）：

被告××保险公司在交强险限额内赔偿原告102998.91元（扣除前面已

垫付的10000元），限于本判决生效之日起三十日内付清；驳回原告要求保险公司在机动车第三者责任险限额内承担保险责任的诉讼请求。

法院裁判理由及结果：

肇事车辆闽G×××××号东风牌重型半挂牵引车肇事时，已向被告××保险公司投保了交强险、商业险，被告××保险公司应依法按保险合同条款约定对被告蔡某某应承担的赔偿责任在交强险责任限额内承担民事赔偿责任。鉴于××保险公司对投保人××物流公司在签订保险合同时已就免责条款尽到提示和说明义务，因而保险人对机动车第三者责任险可以免责，超出交强险理赔的部分应由被告蔡某某承担，被告××物流公司承担连带赔偿责任。

驾驶人肇事逃逸商业险裁判观点集锦：

一、保险人不承担保险责任

（一）交通肇事逃逸属于法律、行政法规的禁止性规定，保险公司尽到提示义务，不承担保险责任。

（二）事故发生后弃车离开现场的行为，致使保险公司及交警部门无法判定其驾驶状态，保险公司可以根据免责条款拒赔。另外，事故发生后，驾驶员在本人未受重伤急需医治，又无其他人员受伤需要抢救的情况下弃车离开现场，违反交通法规规定和社会公德。如果在此种情况下，保险公司仍作出赔偿，必将对社会公序良俗产生负面的影响。

（三）在偏远路段，驾驶人发生事故后逃逸，伤者很容易因驾驶员逃逸得不到及时救治，另外，由于驾驶员逃逸后伤者未挪至路边很容易造成二次事故，若此种情形仍由保险公司承担保险责任，无疑会纵容行为人的违法行为，不利于为社会树立正确的价值导向。

（四）如果交通肇事后驾驶人逃逸也可以由保险公司承担赔偿责任，投保的侵权人几乎完全置身于赔偿之外，这势必导致侵权行为人不履行或者不完全履行救助等义务。同时，驾驶人肇事后擅自离开现场，则难以判定驾驶人的真实身份、驾驶时的身体及心理状态，例如是否存在顶包，是否涉嫌酒后驾驶或醉酒驾驶情形等，这必将增加保险公司的责任风险，使保险合同的履行处于不公平的状态。

二、保险人承担保险责任

（一）肇事逃逸需主观上有逃避法律责任的故意，客观上离开事故现场。肇事者在事发后虽无立即停车，但在离开现场后短时间内自行返回事故现场，并同受害人一同前往医院，伤者并没有延误治疗，也没有造成现场的破坏。这种情况可不构成逃逸[1]。

（二）1. 交通肇事逃逸的构成要件：第一，行为人明知发生了肇事行为；第二，主观上是为了逃避法律追究，逃避事故责任；第三，客观上实施了驾驶车辆或者遗弃车辆逃离事故现场的行为。

2. 发生交通事故，肇事司机未立即停车，一般存在以下心理状态：（1）恐慌心理，发生交通事故内心恐惧，不知道怎么做；（2）畏罪心理，害怕承担法律责任；（3）侥幸心理，以为没人发现。无论是何种心态，肇事者必然要经过一番心理斗争，是守法还是违法？在此思想斗争过程中，肇事者可能没有立即停车，倘若法院认定未立即停车并在短时间返回的行为仍构成逃逸，肇事司机会认为即使回去也会被认定为逃逸，进而选择继续逃离，且不被发现的侥幸心态就会占据上风，从而不利于伤者得到及时救治，会增加社会不稳定因素。

3. 倘若法院认定短时间内返回，并积极救治伤者不构成逃逸，必然会增加逃离的肇事者及时返回事故现场的可能性，从而使得伤者能够得到及时救治，减少社会成本、维护社会和谐稳定[2]。

（三）保险人以逃逸为由免除自己的全部责任，带有明显的惩罚性，明显违反了公平原则、诚实信用原则和保险法的规定。保险公司未就免责条款尽到明确说明义务。

（四）1. 从法律规定来看，若离开现场的原因是急于送伤者就医，仅属于轻微过失，且并没有导致事故原因不能确定；2. 从法律价值来看，公平和自由是法律追求的价值，但是自由应以不违反公平为界，如肇事者为保护现场而延误受害人的治疗，在当时情况下，要求肇事者既保护好事故现场并及时通知保险公司又不延误伤者的救治时机显然过于苛严，在客观上两者亦难以兼顾；3. 从道德风险来看，避免造成一种漠视他人生命和健

---

〔1〕杨光宇：《事故后短暂离开现场能否作为保险免赔事由》，载国家法院学院案例开发研究中心编：《中国法院 2017 年度案例（道路交通纠纷）》，中国法制出版社 2017 年版，第 202 页。

〔2〕杨亚朋：《及时返回现场积极救助伤者不应认定为逃逸》，载国家法官学院案例开发研究中心编：《中国法院 2018 年度案例（道路交通纠纷）》，中国法制出版社 2018 年版，第 137 页。

康的价值导向[1]。

（五）对“事故发生后，在未依法采取措施的情况下驾驶被保险机动车离开事故现场”的理解有争议时，应作出有利于被保险人的解释，理解为“事故发生后，驾驶人明知事故发生或者应当知道事故发生，而未依法采取措施驾驶被保险机动车离开事故现场”[2]。

第五节　车辆逾期年检

案例93：（2015）梅民初字第135号、（2015）三民终字第896号

［车辆逾期年检发生事故，商业险能否免责］

案情简介：

2013年11月26日15时17分，被告陈某某驾驶闽G×××××号轻型货车在梅列区洋溪乡上街村村部路段倒车，未观察周围车辆的情况，与原告余某某驾驶的由洋溪乡往大洛方向行驶的无号牌二轮摩托车发生碰撞，造成原告受伤。三明市公安局交通警察支队梅列大队于2013年12月8日作出道路交通事故认定，认定被告陈某某负事故全部责任，另查明，闽G×××××号轻型货车事故发生时未年检。

（2015）梅民初字第135号法院判决（节选）：

二、被告××保险公司应当于本判决生效之日起十日内在交强险限额内赔偿原告120000元；

三、被告××保险公司应当于本判决生效之日起十日内在机动车第三者责任险限额内赔偿原告14191.1元。

（2015）梅民初字第135号法院裁判理由及结果：

被告李某某（系被告陈某某雇主）与被告××保险公司订立的机动

[1] 钟学彬：《交通肇事后因救治伤者驾车离开事故现场，保险公司不能免赔》，载国家法官学院案例开发研究中心编：《中国法院2019年度案例（保险纠纷）》，中国法制出版社2019年版，第7页。

[2] 何美健：《驾驶机动车离开事故现场，商业三者险项下免赔能否成立，应考虑驾驶人的主观状态》，载国家法官学院案例开发研究中心编：《中国法院2012年度案例（保险纠纷）》，中国法制出版社2019年版，第60页。

车保险合同条款属于格式条款，××保险公司负有向投保人李某某说明合同内容的义务，但××保险公司在闽G×××××号轻型货车未经年检的情况下，仍同意为该车承保机动车第三者责任险等保险，表明××保险公司未尽到明确的告知义务。因此，对原告因交通事故遭受的经济损失，被告××保险公司应在机动车第三者责任险限额内承担赔偿责任。

(2015）三民终字第896号判决：

驳回上诉，维持原判。

车辆逾期年检发生事故商业险裁判观点集锦

一、保险人不承担保险责任

保险人已就保险车辆逾期年检商业险免责条款尽到明确说明义务。

二、保险人承担保险责任

1. 保险人未就保险车辆逾期年检商业险免责条款尽到明确说明义务，免责条款无效。

2. 逾期年检未增加风险发生的概率。

3. 逾期年检与事故没有因果关系。

第六节　保险标的危险程度显著增加

案例94：(2014）梅民初字第55号

［家庭自用车辆用于出租是否属于保险标的危险程度显著增加，发生事故时商业险能否免责］

案情简介：

2013年7月6日16时56分，林某1驾驶从原告处借得车牌为闽G×××××号小型轿车，沿着长深高速公路从连城往上杭方向行驶，当行至长深高速A线3129千米+380米路段时，车辆碰撞右侧金属护栏，造成车上乘员李某某当场死亡、林某1及乘员袁某某、黄某某受伤，车辆损毁的严重后果，保险人查勘后，认为该车已无修复价值，应作报废处理。事故发生后，省交警总队龙岩高速公路支队三大队认定驾驶员林某1因过度疲劳，影响安全驾驶，承担本起交通事故的全部责任。另，肇事车辆原所有权人为案外人林某2，2012年8月7日，林某2就涉案车辆向被告投保车辆损失险保险金额178560元，车上人员责任险司机保险金额50000元、乘客保险金额每座10000元，并约定保险期间为2012年8月26日至2013年8月25日。2013年4月28日，原告以购买方式取得该车所有权，承继被保险人的权利。本次事故发生后，原告多次与被告协商车损、人伤赔偿事宜，至今未果，为维护自身合法权益，原告根据《民事诉讼法》一百一十九条、《保险法》第四十九、第五十五条之规定，具状起诉，请求法院依法裁决。

××保险公司在诉讼中，向作出刑事判决的法院调取刑事案件卷宗材料中交警所作的笔录，证实事故车辆用于租赁（改变使用性质，增加危险程度，未通知保险人并办理批改手续），××保险公司将投保单、保险单、保险条款作为证据提交法院，并提出保险人就保险条款向投保人履行了明确说明义务，同时被保险车辆转让、改变使用性质车主未履行告知义务，保险人不承担保险责任的抗辩。

案件处理结果：

原告撤诉。

保险标的危险程度显著增加的认定及其发生事故商业险裁判观点集锦：

一、保险人不承担保险责任

（一）家庭自用车辆分别用于出租和从事网约车活动发生事故

属于标的危险程度显著增加，投保人未通知保险人。

（二）家庭自用改变成对外出租的车辆发生事故[1]

判断危险程度显著增加从以下三个方面考量：

1. 显著性。危险增加的显著性须能影响保险人增加保险费或解除合同，轻微的危险程度增加不影响对价平衡原则，不符合危险程度显著增加的构成要件。

---

〔1〕 孟娜：《保险责任中保险标的危险程度显著增加事实的认定》，载国家法官学院案例开发研究中心编：《中国法院2018年度案例（道路交通纠纷）》，中国法制出版社2018年版，第190页。

2. 未曾估计性。保险人在保险合同期限内未将该增加的危险程度作为厘定保费的基础。

3. 持续性。危险状态发生改变后需持续一段时间，而不是一时改变而又恢复原状。

家庭自用车改变成对外出租的车辆，出租给社会上不特定的人，其出行率大大增加，且出租给不同驾驶资质的第三人使用，势必会增加出险的概率。因此，可以认定危险程度显著增加。

二、保险人承担保险责任

（一）私家车通过“滴滴顺风车”载客发生事故[1]

不属于改变使用性质，顺风车与专车和快车不同，顺风车的车主与搭乘人的目的地或行驶方向一致，并未因行驶不同路线导致危险增加；顺风车的行驶时间也未因搭乘人而延长导致危险增加。被保险车辆登记为非营运车辆，可以根据被保险车辆的行驶路线、次数等方面认定是否改变了被保险车辆的使用性质，如果行驶路线和次数与车主的工作和生活不符，可以认定为改变了被保险车辆的使用性质。

（二）私家车用于出租发生事故

私家车用于出租不应认定为用于营运[2]。从车主角度来看，将车辆经汽车租赁服务部租赁给第三人使用的行为，是在不配备驾驶人员的情况下，将车辆交付承租人使用，收取租赁费用的出租行为，该出租行为属于租赁性经营行为，与出租车等营运车辆的营运行为存在明显不同。从汽车租赁服务部的角度来看，其将车辆交付承租人使用，收取租赁费用的行为同样属于租赁性经营行为，而非营运行为。从承租人的角度来看，第三人租赁和使用车辆是为了日常出行，而不是为了从事营利性的运输并收取费用（营运车辆通常是指交通运输管理部门核发营运证书的从事客运、货运或客货两用的车辆，或车辆的运载是以完成商业性传递或交通运输为目的），显然不属于营运车辆的基本范畴。从车辆使用人的角度来看，驾驶员驾驶车辆是为了日常出行所用，也未进行任何营运。私家车用于出租，其危险程

---

〔1〕 齐健：《私家车通过“滴滴顺风车”搭载乘客不属于商业三者险免赔范围》，载国家法官学院案例开发研究中心编：《中国法院 2019 年度案例（道路交通纠纷）》，中国法制出版社 2019 年版，第 221—222 页。

〔2〕 左禄山：《租赁私家车发生事故保险公司不能拒赔》，载国家法官学院案例开发研究中心编：《中国法院 2019 年度案例（道路交通纠纷）》，中国法制出版社 2019 年版，第 225 页。

度并未显著增加。

第七节　间接损失

案例95：（2015）梅民初字第2642号、（2016）闽04民终374号

［被保险人支付的通常替代性交通工具的合理费用，商业险能否免赔］

案情简介：

2015年4月1日，原告黄某某驾驶保险车辆在尤溪县夏沙A6段与赖某某驾驶的装载机发生碰撞，造成保险车辆受损的交通事故，事故发生后，因事故不属于尤溪县交警队管辖，原告即向派出所报警。被告××保险公司到现场勘查，对被保险车辆进行了勘估定损，并委托车辆维修公司对车辆进行修复。原告因本起事故支付车辆维修费用27300元，施救费1600元，通常替代性交通工具的合理费用12480元，鉴定费1500元，合计财产损失42880元。

（2015）梅民初字第2642号法院判决（节选）：

被告××保险公司应于本判决生效后十日内支付给原告黄某某车辆维修费用27300元，施救费1600元，通常替代性交通工具的合理费用损失4500元，合计33400元。

（2015）梅民初字第2642号法院裁判理由及结果：

原告黄某某与被告××保险公司之间存在保险合同关系的事实清楚，证据充分，足以认定。原告投保的闽G×××××因第三人的原因造成损坏，致使原告支付车辆维修费用27300元，施救费1600元以及客观存在的4500元通常替代性交通工具的合理费用损失（已由本院酌情认定），原告基于向被告投保机动车损失险而向被告主张上述损失，理由成立，应予以支持。

（2016）闽04民终374号法院判决（节选）：

××保险公司应于本判决生效后十日内支付黄某某车辆维修费用27300元及施救费1600元，合计28900元。

（2016）闽04民终374号法院裁判理由及结果：

本案双方当事人签订的电话营销专用机动车辆保险投保单及机动车交

通事故责任强制保险单系双方当事人真实意思表示，且不违反法律禁止性规定，合法有效。双方当事人在保险合同条款中约定因保险车辆不能使用所遭受的损失以及发生的费用，保险人不负责赔偿。被上诉人黄某某租用车辆所产生的费用系其因交通事故所发生的停驶损失，不属于涉案保险合同的赔偿范围，上诉人××保险公司已对保险条款特别是免责条款向被上诉人黄某某履行了明确说明义务，且被上诉人黄某某在投保单中签字，表明其已知晓免责条款的具体内容。因此，该免责条款具有法律效力。故本案中通常替代性交通工具的合理费用不属于保险理赔范围。

案例96：（2018）闽0427民初2005号

［事故造成第三者停运损失、贬值损失、鉴定费损失，商业险能否免赔］

案情简介：

2018年2月9日，张某某驾驶闽G×××××号车在沙县虬江琅口村42号门口路段，与杨某某所驾驶的闽GT××××号车相碰撞，造成两车不同程度受损、路边花圃损坏、驾驶员受伤的事故。同日，福建省沙县公安局交通警察大队作出道路交通事故认定书，认定张某某承担事故的全部责任，杨某某不承担责任。事故发生后，闽GT××××号车于2018年2月11日至2019年5月29日，被送至原林公司维修，花费维修费用52623元，该款已付清，2019年6月6日，××公司从原林公司处提车。闽G×××××号车在××保险公司投保了交强险和商业三者险，其中商业三者险保额为1000000元，且不计免赔，事故发生时尚在保险期内。

另查明，杨某某系××公司的驾驶员，所驾驶的闽GT××××号车系营运的出租车，所有人为××公司，××公司于2017年12月28日购买该车，购置价为79800元，于2018年1月10日取得机动车行驶证，于2018年1月29日取得道路运输证后开始运营。本案审理过程中，××公司向本院提出对GT××××号车的车辆贬值损失进行鉴定，经审查，××公司的申请符合法律规定，予以准许。张某某向本院申请对GT××××号车的合理维修时间、停运损失及对××保险公司提交的“神行车保”系列产品投保单及投保人声明中的投保人“张某某”的签名是否为其本人所签进行笔迹鉴定，经审查，张某某的申请，符合法律规定，予以准许。经征求各方意见，本院依法确定了委托评估鉴定的内容，并于2019年6月26日依法委托中联（福建）资产评估土地房地产估价有限责任公司对闽GT××××号车的合理维修时间进行鉴定、对闽GT××××号车的停运损失进行评估鉴定、对闽GT××××号车的贬值损失进行评估鉴定；委托福建南方司法鉴定中心对“神行车保”系列产品投保单、投保人声明中的投保人签字“张某某”及“保险人已明确说明免除保险人责任条款的内容及法律后果”等内容的笔迹进行鉴定。2019年7月4日，中联（福建）资产评估土地房地产估价有限责任公司出具评估受托函明确委托的闽GT××××号车的合理维修时间不在其经营许可业务范围内，无法完成该委托。2019年8月28日，中联（福建）资产评估土地房地产估价有限责任公司出具明中联资产评［2019］0017号资产评估报告，评估闽GT××××号车的贬值损失为13700元，评估鉴定费1500元，该费用××公司已支付；出具明中联资产评［2019］0018号资产评估报告，评估闽GT××××号车的停运损失为22272元，评估鉴定费1500元，该费用张某某已支付。2019年9月3日，福建南方司法鉴定中心出具司法鉴定意见书，评定：

1. 标称时间“2017年12月28日”“神行车保”系列产品投保单（保险单编号：AHAZ806DX917W247352L，AHAZ806CTP17W249752V）尾页“投保人签章”后方手写字迹“张某某”不是张某某所写。

2. 标称时间“2017年12月28日”投保人声明落款“投保人签章处”后方手写字迹“张某某”不是张某某所写。

3. 标称时间“2017年12月28日”投保人声明中手写字迹“保险人已明确……法律后果”不是张某某所写。

鉴定费用3750元，该费用已由张某某支付。

法院判决（节选）：

一、××保险公司应于本判决生效之日起三十日内在机动车第三者责任强制保险限额及第三者责任商业保险范围内赔偿××公司车辆停运损失22272元、车辆贬值损失13700元，共计35972元。

二、××保险公司应于本判决生效之日起三十日内支付××公司鉴定费1500元。

三、××保险公司应于本判决生效之日起三十日内支付张某某评估鉴定费3750元。

法院裁判理由及结果：

因道路交通事故造成的财产损失，侵权人应当按照责任比例进行赔偿。本起交通事故，张某某承担全部责任。因此，张某某应承担全部的赔偿责任。经鉴定，本起交通事故造成闽GT××××号车车辆停运损失为22272元、车辆贬值损失为13700元，两项共计35972元。张某某主张其已向××保险公司投保了交强险及商业三者险，且其在投保时不知停运损失、贬值损失等损失保险不予理赔。因此，××保险公司应在承保范围内承担赔偿责任。××保险公司认为其已就保险条款中的免责条款进行了合理的提示说明，不承担赔偿责任。对保险合同中免除保险人责任的条款，保险人在订立合同时应当在投保单、保险单或者其他保险凭证上作出足以引起投保人注意的提示。本案中，经鉴定，××保险公司所提供的“神行车保”系列产品投保单所载明的“保险人已明确，……法律后果”内容及张某某的签名等均不是张某某所写，且××保险公司所提交的证据不足以证实其已尽提示说明义务。因此，××保险公司关于免除赔偿责任的辩解，依据不足，不予采纳。

综上所述，××保险公司作为闽G×××××号车交强险及商业三者险的承保人，应先行在交强险财产损失限额内赔偿××公司损失2000元；超出交强险财产损失限额部分，在商业三者险范围内赔偿××公司损失33972元，评估鉴定费6500元由××保险公司承担5250元。

案例97：（2016）闽0425民初1989号、（2017）闽04民终112号

［事故造成第三者停运损失，商业险能否免赔］

案情简介：

2015年5月19日12时30分许，马某某驾驶闽G×××××号重型厢式货车，沿秀里线由三明往大田方向行驶，行驶至秀里线213千米左转弯下坡画有中心线潮湿水泥路面路段时，适有王某某驾驶闽E×××××号重型半挂牵引车牵引闽E××××挂重型自卸半挂车相向驶来，因马某某驾车操作不当，致闽G×××××号重型厢式货车发生侧滑甩尾并碰撞相向行驶的闽E×××××号重型半挂牵引车牵引闽E××××挂重型自卸半挂车，造成王某某受伤及两车损坏的道路交通事故。该事故经大田县公安局交通警察大队道路交通事故认定书确认，马某某承担事故的全部责任，王某某无责任。行驶证上载明王某某驾驶的闽 E××××× 号重型半挂牵引车车主为 ×× 运输有限公司；行驶证上载明闽 G××××× 号重型厢式货车车主为章某某，马某某系章某某雇用的驾驶员，马某某持有准驾车型为“B2”的机动车驾驶证。闽 G××××× 号重型厢式货车在保险公司处投保了机动车交强险、商业三者险（责任限额 50 万元）及不计免赔险，投保人为 ×× 汽车运输有限公司，被保险人为章某某，保险期间均自 2014 年 5 月 21 日起至 2015 年 5 月 20 日止，事故发生在保险期间内。

（2016）闽 0425 民初 1989 号法院判决（节选）：

××保险公司应在机动车交强险、机动车第三者责任险范围内赔偿给原告 ×× 运输有限公司车辆维修费、施救费用、停运损失等各项损失合计 159705 元，限于本判决发生法律效力后一个月内付清。

（2016）闽 0425 民初 1989 号法院裁判理由及结果：

××保险公司依据《机动车第三者责任保险条款》第五条的约定，主张车辆停运损失是间接损失，保险人即 ×× 保险公司对该损失不负责赔偿，并且保险人已将免责条款的具体内容对投保人 ×× 汽车运输有限公司尽到了明确说明义务。被保险人章某某抗辩主张闽 G××××× 号厢式货车的保险费用由其出资，其所持有的投保人 ×× 汽车运输有限公司签订的投保单没有被保险人签章，并且保险人 ×× 保险公司、投保人 ×× 汽车运输有限公司均没有告知免责条款的具体内容，故 ×× 保险公司没有尽到明确说明义务，因而章某某主张车辆停运损失 25700 元应由 ×× 保险公司承担赔偿责任。根据《最高人民法院关于适用〈中华人民共和国保险法〉若干问的解释（二）》第十三条第一款“保险人对其履行了明确说明义务负举证责任”之规定，保险人 ×× 保险公司提供的仅是投保单的复印件，被保险人章某某不予认可，该投保单不足以说明保险人已经履行明确说明义务，证明不足，该免责条款不生效。故本院对 ×× 保险公司提出停运损失 25700 元应由直接侵权人承担赔偿责任的主张，不予采纳，停运损失 25700 元由 ×× 保险公司承担赔偿责任。

（2017）闽 04 民终 112 号法院判决（节选）：

章某某应赔偿 ×× 运输有限公司车辆停运损失 25700 元，限于本判决发生法律效力后一个月内付清。

（2017）闽 04 民终 112 号法院裁判理由及结果：

本案的焦点为 ×× 机动车辆保险条款中机动车第三者责任保险第五条

关于“保险车辆发生事故致使第三者停业、停驶……的损失以及其他各种间接损失保险人不负责赔偿”的约定是否具有法律效力。本案中，××机动车辆保险条款中机动车第三者责任保险第五条以黑体字载明停驶等间接损失保险人不负责赔偿等内容。××汽车运输有限公司作为投保人，在投保单号为51311813900043001918的“中国××财产保险股份有限公司机动车辆保险投保单”中“投保人声明”一栏的“本人确认已收到了××机动车辆保险条款，且贵公司已向本人详细介绍了条款的内容，特别就黑体字部分的条款内容和手写或打印版的特别约定内容做了明确说明，本人已完全理解，并同意投保”内容下方加盖公章，表明投保人××汽车运输有限公司已知晓上述免责条款的具体内容。同时，发票号码为00226355的福建省三明市地方税务局通用机打发票也显示，“投保人”“付款方”均为××汽车运输有限公司。因此，可以认定保险人××保险公司已就停驶等各种间接损失保险人不负责赔偿的免责条款，向投保人××汽车运输有限公司在投保单中作出了足以引起投保人注意的提示，并对该条款的内容向投保人作出明确说明。根据《中华人民共和国保险法》第十七条第二款“对保险合同中免除保险人责任的条款，保险人在订立合同时应当在投保单、保险单或者其他保险凭证上作出足以引起投保人注意的提示，并对该条款的内容以书面或者口头形式向投保人作出明确说明”的规定，本案××机动车辆保险条款中机动车第三者责任保险第五条关于“保险车辆发生事故致使第三者停业、停驶……的损失以及其他各种间接损失保险人不负责赔偿”的约定具有法律效力，保险人××保险公司对本案停驶的间接损失不负责赔偿。一审法院认定该免责条款不生效错误，本院予以纠正。保险单号为11311813900031841351的机动车辆保险单（副本）显示，章某某为“被保险人”，而非“投保人”。因此，××运输有限公司、马某某、章某某以××保险公司未对章某某尽到免责条款告知义务为由，认为免责条款无效的观点不成立。对于××运输有限公司、马某某、章某某要求××保险公司对本案停驶的间接损失负赔偿责任的请求，本院不予支持。本院（2016）闽04民终585号民事判决载明，“上诉人××财产保险公司未提供证据证明其对免责条款有尽到提示或者明确说明义务，该条款不产生效力”，由此可见，就保险人是否对免责条款有尽到提示或者说明义务，该案案情与本案不同。××汽车运输有限公司请求参照该案判决本案××保险公司承担××运输有限公司的车辆停运损失责任的主张，本院不予支持。根据《最高人民法院关于审理道路交通事故损害赔偿案件适用法律若干问题的解释》第十五条第三项的规定，“依法从事货物运输、旅客运输等经营性活动的车辆，因无法从事相应经营活动所产生的合理停运损失，当事人请求侵权人赔偿的，人民法院应予支持”，因此，章某某应赔偿××运输有限公司车辆停运损失25700元。综上所述，××保险公司的上诉请求部分成立。

案例98：（2017）闽0428民初113号、（2017）闽04民终646号、（2018）闽民申283号

［事故造成第三者停运损失，商业险能否免赔］

案情简介：

2015年10月2日13时30分许，纪某某驾驶的闽G××××1中型厢式货车从万安方向往将乐城关方向行至金泰线443千米+900米路段时，与对向行驶来的由黄某某驾驶的××运输有限公司所有的闽G××××2普通客车发生碰撞，造成闽G××××2普通客车车上人员受伤和闽G××××1中型厢式货车人员受伤及车辆部分损坏的结果。将乐县公安局交通管理大队交通事故认定书认定：纪某某承担本起事故的主要责任，黄某某承担事故的次要责任。闽G××××2车辆损坏后于2015年10月2日至2016年1月10日期间，在××修理公司修理车间进行维修。另查明，闽G××××2普通客车从事客运，车主为××运输有限公司，各方就赔偿问题进行诉讼。

（2017）闽0428民初113号法院判决（节选）：

纪某某应于本判决生效后的十日内赔偿××运输有限公司停运损失21000元。

（2017）闽0428民初113号法院裁判理由及结果：

××运输有限公司认为，××保险公司应在交强险、商业险的范围内承担赔偿责任。××保险公司认为，停运损失是间接损失，并提供了保险单、投保单，证明保险公司就免责条款尽到明确说明义务的事实。保险合同第五条约定，保险车辆发生事故致使第三者停业、停驶造成的损失以及其他各种间接损失保险人不负责赔偿。本院认为，停运损失是间接损失，因保险人与被保险人在签订的保险合同中明确约定，保险人对停运损失不承担保险赔偿责任，依据《最高人民法院关于审理道路交通事故损害赔偿案件适用法律若干问题的解释》第十五条的规定，当事人请求侵权人赔偿合理停运损失的，人民法院应予支持，停运损失应由侵权人承担，故××保险公司可以免责。

（2017）闽04民终646号法院判决：

驳回上诉，维持原判。

（2017）闽04民终646号法院裁判理由及结果：

停运损失是指在道路交通事故中车辆发生损害，在被损车辆修复期间，因不能进行正常的货物运输或旅客运输经营而造成经济收入的减少，故停运损失应属于间接的财产损失。本案中肇事车辆闽G×××××中型厢式货车的投保人余某某与××保险公司签订的保险合同免责条款中约定了保险人对因停驶等原因造成的损失及其他各种间接损失不负责赔偿。虽然××保险公司提供的保险合同条款属于格式条款，但其对保险合同中免责条款文字进行加粗、加黑提示，并且投保人签字声明保险人已向其详细介绍了保险条款内容。因此，应当认定××保险公司对该免责条款已尽告知和说明义务。故依照保险合同的约定，本案交通事故造成××运输有限公司所有的闽G××××2普通客车停运损失不在该车辆投保的机动车第三者责任险赔偿范围之内。

（2018）闽民申283号法院裁定：

驳回纪某某的再审申请。

（2018）闽民申283号法院裁判理由及结果：

肇事车辆G×××××中型厢式货车的投保人余某某与××保险公司签订的保险合同中已经以加黑加粗字体约定了保险人对因停驶等原因造成的损失及其他各种间接损失不承担赔偿责任，余某某在投保单中投保人声明处签字确认，纪某某主张××保险公司未就免责条款进行说明和提示，缺乏事实依据。生效判决认定××保险公司对该免责条款已尽告知和说明义务，停运损失依约不在该车辆投保的机动车第三者责任险赔偿范围之内，亦无不当。

案例99：（2019）闽0403民初1072号

（事故造成车辆贬值损失，侵权人应否赔偿，商业险能否免赔）

案情简介：

2019年4月26日11时20分，姜某某驾驶闽G×××××号大车从大田往三明方向行驶至三明市三元区中村乡米阳路段与黄某的父亲黄某某驾驶的闽G×××××号捷豹牌小轿车相撞，造成黄某车辆受损，三明市公安局交通支队三元大队作出道路交通事故认定书，认定姜某某承担全部责任。

闽G×××××号捷豹牌小型轿车车主为黄某。闽G×××××大车车主为邓某某，该车挂靠××公司1，××公司1为被保险人，××公司2为投保人，在××保险公司投保了机动车交通强制责任保险及机动车第三者责任险，保险期间为2019年2月12日至2020年2月11日。事故发生在保险期限内。

2019年6月17日，黄某向本院申请，对其闽G×××××号捷豹牌小型轿车因交通事故造成贬值进行鉴定。经黄某、姜某某、××保险公司同意，委托国宏信价格评估集团有限公司三明分公司对闽G×××××号捷豹牌小型轿车进行评估。2019年10月25日，该公司作出价格评估结论书，结论为：价格评估标的在价格评估基准日交通事故所造成的车辆价格贬值价值为38905元。为此，黄某支付了鉴定费4000元。对此结论，黄某、姜某某、邓某某、××公司2和××保险公司无异议。各方就车辆贬值损失应否赔偿产生争议。

法院判决：

驳回黄某的诉讼请求。

法院裁判理由及结果：

黄某主张赔偿车辆贬值损失38905元。《最高人民法院关于审理道路交通事故损害赔偿案件适用法律若干问题的解释》第十五条明确了道路交通事故造成的财产损失不包括车辆贬值损失。最高人民法院在《“关于交通事故车辆贬值损失赔偿问题的建议”的答复》中也进行了说明，基于当前贬值损失确定任意性较大、容易导致实质性不公等影响社会经济发展和司法审判等因素，原则上不支持车辆贬值损失。对可予以适当赔偿的少数特殊、极端情形应从严把握，本案现有证据不足以证明涉案车辆贬值情况属于少数特殊、极端情形，故对黄某的该项主张不予支持，其主张因此产生的鉴定费4000元，亦无相关法律依据。

案例100：（2014）大民初字第1555号

（事故造成第三者车辆贬值损失，侵权人应否赔偿）

案情简介：

2014年4月13日16时2分，林某1驾驶闽C×××××号重型半挂牵引车牵引鄂C××××挂号重型罐式半挂车（载28830千克水泥粉），沿秀里线由三明往大田方向行驶，行驶至秀里线224千米（太华镇温坑村）没有道路中心线的直线下坡水泥路面路段，超速行驶，适遇未依法取得机动车驾驶证的林某2未戴安全头盔驾驶逾期检验的闽G×××××普通二轮摩托车（后载均未戴安全头盔的林某、唐某某）相向驶来，两车交会时，因林某2驾驶机动车未减速靠右行驶，且林某1驾驶机动车临危时措施不力，致使两车相碰后，闽C×××××号重型半挂牵引车又碰撞由范某某正常驾驶的闽GY××××号重型普通客车（车主为原告福建闽通长运股份有限公司大田分公司），造成林某2死亡、范某某等人受伤及三车损坏的道路交通事故。该事故经大田县公安局交通管理大队道路交通事故认定书认定，林某1、林某2承担事故的同等责任，范某某等人无责任，并由此引发诉讼。

法院判决（节选）：

驳回原告要求各被告赔偿贬值损失、车上手机、眼镜的诉讼请求。

法院裁判理由及结果：

原告所主张的车辆贬值损失，事实与法律依据不足，本院不予支持，原告所主张的车辆贬值损失鉴定费一并不予支持；原告主张因本起事故造成车上手机和眼镜损坏的损失，因原告未能举证证明由于本起交通事故造成车上手机和眼镜损坏的事实，故对原告主张手机和眼镜的损失不予支持；本案诉讼标的是财产损失，原告所主张的雇车运送伤员的费用，不属于财产损失，原告可以另行主张民事权益，本案不予审理。

贬值损失应否赔偿裁判观点集锦：

一、支持贬值损失

（一）已使用车辆

1. 车辆贬值损失是侵权造成的客观存在的财产损失

（1）由于汽车的特殊性以及受客观条件和维修工艺、水平的影响，汽车受损后很难完全恢复到原有水平，法律规定的恢复原状仅仅是一种理想状态，现实中很难做到[1]。

（2）对车辆事故损坏修复，尤其是对基础件、连体件及结构复杂部位进行校正整形或局部更换处理的，因修复工作固有的工艺局限、缺陷，以及现有维修企业的设备条件、技术水平限制，受损部件及所影响部位的技术状况无法恢复原样，从而引起车辆的技术状况、使用性能、美观效果及使用寿命有所下降。事故车辆实体性贬值通常由配件材料和修复工艺两方面的缺陷构成，事故后的市场性贬值，则是因人们共有的心理或价值取向，导致事故发生的价值在实体要素之外，又另行下降的现象[2]。

（3）车辆在交通事故受损后虽经修复能正常使用，但与事故发生前的车辆状况相比，其使用期限、操控性、安全性、舒适性等都很难恢复到原有水平，在车辆整体性能下降的情况下，其经济价值也必然有所降低。实践中，事故车辆经过修复后，即使在外观和功能上没有瑕疵，但若作为融资担保工具，其评估价值一般都是偏低的；若进入二手车交易市场，由于多数人的消费心理一般不接受和认同事故车，其交易价格也会低于同类未发生过事故的车辆。现实中有车辆在发生交通事故受损后的修复和更换项目不能继续享受厂家的质量承保，同时丧失了保修期内部分维修项目的免费维修权利[3]。

2. 车辆贬值损失是侵权造成的直接财产损失。

3. 车辆贬值损失具备量化条件，该条件必须是专门从事旧机动车鉴定估价的专家和机构，对车辆贬值损失作出估价鉴定。

4. 民事法律对侵权损害赔偿作了一般性规定。

（二）新车

1. 车辆虽经修复，但直接减少了该车辆的交易价值，其损失属于直接

---

〔1〕 伍南冬：《车辆贬值损失能否获得赔偿，其性质为何，损失数额如何确定，法律依据是什么?》，载国家法官学院案例开发研究中心编：《中国法院2012年度案例（道路交通纠纷）》，中国法制出版社2012年版，第123页。

〔2〕 芦絮：《受损车辆未进行交易时，市场性贬值损失应否纳入赔偿范围》，载国家法官学院案例开发研究中心编：《中国法院2013年度案例（道路交通纠纷）》，中国法制出版社2013年版，第181页。

〔3〕 徐玉宝：《道路交通事故中受损车辆的贬值损失是否应予支持》，载国家法官学院案例开发研究中心编：《中国法院2014年度案例（道路交通纠纷）》，中国法制出版社2014年版，第140、141页。

损失[1]。

2.（1）将贬值损失包含在全部损失之中作为赔偿项目，并不被法律所禁止；（2）从车辆本身属性考量，车辆受损维修无法完全恢复原始状态；（3）从我国发展情况来看，贬值损失作为赔偿项目应严格把握，销售新车与机动车二手买卖存在明显的不同，作为销售方，在后续销售过程中，亦有义务向购买者披露车辆受损的情况，而这必然导致该车辆无法达到与同类车辆相同的价格。这部分差价侵权人依据填平原则应当赔偿，鉴定机构对贬值损失的确定就是对这部分差价的认定[2]。

二、不支持贬值损失

1. 法律依据不足。

2. 车辆经恢复原状即恢复车辆应有的使用价值，已足以弥补受害人的损失，至于车辆交易价值，则会受各种市场因素的影响。车辆贬值损失往往取决于当事人对汽车修复后的价值较事故前价值跌落的心理评价，并非必然会产生的损失[3]。侵权人承担责任的方式具体表现为修复受损车辆或承担相应的修理费用[4]。

三、最高人民法院关于“关于交通事故车辆贬值损失赔偿问题的建议”的答复

我院在起草《关于道路交通损害赔偿司法解释》征求意见中，对机动车“贬值损失”是否应予赔偿的问题，讨论最为激烈。从理论上讲，损害赔偿的基本原则是填平损失。因此，只要有损失就应获得赔偿，但司法解释最终没有对机动车“贬值损失”的赔偿作出规定。主要原因在于，我们认为，任何一部法律法规以及司法解释的出台，均要考虑当时的社会经济发展情况综合予以判断，目前我们尚不具备完全支持贬值损失的客观条件：

---

〔1〕李艳梅：《商品车的降价损失是否在保险公司的保险责任范围内》，载国家法官学院案例开发研究中心编：《中国法院 2015 年度案例（道路交通纠纷）》，中国法制出版社 2015 年版，第 128 页。

〔2〕李志峰：《尚未销售的新车是否应当赔偿贬值损失》载国家法官学院案例开发研究中心编：《中国法院 2016 年度案例（道路交通纠纷）》中国法制出版社 2016 年版，第 164 页。

〔3〕李林强：《车辆贬值损失不应当由肇事方承担赔偿责任》，载国家法官学院案例开发研究中心编：《中国法院 2015 年度案例（道路交通纠纷）》，中国法制出版社 2015 年版，第 137 页。

〔4〕徐玉宝：《道路交通事故中受损车辆的贬值损失是否应予支持》，载国家法官学院案例开发研究中心编：《中国法院 2014 年度案例（道路交通纠纷）》，中国法制出版社 2014 年版，第 140、141 页。

（1）虽然理论上不少观点认为贬值损失具有可赔偿性，但仍存有较多争议，比如因维修导致零部件以旧换新是否存在溢价，从而产生损益相抵的问题等。

（2）贬值损失的可赔偿性要兼顾一国的道路交通实际状况。在事故率比较高、人们道路交通安全意识尚需提高的我国，赔偿贬值损失会加重道路交通参与人的负担，不利于社会经济发展。

（3）我国目前鉴定市场尚不规范，鉴定机构在逐利目的驱动下，对贬值损失的确定具有较大的任意性。由于贬值损失数额确定的不科学，导致可能出现案件实质上的不公正，加重侵权人的负担。

（4）客观上讲，贬值损失几乎在每辆发生事故的机动车上都会存在，规定贬值损失可能导致本不会成诉的交通事故案件大量涌入法院，不利于减少纠纷。

综合以上考虑，目前，我们对该项损失的赔偿持谨慎态度，倾向于原则上不予支持。当然，在少数特殊、极端情形下，也可以考虑予以适当赔偿，但必须慎重考量，严格把握。我们会继续密切关注理论界和审判实务中对于机动车贬值损失赔偿问题的发展动态，加强调查研究，将来如果社会客观条件允许，我们也会适当作出调整。

感谢您对人民法院工作的支持。

律师睿见：

保险公司免责条款的明确说明或提示，残疾与死亡赔偿金城镇、农村标准的适用问题，分别是保险合同纠纷和机动车交通事故人身损害赔偿案件争议最大的焦点。

残疾与死亡赔偿金城镇、农村标准的适用问题，随着最高人民法院2019年9月2日授权各省、自治区、直辖市高级人民法院，新疆维吾尔自治区生产建设兵团分院开展人身损害赔偿标准城乡统一试点，以及各地试点工作的陆续开展，将会得到彻底的解决。

保险公司免责条款的明确说明或提示，从法官判决时需为社会树立正确的价值导向，发挥法律指引教育作用，同时要兼顾保险合同中相对弱势方权益保护等多角度考虑，各地区、法院、法官在认定保险公司是否就免责条款尽到明确说明或提示义务的尺度上有所差别，甚至可能出现认定结果大相径庭的情况。

金融保险团队认为：保险公司免责条款的明确说明或提示义务，只要法官能够结合当时所处的时代背景、案件的具体情况，并根据法律规定、社会善良风俗、价值取向，甚至运用不利解释或诚实信用等保险法基本原则对双方失衡的利益进行调节，立足于弘扬社会正能量，本着促进保险行业健康发展初衷进行裁判即可。

保险责任条款是确定保险人承保范围的条款，只有保险人依据保险责任条款需要承担保险责任，才可能存在免除保险人责任条款的问题。保险人责任条款是确定免除保险人责任条款的前提，不属于免除保险人责任条款。实践中，有些保险公司将比例赔付的相关内容也置于保险责任部分，根据《最高人民法院关于适用〈中华人民共和国保险法〉若干问题的解释（二）》第九条规定，比例赔付条款应当明确说明。在确定保险责任的范围后，应当审查案涉事故是否属于保险责任范围的保险事故。如果不属于保险事故，保险公司无须承担保险责任，但这是因不存在保险人应承担保险责任的事故，而不是存在免责事由，故无须审查保险合同是否存在免责条款以及是否存在免责事由[1]。

实务中，应区分保险责任免除条款和免责条款。保险责任免除条款，实质包含“除外”及“不保”条款。“除外”系从原因着眼，凡为除外原因所致损失，无论该原因所引发事故是否在承保范围内，保险公司均可拒赔；“不保”系从事故着眼，凡该事故所导致之损害，无论引发事故原因为何，保险公司均无须承担责任。“不保”又细分为“绝对不保”和“相对不保”，绝对不保是指不在承保范围内，保险免责条款之所以列举，无非使承保范围更为明确；相对不保是指在承保范围内之事故，经保险条款列为不保[2]。

法条链接：

《中华人民共和国合同法》

第三十九条[3] 采用格式条款订立合同的，提供格式条款的一方应当

---

〔1〕 最高人民法院民事审判第二庭编：《最高人民法院关于保险法司法解释（二）理解与适用》，人民法院出版社 2015 年版，第 234、235 页。

〔2〕 寿宝金：《保险法实务应用全书》，人民法院出版社 2019 年版，第 183 页。

〔3〕 此处所列《合同法》第三十九条、第四十条在《中华人民共和国民法典》中规定为第三编“合同”第四百九十六条、第四百九十七条。

遵循公平原则确定当事人之间的权利和义务，并采取合理的方式提请对方注意免除或者限制其责任的条款，按照对方的要求，对该条款予以说明。

格式条款是当事人为了重复使用而预先拟定，并在订立合同时未与对方协商的条款。

第四十条　格式条款具有本法第五十二条和第五十三条规定情形的，或者提供格式条款一方免除其责任、加重对方责任、排除对方主要权利的，该条款无效。

《中华人民共和国保险法》

第十六条　订立保险合同，保险人就保险标的或者被保险人的有关情况提出询问的，投保人应当如实告知。

投保人故意或者因重大过失未履行前款规定的如实告知义务，足以影响保险人决定是否同意承保或者提高保险费率的，保险人有权解除合同。

前款规定的合同解除权，自保险人知道有解除事由之日起，超过三十日不行使而消灭。自合同成立之日起超过二年的，保险人不得解除合同；发生保险事故的，保险人应当承担赔偿或者给付保险金的责任。

投保人故意不履行如实告知义务的，保险人对于合同解除前发生的保险事故，不承担赔偿或者给付保险金的责任，并不退还保险费。

投保人因重大过失未履行如实告知义务，对保险事故的发生有严重影响的，保险人对于合同解除前发生的保险事故，不承担赔偿或者给付保险金的责任，但应当退还保险费。

保险人在合同订立时已经知道投保人未如实告知的情况的，保险人不得解除合同；发生保险事故的，保险人应当承担赔偿或者给付保险金的责任。

保险事故是指保险合同约定的保险责任范围内的事故。

第十七条　订立保险合同，采用保险人提供的格式条款的，保险人向投保人提供的投保单应当附格式条款，保险人应当向投保人说明合同的内容。

对保险合同中免除保险人责任的条款，保险人在订立合同时应当在投保单、保险单或者其他保险凭证上作出足以引起投保人注意的提示，并对该条款的内容以书面或者口头形式向投保人作出明确说明；未作提示或者明确说明的，该条款不产生效力。

第十九条 采用保险人提供的格式条款订立的保险合同中的下列条款无效：

（一）免除保险人依法应承担的义务或者加重投保人、被保险人责任的；

（二）排除投保人、被保险人或者受益人依法享有的权利的。

《最高人民法院关于适用〈中华人民共和国保险法〉若干问题的解释（二）》

第三条 投保人或者投保人的代理人订立保险合同时没有亲自签字或者盖章，而由保险人或者保险人的代理人代为签字或者盖章的，对投保人不生效。但投保人已经交纳保险费的，视为其对代签字或者盖章行为的追认。

保险人或者保险人的代理人代为填写保险单证后经投保人签字或者盖章确认的，代为填写的内容视为投保人的真实意思表示。但有证据证明保险人或者保险人的代理人存在保险法第一百一十六条、第一百三十一条相关规定情形的除外。

第五条 保险合同订立时，投保人明知的与保险标的或者被保险人有关的情况，属于保险法第十六条第一款规定的投保人“应当如实告知”的内容。

第六条 投保人的告知义务限于保险人询问的范围和内容。当事人对询问范围及内容有争议的，保险人负举证责任。

保险人以投保人违反了对投保单询问表中所列概括性条款的如实告知义务为由请求解除合同的，人民法院不予支持。但该概括性条款有具体内容的除外。

第七条 保险人在保险合同成立后知道或者应当知道投保人未履行如实告知义务，仍然收取保险费，又依照保险法第十六条第二款的规定主张解除合同的，人民法院不予支持。

第八条 保险人未行使合同解除权，直接以存在保险法第十六条第四款、第五款规定的情形为由拒绝赔偿的，人民法院不予支持。但当事人就拒绝赔偿事宜及保险合同存续另行达成一致的情况除外。

第九条 保险人提供的格式合同文本中的责任免除条款、免赔额、免赔率、比例赔付或者给付等免除或者减轻保险人责任的条款，可以认定为保险法第十七条第二款规定的“免除保险人责任的条款”。

保险人因投保人、被保险人违反法定或者约定义务，享有解除合同权利的条款，不属于保险法第十七条第二款规定的“免除保险人责任的条款”。

第十条　保险人将法律、行政法规中的禁止性规定情形作为保险合同免责条款的免责事由，保险人对该条款作出提示后，投保人、被保险人或者受益人以保险人未履行明确说明义务为由主张该条款不生效的，人民法院不予支持。

第十一条　保险合同订立时，保险人在投保单或者保险单等其他保险凭证上，对保险合同中免除保险人责任的条款，以足以引起投保人注意的文字、字体、符号或者其他明显标志作出提示的，人民法院应当认定其履行了保险法第十七条第二款规定的提示义务。

保险人对保险合同中有关免除保险人责任条款的概念、内容及其法律后果以书面或者口头形式向投保人作出常人能够理解的解释说明的，人民法院应当认定保险人履行了保险法第十七条第二款规定的明确说明义务。

第十二条　通过网络、电话等方式订立的保险合同，保险人以网页、音频、视频等形式对免除保险人责任条款予以提示和明确说明的，人民法院可以认定其履行了提示和明确说明义务。

第十三条　保险人对其履行了明确说明义务负举证责任。

投保人对保险人履行了符合本解释第十一条第二款要求的明确说明义务在相关文书上签字、盖章或者以其他形式予以确认的，应当认定保险人履行了该项义务。但另有证据证明保险人未履行明确说明义务的除外。

《最高人民法院关于适用〈中华人民共和国保险法〉若干问题的解释（四）》

第四条　人民法院认定保险标的是否构成保险法第四十九条、第五十二条规定的“危险程度显著增加”时，应当综合考虑以下因素：

（一）保险标的用途的改变；

（二）保险标的使用范围的改变；

（三）保险标的所处环境的变化；

（四）保险标的因改装等原因引起的变化；

（五）保险标的使用人或者管理人的改变；

（六）危险程度增加持续的时间；

（七）其他可能导致危险程度显著增加的因素。

保险标的危险程度虽然增加，但增加的危险属于保险合同订立时保险人预见或者应当预见的保险合同承保范围的，不构成危险程度显著增加。

附　件

附件一　赔偿协议

赔偿协议

（道路交通事故）

甲　方：×××　　公民身份证号码：××××

保证人：×××　　公民身份证号码：××××

保证人系甲方×××父亲

乙　方：×××　　公民身份证号码：××××

前　言

甲、乙双方和保证人就××年××月××日在××路段发生道路交通事故导致乙方受伤赔偿一事达成如下协议：

保　证

三人签署本协议出于完全自愿，不存在欺诈、胁迫、一方乘人之危、显失公平、重大误解等导致协议无效或可撤销的情形。

协议内容

第一条　双方一致确认乙方因该起事故造成的总损失为××元，损失项目包括但不限于医疗费、后续治疗费、住院伙食补助费、营养费、误工费、护理费、残疾赔偿金、被扶养人生活费、交通费、精神损害抚慰金等一切已经发生和因本起事故造成的将来必然发生的费用。

第二条 甲方同意××年××月××日前将××元事故赔偿款支付给乙方［开户名：×××，账号：×××，开户行：×××］，甲方预赔的××元经双方确认不再另行结算，余款××元甲方××年××月××日前付清。

第三条 甲方支付××元赔偿款后，乙方向××市公安局交警支队撤回第×××号道路交通事故证明复核申请，双方认可各自负事故同等责任（该责任划分不作为计算乙方损失的依据），乙方自愿放弃伤残等级鉴定。如甲方未按时按约支付赔偿款，则乙方可就甲方未支付的金额向××人民法院起诉请求支付，同时甲方需另行支付××元违约金给乙方。

第四条 甲方按时按约支付赔偿款后，本起事故就此了结，各方均不得再向对方主张任何权利，且不得以各种方式干扰对方的正常生产经营和生活，否则将承担相应的法律责任（含民事责任、行政责任和刑事责任）。

第五条 保证人对甲方应支付的上述赔偿款和违约金承担连带保证责任。

第六条 甲方、保证人提供的××地址为不可变更的法院相关诉讼文书、乙方催收通知书送达地址，邮寄相关文书至上述地址被拒收或无法送达时，视为已送达。

甲方：×××，地址：×××，收件人：×××，电话：×××，微信号：×××。

保证人：×××，地址：×××，收件人：×××，电话：×××，微信号：×××。

第七条 协议经甲、乙双方和保证人签字，并在甲方支付××元赔偿款后生效。

第八条 本协议一式四份，甲、乙双方各执一份，保证人一份，××司法所留存一份，每份均有同等法律效力。

甲　方：　　　　保证人：　　　　乙　方：

××年××月××日签订于××。

附件二　车辆挂靠协议

车辆挂靠协议

甲方：×××物流有限公司

统一社会信用代码：××××。

乙方：×××　　公民身份证号码：××××。

前　言

甲、乙双方本着共享优势资源，互利互惠的原则，在平等、自愿的基础上，签订本协议，供双方共同遵照执行。

保　证

双方均是具有完全民事行为能力的签约主体；不存在胁迫、欺诈、显失公平、重大误解等导致协议可撤销或无效的情形。

第一条　签约主体资信

1.1　甲方系××年××月××日成立，从事普通货物道路运输，冷藏车道路运输，国内货运代理，汽车旧车销售，建材销售，土石方工程施工（经相关部门批准后方可开展经营活动）。

1.2　甲方保证在挂靠期间资质、资信良好，不会出现营业执照被吊销、被申请破产、被申请强制执行等影响正常经营的事由。

1.3　乙方保证资信良好。

第二条　车辆产权

2.1　乙方自主选定车辆型号、配置等汽车参数，以甲方的名义向第三方购买，并办理相关的手续。

2.2　车辆按揭以甲方名义办理，乙方偿还。

2.3　车辆权属证照由甲方保管，乙方有权随时借阅，甲方应给予必要便利。

2.4　车辆的保养、年检由甲方负责，乙方承担费用。

第三条　权益归属

3.1　双方为挂靠关系，甲方为名义车主和被挂靠方；乙方为实际车主和挂靠方，车辆管控和运行利益归属乙方。

3.2　挂靠期间甲方收取××元/车/年管理费。

第四条　期间

4.1　挂靠期间为车辆登记之日起××年。

4.2　期满结算后，甲方应在五个工作日内无条件配合乙方办理车辆过户手续，费用由乙方承担。

第五条　保险和年检

5.1　为分散经营风险，挂靠车辆需购买足额的保险。其中司机/乘客责任险（座位险）按××元/人承保，货物损失险按××元承保，交强险正常承保，机动车第三者责任险按××元承保，车辆损失险按保险公司核定的车辆价值承保，还需承保自燃险、不计免赔特约险及保险公司建议承保的其他险种（如公路货物运输定额保险及其附加第三者责任保险）。

5.2　乙方需以甲方的名义为驾驶员投保保额为不低于××元的雇主责任险。

5.3　双方根据经济发展视情形适当提高相关险种的承保金额。

5.4　乙方负责车辆年检、扣分、罚款等事宜，避免车辆外出时错过年检时间，乙方逾期年检导致甲方经营受阻，需赔偿甲方损失（损失包括但不限于经营利润、台班费、诉讼费、律师费等一切损失）。

第六条　驾驶员

驾驶员由乙方聘用，甲方为驾驶员投保和办理雇主责任险或工伤保险出具的证明材料不构成甲方与驾驶员存在雇佣或者劳动关系的依据。

第七条　经营管理权责分配

乙方应自行寻找货源，甲方配合乙方签订运输合同等手续（手续包括但不限于准备招标投标资料、报价单）。

第八条　财务

8.1　甲方建立规范的财务制度，建立“一车一账”，乙方应预留充足的资金用于支付挂靠车辆驾驶员工资，出车款，油、过路、过桥、加水等费用。

8.2 运费由乙方负责催收，甲方予以配合；在扣除税费、预借款、垫资等费用后，甲方应在十日内将运费结算给乙方。

第九条 垫资

甲方代为垫付的费用可按××分/月收取资金占用费。

第十条 事故处理

10.1 发生事故时，乙方应指导驾驶员拨打急救电话、报警电话，并告知驾驶员在现场配合处理事故，同时应在第一时间派员前往事故地点处理后续事宜，甲方负协助义务。

10.2 乙方怠于处理事故或甲方处理事故所产生的律师服务费、住宿费、餐费、交通费等费用由乙方承担。

10.3 事故损失小于××元，以不报保险为原则，并交由驾驶员现场处理。

10.4 不涉及死亡、伤残事故或者损失小于××元的事故，应诉以保险公司为主（涉及保险拒赔除外），甲、乙双方协商派一人应诉。

10.5 涉及死亡、伤残事故或者损失高于××元的事故，乙方应直接或者委托甲方聘请专业人士处理，所需费用由乙方承担。

第十一条 企业经营障碍

11.1 因甲方原因导致企业可能出现经营困境，甲方需事先通知乙方办理车辆产权的转移手续，并负责协助乙方追缴拖欠的运费，结清相关的费用。逾期未通知导致不能办理车辆产权的转移等，甲方应赔偿由此给乙方造成的损失。

11.2 因乙方的原因给甲方企业造成经营困境，应赔偿甲方损失。

第十二条 僵局处理

12.1 僵局的定义：

僵局指乙方因业务下滑、经营不善、自身经济状况、车辆发生意外事故、行情下行等原因，导致挂靠车辆无经营利润、明显入不敷出或乙方资不抵债，弃挂靠车辆于不顾，不配合办理车辆产权的转移手续，甚至出现车辆下落不明的情形。

12.2 僵局持续××日以上，甲方可向相关部门将车辆报停或报失踪处理，并可变卖挂靠车辆，对未到期的交强险、商业险办理退保，变卖的车款和退回的保费优先充抵乙方所欠甲方费用，由此所引起的后果由乙方承担。

第十三条 合同根本目的

挂靠期间顺利经营是甲、乙双方签订本协议的根本目的，因一方原因导致另一方被强制执行或财产保全、停业处罚、营业执照吊销等情形出现且不能消除，则属于合同根本目的不能实现。

第十四条 合同解除

14.1 甲方合同解除权：

14.1.1 因乙方原因导致甲方被强制执行、财产保全、停业处罚、营业执照吊销等不能继续经营事由，且不能消除。

14.1.2 挂靠车辆违章等原因导致甲方名下的其他车辆不能通过年检。

14.1.3 挂靠车辆运输违禁品，导致甲方被行政处罚或经营受阻。

14.2 乙方合同解除权：

14.2.1 非因乙方原因导致甲方被强制执行、财产保全、停业处罚、营业执照吊销等出现不能继续经营事由，且不能消除。

14.2.2 甲方未有正当理由，超过××日未将运费结算给乙方。

第十五条 违约责任

15.1 因甲方原因导致乙方解除合同，甲方应赔偿乙方实际损失（损失包括但不限于停驶损失，台班费，驾驶员工资，保险损失，车辆购置税损失，为维权支出的律师服务费、差旅费、诉讼费、保全费等）。

15.2 因乙方原因导致甲方解除合同，乙方应赔偿甲方实际损失（损失包括但不限于停业损失，名下其他车辆台班费，驾驶员工资，保险损失，车辆购置税损失，税收损失，员工基本工资、社会保险支出，为维权支出的律师服务费、差旅费、诉讼费、保全费等损失）。

15.3 如一方违约但未解除协议的，赔偿的损失项目参照15.1、15.2计算。

第十六条 不可抗力

16.1 不可抗力指不能遇见、不能避免并不能克服的事件，不可抗力事由出现时，应在三日内通知对方，并采取必要、合理的处置措施避免损失的扩大，未采取必要、合理的处置措施造成损失扩大的不能免除其责任。

16.2 政府政策，交通管制，食品管制，疫情控制，恶劣天气，税费调整，群体事件等不属于不可抗力。

第十七条 合同解释

当协议内容出现争议时，甲方根据法律规定的解释规则进行解释。

第十八条　送达

下列地址为双方履行本协议相关文件和诉讼时法律文书不可变更的送达地址：

甲方：×××物流有限公司，地址：×××，收件人：×××，电话：×××，微信号：×××。

乙方：×××，地址：×××，收件人：×××，电话：×××，微信号：×××。

第十九条　争议解决

履行协议产生争议，双方友好协商，协商不成，双方同意争议管辖法院为×××人民法院。

第二十条　协议组成和份数

20.1　除本协议外，双方可根据履行情况就未尽事宜另行签订补充协议，补充协议为本协议的组成部分，与本协议具有同等法律效力。

20.2　本协议一式三份，甲方执两份，乙方一份，经双方签字/盖章后生效，每份均有同等法律效力。

甲方：　　　　　　　　　　　　乙方：

负责人：

××年××月××日签订于×××。